Pellin • «Mit dampfendem Leib»

Elio Pellin

«Mit dampfendem Leib»

Sportliche Körper bei Ludwig Hohl, Annemarie Schwarzenbach,
Walther Kauer und Lorenz Lotmar

CHRONOS

Diese Arbeit wurde unter dem Titel *Sportliche Körper in ausgewählter Prosa von Lorenz Lotmar, Annemarie Schwarzenbach, Walther Kauer und Ludwig Hohl* von der Philosophisch-historischen Fakultät der Universität Bern im April 2006 auf Antrag von Prof. Dr. Yahya Elsaghe und Prof. Dr. Ralf Simon als Inauguraldissertation zur Erlangung der Doktorwürde angenommen.

Umschlagbild: Rösli Streiff beim FIS-Rennen 1934 in St. Moritz.
Sportmuseum Schweiz, Basel.
© 2008 Chronos Verlag, Zürich
ISBN 978-3-0340-0880-8

Dank

Folgenden Personen, die mich bei meiner Arbeit unterstützt haben, möchte ich danken. Professor Yahya Elsaghe für die Betreuung meiner Arbeit, seine Hinweise und Anregungen; den Nachlassverantwortlichen des Schweizerischen Literaturarchivs: Huldrych Gastpar, Corinna Jäger-Trees, Gabriela Rauch, Hugo Sarbach und Ulrich Weber; Franka Marquardt, Patrick Bühler, Fredi Lerch, Roland Reichen, Dimitris Depountis und Nicole Aeby.

Inhaltsverzeichnis

Einleitung 11
Zwiespältige Körperutopie 11
Sportdiskurse in der Literatur 13
Blinder Fleck der Germanistik 15
Vier Sporttexte aus der Schweiz 19
Textgenetische Methode 23

Ludwig Hohl: Bergfahrt 27
Männer am Berg 27
Frühe Fassungen 29
Kletterhilfsmittel 30
Typoskript und Druckfassung 31
Arbeit, die Tat 34
Mädchen, Teufel und Masturbationsverbot 37
Biographisches Vorbild für Johann 40
Starres Verhältnis der Figuren in Opposition 42
Berg, Freiheit und Tod 46
Wilderer und Rebell 49
Bergsteiger und Turner 52
Der Bergsteiger als Neurotiker, Todesnähe und Freiheit 55
Erschöpfung und imaginierte Körper 59

Annemarie Schwarzenbach: Flucht nach oben 63
Lange verschollener Skiroman 63
Heimatlosigkeit 66
Mobilität und Geschwindigkeit als Lebensform 70
Heimat und die Mittel der Bewegung 75
Wütender und ungestümer Mann 78
Der Habitus 79
Wirz und die Oberschicht 82
Habitus und Kapital 86
Nutzung des männlichen Körperkapitals 87
Nutzung des weiblichen Körperkapitals 90
Stereotype des jüdischen Körpers 97
Die biblische Ester 98
Die ‹Neue Frau› und der Sport 100
Gräfin Vidal, ein ‹Sportgirl›? 106
Undurchdringliche Schichtung 109

Walther Kauer: Abseitsfalle 115
Erfolgreicher Arbeiter im Buchgeschäft 115
Rote Fahne und rote Karte 118
Arbeiteridylle vs. Fussballwelt 122
Frauen, Zigaretten, erotische Versprechen 125
Rocky, Abeiter-Fussballer mit Appetit 129
Der Körper als Maschine 132
Erholung und Arbeitszeit des Werkzeugkörpers 135
Zeit und Machtverhältnisse 137
Sport als Klassenkampf 139
Sport als Abführmittel gefährlicher Emotionen 143
Heimlich gelenkte Zöglinge: Jörg und Wilhelm Meister 145
Der Arbeitersport 147
Vater Meister gründet einen Arbeiterfussballklub 149
Krise des Arbeitersports 151
Gegenbewegung zum professionellen Sport 152
Fussballprofi und Verräter an der Arbeiterklasse 154
Sport: Beruf oder Spiel? 155
Konkurrenz statt Solidarität 158

Lorenz Lotmar: Bisst 163
Eine einzige zu Lebzeiten veröffentlichte Erzählung 163
Die Welt des Schiedsrichters 164
Textfassungen 166
Übersicht der Textzeugen und Textfassungen 173
Rezeption der Erstveröffentlichung und des Reprints 174
Bisst: Faschist oder Unangepasster? 177
Don Quixote mit faschistischem Potenzial 178
Ordnung und Überwachung 182
Ordnung und Überwachung in den Vorfassungen 185
Sport als gesellschaftliches Teilsystem 192
Sprache des Fussballs 195
Körperinszenierung 197
Körpernahe Objekte 200
Logik: Grundform der Argumentation 202

Textkritische Zeichen 206
Bibliographie 207

Eine Geschichte zu erzählen, die in Berlin, London, Paris oder Neuyork spielt, ist ungefährlich. Eine Geschichte zu erzählen, die in einer Schweizer Stadt spielt, ist hingegen gefährlich. Es ist mir passiert, dass der Fussballclub Winterthur sich gegen eine meiner Erzählungen verwahrt hat, weil darin ein Back vorkam. Ich musste den Boys und andern Fellows bestätigen, dass sie nicht gemeint waren.

Friedrich Glauser, *Notwendige Vorrede* zu *Matto regiert.*

Einleitung

Zwiespältige Körperutopie

1902 setzt Alfred Jarry in *Le Surmâle* ein ungewöhnliches Rennen Mensch gegen Maschine an, das in der nicht allzu fernen Zukunft des Jahres 1920 stattfinden soll. Fünf Radrennfahrer rasen auf einem «Fünfsitzer» liegend mit über 300 km/h Höchstgeschwindigkeit im Windschatten eines «granatenförmigen Automobil[s]»[1] neben einem Schnellzug her – über eine Distanz von 10 000 Meilen, von Paris nach Irkutsk und zurück nach Paris. Während der ganzen fünf Tage, die das Rennen dauert, werden die Athleten ausschliesslich mit kleinen Würfeln von «Perpetual-Motion-Food» ernährt, einer Kraftnahrung, die auf den damals als leistungssteigernd geltenden Substanzen Strychnin und Alkohol[2] basiert. Die Radfahrer liegen gut im Rennen gegen den Zug, doch am dritten Tag ist der Sieg der Sportler plötzlich in Gefahr, weil einer von ihnen – er trägt den vermutlich jüdisch besetzten Namen Jewey Jacobs[3] – aus dem Tritt geraten ist. Die Kollegen versuchen ihn wieder zu jenem kraftvollen Tritt anzufeuern, mit dem er den Fünfsitzer seit dem Start zeitweise über die geplante Geschwindigkeit hinaus angetrieben hat:

> Unser Jewey Jacobs trat also wieder in die Pedalen, zunächst noch ziemlich unwillig, ohne dass man sehen konnte, was er, die Nase immer noch in der Maske, für Grimassen schnitt. Wir feuerten ihn mit freundlich gemeinten Beschimpfungen an, wie sie schon unsere Grossväter bei Terront im ersten Paris-Brest kannten: «Nun mach schon, du Sauhund!» Nach und nach fand er wieder Geschmack an der Sache, schon folgten seine Beine dem Rhythmus der unseren, das *ankle-play* stellte sich wieder ein, bis er wie wild strampelte.[4]

Das Besondere an diesen recht rüden Motivationsversuchen: Die Rennfahrer feuern einen toten Kollegen an. Jewey Jacobs ist wenige Augenblicke zuvor gestorben. Doch nach kurzer Leichenstarre, in der er das Gefährt zu blockieren drohte, tritt der Verstorbene wieder voll mit, und nicht nur das:

---

1 Alfred Jarry: *Le Surmâle/Der Supermann*. Berlin: Gerhardt, 1969, S. 36.
2 Ebd. S. 13. Alkohol und Strychnin gehörten neben Koffein, Theobromin (Extrakt aus Kolanüssen) und Nikotin zu den wichtigsten leistungssteigernden Substanzen zu Beginn des 20. Jahrhunderts. Untersucht wurde auch die Wirkung von Morphium, Opium und Extrakten der Digitalis. Bei Radrennen in Gebrauch waren weiter Heroin, Kokain und Nitroglyzerin. Vgl. John M. Hoberman: *Sterbliche Maschinen. Doping und die Unmenschlichkeit des Hochleistungssports*. Aachen: Meyer & Meyer, 1994, S. 133–155.
3 Zu markierten Namen s. Kapitel Annemarie Scharzenbach: *Fluch nach oben*.
4 Jarry 1969, S. 40.

Er fing sich nicht nur wieder, sondern es ging richtig mit ihm durch, und der *sprint* des toten Jacobs war ein sprint, von dem sich die lebenden [sic] nicht einmal träumen lassen.[5]

Mit dieser literarischen Vision eines menschlichen Körpers, der nicht ermüdet und der gar über den Tod hinaus leistungsfähiger ist als eine Maschine, spintisiert Jarry nicht ohne Bezug zu Diskursen seiner Zeit, sondern er rekurriert direkt auf damals durchaus gängige Ideen und Phantasien. Seit Physiologen wie Hermann Helmholtz oder Carl Ludwig um die Mitte des 19. Jahrhunderts den Körper als thermodynamische Maschine beschrieben hatten, die mit der richtigen Energiezufuhr (Nahrung) und Wartung (Erholung und Übung, also Training) verbessert werden könne, galt die Leistungsfähigkeit als direkt beeinflussbar.[6] Und mit der zunehmenden Bedeutung und Verbreitung des Sports gegen Ende des 19. Jahrhunderts hat sich das Bild des effizienten, möglichst leistungsfähigen Körpers mehr und mehr auch ausserhalb der Physiologie und der Arbeitsorganisation etabliert.

In seinem Text belässt es Jarry allerdings nicht bei der grotesken Überzeichnung gängiger Phantasien und realer wissenschaftlicher Versuche. Der titelgebende «Surmâle» – was wohl eher mit ‹Über-Mann› oder ‹der Übermännliche› als mit ‹Supermann› zu übersetzen wäre – ist keiner der lebenden oder toten Spitzensportler, sondern der körperlich durchaus normal scheinende Schlossbesitzer André Marcueil. Zwar treibt auch er Gymnastik, wäscht sich nach der Methode von Pfarrer Kneipp oder macht bei Gelegenheit eine «Diät aus rohem Hammelfleisch».[7] Ernährung und Training sind bei Marcueil aber nicht der alleinige Grund für ausserordentliche Leistungen. Die Erfahrung, die er dank einem überdurchschnittlich mächtigen Geschlechtsteil gemacht hat, ist so einfach und tautologisch wie folgenreich: Hat man die Grenzen des Menschlichen einmal überschritten, sind den Möglichkeiten des Menschen keine Grenzen mehr gesetzt. So kann Marcueil nicht nur locker am Schnellzug und dem Gefährt der fünf mit «Perpetual-Motion-Food» ernährten Sportler vorbeiradeln, er stellt auch quasi unter Laborbedingungen einen wissenschaftlich begleiteten Geschlechtsverkehr-Rekord auf.

Dadurch, dass Marcueil, «le Surmâle», als Mensch die Grenzen des Menschenmöglichen sprengt, unterscheidet er sich ganz wesentlich von seinem rund drei Jahrzehnte später entwickelten Namensvetter Superman,[8] der unverwundbar und übermenschlich stark ist, weil er eben gerade kein Mensch ist,[9] sondern

---

5 Ebd.

6 S. Kapitel Walther Kauer: *Abseitsfalle.*

7 Jarry 1969, S. 31.

8 Vgl. Thomas Hausmanninger: *Superman. Eine Comic-Serie und ihr Ethos.* Frankfurt am Main: Suhrkamp, 1989.

9 In Quentin Tarantinos Film *Kill Bill: Vol. 2* (2004) bringt es David Carrdine als Bill in Szene 15 auf den Punkt: Wenn Peter Parker zu Spider-Man und wenn Bruce Wayne zu Batman

vom Planeten Krypton stammt. Marcueil ist mit seinen übermenschlichen Fähigkeiten deshalb nicht der mächtige und sexuell enthaltsame Retter, der zu den Menschen auf die Erde kommt; Marcueil ist ein neuer Mensch, der Mensch, den das Zeitalter der Maschinen hervorgebracht hat:

> In einer Zeit, in der das Metall und die Maschine allmächtig sind, muss der Mensch, um überleben zu können, stärker werden als die Maschine, wie er auch stärker war als die wilden Tiere ... einfache Anpassung an die Umwelt ... Aber dieser Mensch dort ist der erste Mensch der Zukunft ...[10]

Auch wenn Marcueil tatsächlich der «erste Mensch der Zukunft» sein sollte, er selbst hat keine. Zur «unerlässlichen Wiederherstellung des Gleichgewichts der Welt» wird die «unerhörteste Maschine der Moderne» entwickelt: die «Maschine-zum-Erwecken-der-Liebe», die den Maschinenmenschen Marcueil bändigen soll.[11] Der nach seinem Potenzrekord noch bewusstlose Marcueil wird auf einen Sessel gefesselt und mit einer Art Platinkrone an die Maschine angeschlossen.[12] Doch es geschieht Erstaunliches: Die Maschine, die mit «elftausend Volt» in Marcueil hätte Liebe produzieren sollen, ist schwächer als der neue Mensch. Sie verliebt sich in Marcueil und wird mit ungeheurer Energie aufgeladen.[13] Die Maschine überhitzt, Teile schmelzen oder explodieren. Marcueil kann die Fesseln zwar noch sprengen und die Gitterstäbe um die Apparatur verbiegen, doch er stirbt unter ungeheuren Schmerzen und «in Eisen verschlungen».[14]

Sportdiskurse in der Literatur

Die zwiespältigen und phantastischen Körperutopien von Jarrys *Le Surmâle* können – soweit sie nach über hundert Jahren noch verstehbar und von Interesse sind – mit Stephen Greenblatt als Teil der im literarischen Text «codierten sozialen Energie»[15] verstanden werden. Greenblatt unterstreicht den «kollektiven Charakter der Produktion literarischen Vergnügens und Interesses»;[16] mit anderen Worten: In literarischen Texten lassen sich «kollektive Überzeugungen und Erfahrungen» aufspüren, die «von einem Medium in ein anderes trans-

---

werden wollten, würden sie sich als Superhelden verkleiden. Superman sei jedoch Superman, und er müsse sich (als Clark Kent) verkleiden, wenn er zum Menschen werden wolle.

10 Jarry 1969, S. 84.
11 Ebd. S. 82.
12 Ebd. S. 83.
13 Ebd. S. 84.
14 Ebd. S. 85.
15 Stephen Greenblatt: *Die Zirkulation sozialer Energie*. In: ders.: *Verhandlungen mit Shakespeare. Innenansichten der englischen Renaissance*. Berlin: Wagenbach, 1990, S. 7–24, S. 12.
16 Ebd. S. 11.

portiert, zu überschaubaren ästhetischen Formen verdichtet und zum Konsum angeboten wurden».[17]

In Jarrys Text «kollektive Überzeugungen und Erfahrungen» auszumachen, fällt nicht schwer. Jarrys Utopie von sportlich-dynamischen Körpern,[18] deren Leistungspotenzial unbegrenzt scheint, reflektiert Traum wie Trauma des modernen Menschen, der hinter dem Triumph des Technischen, hinter seiner eigenen Schöpfung zu verschwinden droht. Das literarische Motiv des sportlichen, trainierten und leistungsstarken Körpers, wie es sich bei Jarry zeigt, erscheint als Teil eines Gegendiskurses, einer Antithese nicht zur Welt der Maschinen und der Technik, sondern zur Ideologie des für Körper und Geist gesunden Sportes.

Den fundamentalen Unterschied zwischen Gesundheitsförderung und ‹wirklichem› Sport betont auch Bertolt Brecht in seinem oft zitierten Artikel *Die Todfeinde des Sportes* (um 1928):

> Selbstverständlich ist Sport, nämlich wirklicher passionierter Sport, riskanter Sport, nicht gesund. Da, wo er wirklich etwas mit Kampf, Rekord und Risiko zu tun hat, bedarf er [sic] sogar ausserordentlicher Anstrengungen des ihn Ausübenden, seine Gesundheit einigermassen auf der Höhe zu halten. Ich glaube nicht, dass Lindbergh sein Leben durch seinen Ozeanflug um zehn Jahre verlängert hat. Boxen zu dem Zweck, den Stuhlgang zu heben, ist kein Sport. Der Zweck des Sportes ist natürlich nicht körperliche Ertüchtigung, sondern der Zweck körperlicher Ertüchtigung kann Sport sein.[19]

In dem Mass, wie der Sport als eines der wirkungsmächtigsten Phänomene des 20. Jahrhunderts sich in zentralen gesellschaftlichen Bereichen wie Wirtschaft, Unterhaltung, Freizeit, Politik, Bildung, Militär und Medien etablierte, haben auch die Diskursmöglichkeiten zugenommen, auf die Literatur rekurrieren kann. Der Körper, der sportliche Körper ist zum vieldeutigen Träger von Zeichen, gesellschaftlichen Verortungen, von Selbstentwürfen geworden (die von rauschhaften Zuständen der individuellen Befreiung bis zur rigiden Einbindung in Kollektive reichen) und zum Speichermedium von verschiedenen Formen des Kapitals. Dabei spielt es oft kaum eine Rolle, ob der Körper tatsächlich im Sport im engen Sinn, wie ihn Allen Guttman von vormodernen

---

17 Ebd.
18 Vgl. dazu: John Hoberman: *The Sportive-Dynamic Body as a Symbol of Productivity*. In: Tobin Siebers (Hg.): *Heterutopia. Postmodern Utopia and the Body Politic*. Ann Arbor: University of Michigan Press, 1994. S. 199–228.
19 Bertolt Brecht: *Die Todfeinde des Sportes*. In: ders.: *Werke*. Grosse kommentierte Berliner und Frankfurter Ausgabe. Hg. von Werner Hecht, Jan Knopf, Werner Mittenzwei, Klaus-Detlev Müller. Band 21. Schriften I, 1914–1933. Frankfurt am Main: Suhrkamp, 1992, S. 224–225, S. 224.

Bewegungskulturen unterscheidet,[20] eingesetzt wird, ob der sportliche Körper mit anderen Bewegungspraktiken ‹in Form› gehalten, mit pharmazeutischen Substanzen hergerichtet oder mit entsprechenden Kleidungsstücken und Accessoires inszeniert wird.

Blinder Fleck der Germanistik

Eine Arbeit, die den Motiven sportlicher Körper in literarischen Texten aus einem Bereich der deutschsprachigen Literatur nachspürt, kann sich auf eine noch nicht unüberschaubare, mittlerweile jedoch recht beachtliche Anzahl von Forschungsarbeiten, Aufsätzen und Essays abstützen, in denen Sportmotive untersucht werden. Zu nennen sind in diesem Zusammenhang etwa Michael Otts Aufsatz über Sport, Theater und Literatur,[21] jener von Kai Marcel Sicks zu Bertolt Brecht,[22] Stefan Jacobs Text zu Ödön von Horváth,[23] Anne Fleigs Aufsätze zu Robert Musil, Marieluise Fleisser und Elfriede Jelinek[24] oder Michael Gampers Texte zum Sport in der Literatur der Weimarer Republik.[25]

20 Guttman nennt sieben Merkmale des modernen Sports: Weltlichkeit, Chancengleichheit, Spezialisierung, Rationalisierung, Bürokratisierung, Quantifizierung und Suche nach Rekorden. Allen Guttman: *Vom Ritual zum Rekord. Das Wesen des modernen Sports*. Schondorf: Karl Hofmann, 1979, S. 25–62. Eine Tabelle mit Unterscheidungsmerkmalen zwischen modernen Sportspielen und Volksspielen, wie sie Eric Dunning erarbeitet hat, findet sich neben Ausführungen zu Guttmans sieben Merkmalen in: Markus Lamprecht und Hanspeter Stamm: *Sport zwischen Kultur, Kult und Kommerz*. Zürich: Seismo, 2002, S. 13–20.

21 Michael Ott: *«Unsere Hoffnung gründet sich auf das Sportpublikum». Über Sport, Theatralität und Literatur*. In: Erika Fischer-Lichte (Hg.): *Theatralität und die Krisen der Repräsentation*. Germanistische Symposien. Berichtsbände, XXII. Stuttgart und Weimar: Metzler, 2001, S. 463–483.

22 Kai Marcel Sicks: *Sollen Dichter boxen? Brechts Ästhetik und der Sport*. In: *Hofmannsthal Jahrbuch zur europäischen Moderne*, 12/2004, S. 365–404.

23 Stefan Jacob: *Ödön von Horváth und seine Sportmärchen*. In: *SportZeiten*, 1/2003: *Sport und Literatur*, S. 83–100.

24 Anne Fleig: *«Siegesplätze über die Natur». Musils Kritik am modernen Wettkampfsport*. In: Michael Cowan und Kai Marcel Sicks (Hg.): *Leibhaftige Moderne. Körper in Kunst und Massenmedien 1918–1933*. Bielefeld: Transcript, 2005, S. 81–96; dies.: *Leibfromm. Der Sportkörper als Erlöser in Marieluise Fleissers «Eine Zierde für den Verein»*. In: Fischer-Lichte 2001, S. 447–462; dies.: *Zwischen Text und Theater. Zur Präsenz der Körper in «Ein Sportstück» von Jelinek und Schleef*. In: Erika Fischer-Lichte und Anne Fleig (Hg.): *Körper-Inszenierungen. Präsenz und kultureller Wandel*. Tübingen: Attempo, 2000, S. 87–104.

25 Michael Gamper: *Kampf um die Gunst der Masse. Über das Verhältnis von Sport und Literatur in der Weimarer Republik*. In: Hans-Georg von Arburg, Michael Gamper und Dominik Müller (Hg.): *Popularität. Zum Problem von Esoterik und Exoterik in Literatur und Philosophie*. Ulrich Stadler zum 60. Geburtstag. Würzburg: Königshausen & Neumann, 1999, S. 135–163; ders.: *Ist der neue Mensch ein «Sportsmann»? Literarische Kritik am Sportdiskurs der Weimarer Republik*. In: *Jahrbuch zur Kultur und Literatur der Weimarer Republik*. 6/2001, S. 35–71.

Die erste systematische Untersuchung zum Sportmotiv in deutschsprachigen Texten wurde von Nanda Fischer vorgelegt.[26] An früheren Arbeiten bemängelt Fischer, die Quellenauswahl habe eher auf Zufälligkeiten beruht und man habe sich vor allem an bekannten Texten angesehener Autoren orientiert.[27] Fischer selbst hat eine beeindruckend grosse Zahl von Texten zusammengetragen und erschlossen, Texte nicht nur aus dem Kanon der Höhenkammliteratur, sondern auch Texte der Trivial-, Unterhaltungs-, Populärkultur.

Fischer stellt fest, dass «die Semantik des Sportdiskurses im Kontext von Weiblichkeitsentwürfen» in der bisherigen Forschungsliteratur, wenn überhaupt, nur am Rand beachtet wurde.[28] Dieses Defizit will sie unter Einbezug «ergiebige[r] Quellen»[29] beheben. In einem ersten Teil stellt Fischer Inszenierungen von Sportmodellen und von Weiblichkeit historisch dar. Im zweiten und umfangreicheren Teil geht Fischer der Frage nach,

> wie der Sportdiskurs in der Belletristik in der ersten Hälfte des zwanzigsten Jahrhunderts von Frauen über Männer und Frauen geführt wird und ob und wie sich männlicher Blick und weiblicher Blick auf den Sport und die Sportlichkeit in der literarischen Inszenierung unterscheiden.[30]

Für Fischers Untersuchung zentral sind «semantische Modelle», die auch in «Sprachbilder[n] von geringem Umfang» enthalten sein können.[31] Als wichtigstes semantisches Modell in der Analyse literarischer Texte bezeichnet Fischer die Metapher. Die Metapher ist aber nicht nur das *wichtigste* Modell ihrer Analyse, sondern auch das einzige, das zur Anwendung kommt:

> Alle Formen bildlichen Sprechens, die Sport mit einem anderen Bereich in eine Abbildbeziehung bringen, gelten im folgenden als Metaphern im Kontext von Sport.[32]

Differenzierungen der Terminologie lasse sie unberücksichtigt, «da alle diese Phänomene semantisch dasselbe leisten, auch wenn sie sich in Wirkung und Form voneinander unterscheiden», sie betonten nämlich die «Ähnlichkeit des Verglichenen mit dem Abbild und verweisen auf das beiden gemeinsame semantische Merkmal.»[33] Dem weitgehenden Verzicht auf textanalytische Werkzeuge entspricht denn auch Fischers Verfahren: Literarische Texte werden paraphrasierend in einen vorausgehend kurz dargestellten ‹Diskurs› eingebunden.

---

26 Nanda Fischer: *Sport als Literatur. Traumhelden, Sportgirls und Geschlechterspiele. Zur Theorie und Praxis einer Inszenierung im 20. Jahrhundert.* Eching: F&B, 1999.
27 Ebd. S. 17.
28 Ebd. S. 33.
29 Ebd.
30 Ebd.
31 Ebd.
32 Ebd. S. 67.
33 Ebd.

Kurz nach Nanda Fischer legte Mario Leis die nächste systematische Untersuchung vor.[34] Leis geht davon aus, die Literaturwissenschaft könne «Hebammendienste» leisten, weil sich in der Literatur die «unterschiedlichsten Sport- und Körpersemantiken auf vielfältige Weise» überschneiden.[35] Seine Untersuchung basiert auf K. Ludwig Pfeiffers Ansatz der Prägnanzformen. Europa, so Pfeiffer, habe einen Kulturbegriff herausgebildet, der auf zwei Polen beruhe, über die nicht direkt verfügt werden könne: Körper (Natur) und Geist.

> Wir sind daher gezwungen, *geschichtliche Prägnanzformen menschlicher Selbstinszenierung* auszubilden, welche die leidige, immer unbefriedigende, aber sprachlich-sozial in irgendwelchen Formen fast immer wirksame Differenz der *res corporales* und der *res incorporales* regeln.[36]

Zu diesen Prägnanzformen zählt Pfeiffer «all die historischen Organisationen der Sinnlichkeit, und das heisst auch Wettkampf, Leibesübungen, Spiele, schliesslich Sport» und die «Schattenrisse solcher Formen in der Literatur».[37] Die Literatur, so Pfeiffer weiter, ist durch die «schiere quantitative Besetzung von Lebensdomänen [...] zu Positionsbestimmungen» gezwungen, «welche im Medium des Sports Geschichte und Dimension des Körpers abtasten».[38] Die Literatur soll demnach via Sport den sprachlich nicht direkt zugänglichen Körper in seiner Geschichte und seiner «Dimension» «abtasten». Die «Hebammendienste», die sich Leis so von der Literaturwissenschaft verspricht, bestehen darin, über den Sport in der Literatur «das Verhältnis [...] zwischen Körper und Geist [...] auszubalancieren.»[39] In verschiedenen Motivkapiteln (etwa Sport und Arbeit, Turnen, Sport und Liebe, Zuschauersport, Krieg) entsteht via die literarischen Texte eine «Geschichte»[40] – eine «Geschichte», so muss man es wohl verstehen, nicht nur des Verhältnisses von Sport und Literatur im 20. Jahrhundert, sondern auch des Verhältnisses von Körper und Geist. Wie Fischer hat jedoch auch Leis das Problem, die grosse Menge an zusammengetragenen Texten gar nicht im Detail literaturwissenschaftlich untersuchen zu

---

34 Mario Leis: *Sport in der Literatur. Einblicke in das 20. Jahrhundert.* Frankfurt am Main: Peter Lang, 2000.

35 Ebd. S. 11.

36 Karl Ludwig Pfeiffer: *Tiger und Papiertiger. Zähmungsversuche von Sport und Literatur.* In: Nanda Fischer (Hg.): *Sport und Literatur.* Dvs-Protokolle Nr. 23. Symposium des Lehrstuhls für Sportpädagogik der Technischen Universität München und der Deutschen Vereinigung für Sportwissenschaft vom 29.11.–1.12. 1985 in Feldafing bei München. Clausthal-Zellerfeld: dvs, 1986, S. 3–28, S. 10. Pfeiffer versteht die Prägnanzformen als Resultate der Kommunikation, die zwischen den je verschiedenen ‹Körperbildern› gesellschaftlicher Teilsysteme vermittelt. Prägnanzformen beschreiben also anders als Aby Warburgs Pathosformel keine anthropologische Konstanten der Ikonographie.

37 Ebd.

38 Ebd. S. 11.

39 Leis 2000, S. 11.

40 Ebd. S. 12.

können. Nicht selten wird lediglich ihr Inhalt auf ein oder zwei Druckseiten referiert und in die Geschichte der Sportliteratur eingefügt.

In den umfassend angelegten Arbeiten von Fischer und Leis zeigt sich aber noch ein weiteres Problem, das sich schon bei einem ersten Blick über die in kürzeren Aufsätzen analysierten Erzähltexte andeutet. Untersuchungen zu Sportmotiven in der deutschsprachigen Literatur haben einen blinden Fleck. Der Fokus von Fischers Standardwerk ist erklärtermassen auf den «deutschen Sprachraum» gerichtet.[41] Leis ist in dieser Hinsicht weniger explizit, die von ihm untersuchten Texte zeigen allerdings, dass er in seiner Arbeit unter ‹Literatur› – mit, wie auch bei Fischer, wenigen Ausnahmen – Literatur deutscher Sprache versteht. Bei Fischer wie bei Leis gehören Autoren wie Robert Musil, Friedrich Torberg, Ödön von Horváth, Elfriede Jelinek oder Franz Kafka ganz selbstverständlich zu den Autorinnen und Autoren aus dem «deutschen Sprachraum»; nicht dazu scheinen jedoch Autorinnen und Autoren aus der deutschsprachigen Schweiz zu gehören.[42] Einige deutschsprachige Texte aus der Schweiz, die mehr oder weniger mit Sport und Leibesübungen zu tun haben, werden in den Literaturverzeichnissen zwar aufgeführt – bei Fischer von Robert Walser und Johannes Jegerlehner, bei Leis unter anderem Texte von Silvio Blatter, Walther Kauer und Urs Widmer – ausser in einem Abschnitt über Conrad Ferdinand Meyers Gedicht *Die Schlittschuhe* bei Leis bleiben diese Texte in den Untersuchungen aber unberücksichtigt. Das ist insofern erstaunlich, als Fischer, wie erwähnt, die Weiblichkeitsdiskurse im «deutschen Sprachraum» untersuchen will und Leis an «spezifischen Präferenzen, Häufungen, Rückgängen und Ausfällen von Sportmotiven»[43] interessiert ist. Gerade aber in den Abschnitten zum Turnen, zum Krieg oder zu Sport und Arbeit zeigt sich, dass diese «spezifischen Präferenzen» auf spezifisch deutsche verengt werden. Hier hätten Texte aus der deutschsprachigen Schweiz – unabhängig von ihrer literarischen Qualität, die für die Aufnahme in die Untersuchung von «Diskursen» (Fischer) oder «Prägnanzformen» (Leis) nicht das zentrale Kriterium sein kann – den Blick auf das «Verhältnis von Sport und Literatur im 20. Jahrhundert», das Leis interessiert, erheblich weiten können.

Das problematische Verhältnis der Germanistik zu Texten aus der deutschen Schweiz hat eine Tradition, die unter anderem auf die Abgrenzungsversuche der Deutschschweizer Literatur von der deutschnationalen Literatur in den 1930er und 1940er Jahren zurückgeht.[44] Weshalb sich jedoch die Germanistik von heute noch an den Grenzen des deutschen Reiches von 1939 orientieren

41 Fischer 1999, S. 33 und 73.
42 Das gilt auch für die Arbeit von Hanns-Marcus Müller, der den Sport als Thema von essayistischen Texten untersucht hat. Hanns-Marcus Müller: *«Bizepsaristokraten». Sport als Thema der essayistischen Literatur zwischen 1880 und 1930*. Bielefeld: Aisthesis, 2004.
43 Leis 2000, S. 11.
44 Vgl. dazu Ursula Amrein: *«Los von Berlin!» Die Literatur- und Theaterpolitik der Schweiz und das «Dritte Reich»*. Zürich: Chronos, 2004.

soll, ist nicht einzusehen.[45] Die vorliegende Untersuchung ist deshalb auch als Ergänzung der deutschsprachigen Standardwerke zum Themenbereich Sport und Literatur zu sehen, und nicht als Untersuchung von Phänomenen einer vom Hauptgebiet der Germanistik abgetrennten ‹Nationalliteratur›.[46]

Vier Sporttexte aus der Schweiz

Ziel der vorliegenden Arbeit ist es nicht, möglichst viele Texte, in denen Sport und sportähnliche Bewegungsarten[47] eine Rolle spielen, aufzuspüren, zu erschliessen und kursorisch abzuhandeln. Vielmehr soll die Beschränkung auf vier ausgewählte fiktionale Prosatexte aus der deutschen Schweiz eine detailliertere Untersuchung und genauere inner- und ausserliterarische Kontextualisierung von zentralen Motiven sportlicher Körper erlauben.

Zwischen einem *Körper* und einem *Leib* wird bei dieser Untersuchung nicht unterschieden. Robert Gugutzer schlägt zwar vor, den Begriff ‹Leib› für die Analyse neuerer Sportphänomene wieder einzuführen. Gugutzer schafft damit allerdings mehr Probleme, als er löst. Mit der Unterteilung des Körpers in den spürenden Leib einerseits und den Körper als Gegenstand, als ‹Körperding› andererseits meint Gugutzer die «sportspezifische Bedeutung von leiblich-affektiven Erfahrungen, von Sinnlichkeit und Emotionalität» besser fassen zu können.[48] Problematisch an diesem Vorschlag ist, dass die Teilung des Körpers in einen ‹Leib› und ein ‹Körperding› nicht nur eine analytische ist, dank der verschiedene Aspekte des Körpers besser erfasst werden könnten. Gugutzer betont zwar, ‹Leib› und ‹Körperding› seien «eine untrennbare, sich wechselseitig beeinflussende Einheit».[49] Diese «wechselseitige Durchdringung» setzt jedoch eine ihr vorgelagerte und übergeordnete «Zweiheit von Leib und Körper» voraus.[50] Diese «Zweiheit» ist letztlich immer rückführbar auf ein Konzept von ‹Geist› oder ‹Seele›, zu denen der Leib, anders als der Körper, in einem

---

45 Bei der Exilliteratur liegt der Fall etwas anders. Dort kann der geographische Referenzraum selbstverständlich nur einer sein, aus dem jemand in ein Exil flüchten musste. Das Exilland spielt für die Zuordnung zu einer ‹Literatur› oft eine untergeordnete Rolle. (Eher als von deutschsprachiger US-amerikanischer Literatur spricht man von deutscher Exilliteratur in den USA.)

46 Vgl. dazu Corina Caduff und Reto Sorg (Hg.): *Nationale Literaturen heute – ein Fantom? Die Imagination und Tradition des Schweizerischen als Problem.* Zürich: Neue Zürcher Zeitung, 2004.

47 Bewegungspraktiken, die wir im Alltag als ‹Sport› bezeichnen, entsprechen oft nicht den engeren Definitionen von Sport, weil mit ihnen etwa keine quantifizierbaren Leistungen verbunden sind, die in allgemeine Rekordlisten eingetragen werden könnten (z.B. Jogging, Kraft- und Ausdauertraining im Fitnesscenter, freies Skifahren etc.).

48 Robert Gugutzer: *Trendsport im Schnittfeld von Körper, Selbst und Gesellschaft.* In: *Sport und Gesellschaft. Zeitschrift für Sportsoziologie, Sportphilosophie, Sportökonomie, Sportgeschichte,* 3/2004, S. 219–243, S. 223.

49 Ebd. S. 222.

50 Ebd.

direkten Verhältnis steht.[51] Der Blick auf verschiedene Körperkonzepte aus der Soziologie, der Philosophie und der Psychologie wird zeigen, dass sich die verschiedenen Aspekte des Körpers und der Körpererfahrung auch ohne derart problematischen Ballast analytisch trennen und erfassen lassen.

Mit Ludwig Hohls *Bergfahrt* (begonnen 1926, abgeschlossen 1975), Annemarie Schwarzenbachs *Flucht nach oben* (abgeschlossen höchstwahrscheinlich 1933, publiziert 1999), Walther Kauers *Abseitsfalle* (publiziert 1977) und Lorenz Lotmars *Bisst* (erstmals publiziert 1979) werden exemplarisch längere Erzähltexte untersucht, die mit ihrer Entstehungs- und der von ihnen erzählten Zeit einen grossen Teil des 20. Jahrhunderts abdecken. Die Verschiedenartigkeit, mit der in Hohls *Bergfahrt*, Schwarzenbachs *Flucht nach oben*, Kauers *Abseitsfalle* und Lotmars *Bisst* der sportliche Körper inszeniert wird, ist aber nicht nur die Folge zeitlicher Differenz. Verschieden sind auch die sozialen Räume, in die der sportliche Körper gesetzt wird und in deren Diskurse er eingebunden ist. Entsprechend weichen die Körperkonzepte, die den Texten zugrunde liegen, voneinander ab. Der sportliche Körper zeigt sich in diesen Texten je verschieden als Dreh- und Angelpunkt von Selbstwahrnehmung und Fremdbestimmung, sozialen Rollen und Geschlechterbildern. Darin deutet sich die Vielfalt an, mit der das Motiv des sportlichen Körpers literarisch genutzt werden kann. Die vorliegende Arbeit besteht deshalb aus vier weitgehend voneinander unabhängigen Teiluntersuchungen, in denen das Motiv vor dem Hintergrund je verschiedener theoretischer Konzepte ausgeleuchtet wird. Aus diesen vier Teilen zusammen soll sich ein erstes, grob gezeichnetes Panorama von Motiven sportlicher Körper in der deutschsprachigen Literatur der Schweiz im 20. Jahrhundert ergeben.
Für bisher von der germanistischen Forschung kaum beachtete Texte, wie jenen von Lotmar oder jenen von Kauer, bietet dieser Ansatz einen ersten Zugang. Für besser untersuchte Texte, wie jenen von Hohl oder jenen von Schwarzenbach, ergibt sich eine neue und vielleicht überraschende Perspektive, die etwa die verbreitete biographische Leseweise von Schwarzenbachs Texten oder den auf den Autor bezogenen psychologisierenden Zugang zu Hohls *Bergfahrt* relativiert.

In Ludwig Hohls *Bergfahrt* ist der sportliche Körper ein Hilfsmittel für die persönliche Befreiung. Für den guten Kletterer Ull wie für den schlechten Berggänger Johann ist das Bergsteigen eine Distinktionsmöglichkeit zum Leben unten in der «stickigen Tiefe», im «Gefängnis» des Grossstadtlebens. In den komplexen motorischen Leistungen des Kletterns reduziert sich der Bergsteiger auf ein Körper-Ich, das im Überleben unmittelbaren Seinssinn und Ge-

---

51 Vgl. *Leib/Körper* in: *Historisches Wörterbuch der Philosophie*. Hg. von Joachim Ritter und Karlfried Gründer. Band 5, Basel, Stuttgart: Schwabe, 1980.

fühle unbeschränkter Freiheit vermittelt. Diese gelebten oder auch nur imaginierten Höchstleistungen unter Lebensgefahr enden – gepaart mit Wut oder Überheblichkeit – in *Bergfahrt* allerdings für beide Figuren mit dem Tod.

Die Empfindung grosser Freiheit bei Todesnähe lässt sich einerseits mit neueren Theorien zu Risikosportarten fassen, andererseits kann durch die Darstellung der Verbindung von Klettern und Gemsjagd bzw. Gemswildern ein markanter Unterschied in der Wahrnehmung dieser Bewegungsart im deutsch-österreichischen und im schweizerischen Alpenraum herausgearbeitet werden.

Die Bewegung des sportlichen Körpers am Berg zeigt sich in *Bergfahrt* aber auch als Modell und Muster für das schöpferische, weltverändernde Schaffen, wie Hohl es in seinem philosophisch-literarischen Hauptwerk *Die Notizen* festgehalten hat. Die Tat wird dort skizziert nicht als heldenhafte, herkulische, sondern als Folge von vielen mühsamen Schritten, die in der Summe zur Erfüllung einer «grossen Idee» führen. Die Bewegungen und die Möglichkeiten eines sportlichen Körpers sind nicht blosse Illustration eines ästhetisch-philosophischen Programms, sondern deren Grundmuster.

In Annemarie Schwarzenbachs *Flucht nach oben* lässt sich der sportliche Körper mit Verweis auf die theoretischen Arbeiten Pierre Bourdieus als Speicher von Kapital verstehen, das nur in Kombination mit dem Habitus der oberen Schichten genutzt werden kann. In den unsicheren 1930er Jahren wird das Skifahren zur Möglichkeit moderner und individueller Mobilität, zur Selbstvergewisserung in der Inszenierung von Männlichkeit durch Temporausch und Abenteuer und zur ökonomischen Basis in einer neuen Heimat. Was für die Hauptfigur Francis von Ruthern gilt, den verarmten Spross aus ostdeutschem Landadel, gilt zwar auch für die gesundheitlich angeschlagene ‹Neue Frau›, Gräfin Adrienne Vidal, die aus derselben Schicht und derselben Gegend stammt wie er. Es gilt aber nicht für die Figuren, deren Habitus von jenem dieser Oberschichtfiguren abweicht: Figuren, die den Stereotypen des ‹jüdischen Körpers› entsprechen und deren Namen mehr auf ökonomisches als auf soziales Kapital verweisen; Figuren, die nicht eindeutig heterosexuell sind; Figuren aus den unteren Schichten. Erklärungswert versprechen dabei nicht nur Körperbilder und Körperpraktiken, sondern insbesondere auch Kleidungsstücke und Fortbewegungsmittel, die in den Kontext ihrer damaligen Bedeutung zu stellen sind. Bemerkenswert sind aber auch der Ort der Handlung und die Nationalität der Figuren: *Flucht nach oben* ist den österreichischen Alpen angesiedelt, die Figuren stammen alle aus Österreich oder Deutschland. Zu deuten ist das als Absetzungsgeste Schwarzenbachs gegenüber der damals aufkommenden Geistigen Landesverteidigung, die die Berge als ureigenstes Gebiet der Schweizerinnen und vor allem der (wehrtauglichen) Schweizer reklamiert. Sie sollen sich auf diesem Terrain im Sommer wie im Winter natürlich, gewandt und überlegen bewegen.

In Walther Kauers *Abseitsfalle* ist der sportliche Körper in erster Linie Gegenstand im Klassenkampf. Exemplarisch wird dieser Klassenkampf an der Geschichte des begnadeten Fussballers Jörg Meister aufgezeigt. Statt im Arbeiterfussballclub SOLIDARITÄT zu spielen – und damit der Arbeiterklasse erhalten zu bleiben –, lässt sich Meister als Fussballprofi in der Mannschaft eines Fabrikanten anstellen. Damit verweist *Abseitsfalle* nicht nur auf den Niedergang des Arbeitersports bei zunehmendem Gewicht des Profisports in der Schweiz seit den 1930er Jahren, Kauers Roman verweist auch auf das seit der zweiten Hälfte des 19. Jahrhunderts verbreitete Konzept des Maschinenkörpers, der durch richtige Nahrung, richtiges Training und die richtigen Ruhezeiten optimiert werden kann. Der Clubbesitzer, der auch Fabrikant ist, investiert in die Körpermaschine des Fussballers wie in ein Produktionsmittel und mustert sie aus, ersetzt sie, wenn sie nicht mehr genügend produktiv ist und zu wenig Profit verspricht. Damit zeigt sich die Nähe von Kauers Text zu jenen sportphilosophischen und -soziologischen Ansätzen, die Sport als Widerspiegelung, Teil und Ausdruck ökonomisch-gesellschaftlicher Praxis zu beschreiben versuchen.

Für Lorenz Lotmars *Bisst* müssen vor allem Rationalismuskritik und die in den frühen 1970er Jahren breit geführte Diskussion um totalitäre Systeme interessieren. Denn beides hat sowohl Lotmars Selbstverständnis als Schriftsteller wie auch seine Texte entscheidend geprägt. Den beiden Motti aus Theodor W. Adornos *Ästhetischer Theorie*, die Lotmar seinem einzigen längeren zu Lebzeiten veröffentlichten Text voranstellt, kommt dabei quasi bekenntnishafter Charakter zu:

> Denn Kommunikation ist die Anpassung des Geistes an das Nützliche, durch welche er sich unter die Waren einreiht, und was heute Sinn heisst, partizipiert an diesem Unwesen.[52]

> Denn wahr ist nur, was nicht in diese Welt passt.[53]

Der direkte Einfluss von Texten Hannah Arendts oder Michel Foucaults ist zwar auch unter Beizug der Tagebücher nicht zu belegen; starke Bezüge und Parallelen lassen aber eine – zumindest indirekte – Rezeption von Arendts und Foucaults Texten durch Lotmar als naheliegend erscheinen.

In *Bisst* entzieht sich ein Schiedsrichter im Ruhestand einem persönlichen Trauma und dem Unterdrückungsapparat eines totalitären Staates, indem er sich ganz in die Fussballwelt ‹verrückt›. Der sportliche Körper, den der Schiedsrichter a.D. Karl Bisst sich über Jahre mit eisernem Training bis ins hohe Alter erhält und durch entsprechende Kleidung markiert, wirkt als Teil eines Gegendiskurses, der die herrschende totalitäre Ordnung als kontingente in Frage stellt. Sport, der sich mit dem neuen Stadion – das zugleich zentraler

---

52 Theodor W. Adorno: *Ästhetische Theorie*. Frankfurt am Main: Suhrkamp, 1970, S. 115.
53 Ebd. S. 93.

Überwachungspunkt des totalitären Staatsapparates ist – als Disziplinierungsform zeigt, erweist sich mit dem verrückten Schiedsrichter auch als Möglichkeit widerspenstigen Andersseins. Das merkwürdige und zwanghafte Durchhalten der Rolle als Schiedsrichter lässt sich fassen mit Tilmann Habermas' Konzept der geliebten oder persönlichen Objekte, denen eine für die Selbstwahrnehmung und soziale Verortung gewichtige Rolle zukommt.

Textgenetische Methode
Kontextualisierungen und der heuristische Zugriff auf soziologische und philosophische Konzepte mit grossem Erklärungswert, die ihrerseits ebenfalls zum Kontext gehören können, machen den einen Teil der verschiedenen Methoden aus, mit der die Texte von Hohl, Schwarzenbach, Kauer und Lotmar untersucht werden. Die Auswahl der vier exemplarisch zu analysierenden Texte erfolgte, wie bereits erwähnt, aufgrund der zeitlichen Streuung ihrer Entstehung und der Vielfalt der in ihnen ablesbaren Körperkonzepte. Ein weiteres, nicht minder wichtiges Kriterium war jedoch der Umstand, dass mit den Nachlässen von Hohl, Schwarzenbach, Kauer und Hohl im Schweizerischen Literaturarchiv in Bern und – bei Schwarzenbach – auch in der Zentralbibliothek in Zürich Materialien und Vorfassungen der zu untersuchenden Texte zugänglich sind. Diese Erweiterung des Korpus stützt ein Textverständnis, dank dem sich die Widerspiegelungen und Erweiterungen von Diskursen, in denen sich die erzählerischen Texte bewegen, noch besser zeigen lassen.

Als Ansatz für ein solches Vorhaben bietet sich die textgenetische Methode an, die «Kombination und Weiterentwicklung einerseits der textologischen Ansätze, die in der germanistischen Editionswissenschaft ihre Anwendung gefunden haben, und andererseits der ‹critique génétique›».[54] Unter anderem in Forschungsprojekten im Umfeld des Schweizerischen Literaturarchivs wurde diese Methode in den vergangenen Jahren weiterentwickelt und nicht nur für die Edition, sondern auch für die Interpretation von Texten eingesetzt.[55]

In seinen detaillierten Ausführungen zur textgenetischen Methode stellt Rudolf Probst fest, dass in der neugermanistischen Editionsphilologie zwar eine

---

54 Rudolf Probst: *Friedrich Dürrenmatts Versuche, (k)eine Autobiographie zu schreiben. Die «Stoffe» als Quadratur des Zirkels.* Diss. Bern, 2004 (Publikation in Vorbereitung), S. 35.

55 Vgl. Rudolf Probst, Ulrich Weber: *Exemplarische Untersuchung zur Genese von Friedrich Dürrenmatts Spätwerk im Licht der Manuskriptentwicklung. Der Mitmacher – ein Komplex.* Schweizerischer Nationalfonds, Projekt Nr. 1114-042 224.94. www.nb.admin.ch/slb/org/organisation/00783/00669/00676/index.html?lang=de Schlussbericht (25.6.2007). Ulrich Weber: *Dürrenmatts Spätwerk: Die Entstehung aus der «Mitmacher»-Krise. Eine textgenetische Untersuchung.* Frankfurt am Main, Basel: Stroemfeld, 2007. Philipp Burkard: *Dürrenmatts «Stoffe». Zur literarischen Transformation der Erkenntnistheorien Kants und Vaihingers im Spätwerk.* Tübingen: A.Francke, 2004; sowie Probst 2004. Zurzeit laufende Forschungsprojekte: *Textgenese und Schreibprozess* (zu Friedrich Glauser und Christoph Geiser) und *Tradition und Moderne in der Lyrik Andri Peers.*

differenzierte Methodendiskussion stattgefunden habe, «was die Manuskript-analyse und -transkription, die Beschreibung der Überlieferungslage (Textzeugenbeschreibung) und die Darstellung der Entstehungs- und Textgeschichte angeht».[56] Wo es jedoch um den «interpretatorischen Zugriff auf die Textentwicklung» gehe, «ist die Theorie in der germanistischen Forschung wie auch im französischen Pendant wenig entwickelt.»[57]

Die Editionswissenschaften wie auch die critique génétique haben einen sehr weiten Werkbegriff, der sämtliche Textfassungen inklusive Skizzen und Entwürfe (bei Almuth Grésillon «avant-texte»[58] und bei Siegfried Scheibe «Paralipomena»[59]) als Elemente eines als dynamisch verstandenen Textes umfasst. Ist die Annahme von Gleichwertigkeit der Textvarianten und Vorfassungen für die Editionswissenschaft tauglich, sofern das Ziel der textgenetischen Arbeit eine historisch-kritische Edition ist; oder ist es – wie bei der critique génétique – das Ziel, das Schreiben als Prozess darzustellen,[60] so ist für die Interpretation eine stärkere Gewichtung einzelner Fassungen unerlässlich. Als «prominente Textstufen»[61] bezeichnet Probst die publizierten Versionen eines Textes. Dabei geht es weder darum, die Textentwicklung als eindeutigen teleologischen Prozess auf ein Endprodukt hin darzustellen, noch geht es um die Rekonstruktion einer Autorenintention oder darum, «Mehrdeutigkeiten des Endtextes unter Rekurs auf seine Vorfassungen eindeutig interpretieren zu wollen»[62] – wie Probst einen berechtigten Einwand von Roland Reuss aufnimmt.[63] Vielmehr erlaubt es die Einsicht in verschiedene Textfassungen, Bedeutungsverschiebungen herauszuarbeiten, Themen und Motive zu verfolgen, die neu eingeführt, verworfen, verschoben, kaschiert oder besonders hervorgehoben werden. Wo immer möglich, werden deshalb die Analysen der Texte in dieser Arbeit textgenetisch fundiert.

Am deutlichsten lässt sich die Dynamik von Texten bei den für diese Arbeit untersuchten Erzähltexten anhand von Lorenz Lotmars *Bisst* zeigen, von dem sieben Textzeugen mit etwa 13 Textfassungen erhalten sind. In den früheren Fassungen ist der Versuch eines eminent politischen Textes in der Tradition

---

56 Probst 2004, S. 35.
57 Ebd.
58 Almuth Grésillon: *Literarische Handschriften. Einführung in die «critique génétique».* Bern: Peter Lang, 1999, S. 25f.
59 Siegfried Scheibe: *Zu einigen Grundprinzipien einer historisch-kritischen Ausgabe.* In: ders.: *Kleine Schriften zur Editionswissenschaft.* Berlin: Weidler, 1997, S. 9–44, S. 24.
60 Anne Bohnenkamp spricht in diesem Zusammenhang vom «Text als Vorgang und Spielraum unterschiedlicher Möglichkeiten», von dem die «critique génétique» ausgehe. Anne Bohnenkamp: *Textkritik und Textedition.* In: Heinz Ludwig Arnold und Heinrich Detering (Hg.): *Grundzüge der Literaturwissenschaft.* München: Dtv, 1996, S. 180–203, S. 201.
61 Probst 2004, S. 46.
62 Ebd.
63 Vgl. Roland Reuss: *Schicksal der Handschrift, Schicksal der Druckschrift. Notizen zur ‹Textgenese›.* In: *Text,* 5/1999: *Textgenese 1.* S. 1–25, S. 4.

engagierter Literatur zu erkennen. Nach der Intervention eines Verlages weist die Textgenese einen klaren Bruch auf. *Bisst* wird nach diesem Bruch in der Endfassung zu einem Text, der sich als problematisch und in der Rezeption widersprüchlich erweist.

Der Rückgriff auf frühere Textfassungen ermöglicht für *Bisst* – und in etwas geringerem Mass für Hohls *Bergfahrt* und für Schwarzenbachs *Flucht nach oben* – eine «genetische Interpretation»,[64] in der sich die Verschiebung von Gewichtungen, Umdeutungen und neu gefundenen Positionen zeigen lassen. Die Typenbezeichnungen für die Überwachungstürme des totalitären Staates in *Bisst* etwa verweisen in früheren Fassungen auf die Rüstungsindustrie des Dritten Reiches. Mit der Änderung der Typenbezeichnungen, die in späteren Fassungen englisch gehalten sind, wird die durch andere Veränderungen des Texts bereits angedeutete Verbindung von nationalsozialistischem Unterdrückungsapparat und moderner ‹amerikanischen› Lebensweise ersichtlich. Erst also mit dem Überblick über sämtliche Textfassungen kann der literarische Anspruch, an dem Lotmar letztlich gescheitert ist, herausgearbeitet und mit Verweisen auf sein opus magnum *Die Opferung* in den Zusammenhang von Lotmars Schaffenskrise der letzten Lebensjahre gestellt werden.

---

64 Probst 2004, S. 46.

Ludwig Hohl: Bergfahrt

Männer am Berg

Ludwig Hohl (1904–1980) ist in der deutschsprachigen Literatur vor allem eines: der Mythos einer Biographie. Kompromisslos wie kaum ein anderer führte er die Existenz eines brotlosen Literaten – Jörg Steiner spricht von einem «poetischen Lebensakt».[65] Hohls Kellerwohnung in Genf, in der an Wäscheleinen die Blätter seiner Typoskripte und Manuskripte hingen, ist ebenso zur verbürgten Legende geworden wie die Tatsache, dass der Glarner Pfarrerssohn seine Muttersprache, das Schweizerdeutsche, nicht mehr sprach, sondern entweder Französisch oder ein stark schweizerisch gefärbtes Hochdeutsch.

Bergfahrt ist der bekannteste Prosatext von Ludwig Hohl. 1973 hat Hohl einen unfertigen Text, an dem er von den 20er bis in die 40er Jahre gearbeitet hatte, noch einmal aufgenommen und in einem eigentlichen Kraftakt ohne Rücksicht auf seinen prekären Gesundheitszustand zum Hauptstück seines Spätwerks geformt. Bis dahin war Hohl weniger als Erzähler bekannt; vielmehr war er als philosophischer Literat einem nur kleinen Publikum ein Begriff. Sein in den 30er Jahren entstandenes philosophisch-literarisches Hauptwerk *Die Notizen oder Von der unvoreiligen Versöhnung* hatte seit dem Erscheinen des ersten Bandes 1944 trotz verschwindend kleiner Auflagen grossen Einfluss in Literaten- und Künstlerkreisen. Bis 1975 erschienen zwar immer wieder Erzählungen von Hohl. Keiner dieser Texte hatte jedoch eine Wirkung wie die *Bergfahrt*.

Ludwig Hohl selbst war begeisterter Alpinist.[66] In seinem Jugendtagebuch[67] erscheinen die Bergtouren, das Klettern als eine von Hohl mit viel Leidenschaft beschworene Antithese zu dem von ihm verachteten Familienleben[68] im Pfarrhaus von Sirnach, Kanton Thurgau, wo die Hohls damals wohnten. In seinen beiden Bergtourenheften[69] zeichnet Hohl seine frühen Besteigungen akribisch nach. Material, das Hohl – wie wir später sehen werden – teilweise in die *Bergfahrt* einarbeiten wird.

---

65 Jörg Steiner: *Spinnen am Abend, erhaltend und labend.* In: *Drehpunkt. Die Schweizer Literaturzeitschrift.* 118/2004, S. 62–63, S. 62.

66 Vgl. dazu: Elio Pellin: *Dicker Bizeps und kerzendünne Ärmchen. Die «culture physique» bei Ludwig Hohl.* In: Peter Erismann, Rudolf Probst, Hugo Sarbach (Hg.): *Ludwig Hohl. «Alles ist Werk».* Frankfurt am Main: Suhrkamp, 2004, S. 116–124.

67 Ludwig Hohl: *Jugendtagebuch.* Hg. von Hugo Sarbach. Frankfurt am Main: Suhrkamp, 1998.

68 1922 verlässt Hohl im Alter von 18 Jahren das Elternhaus. Von da an hat er keinen direkten Kontakt mehr zu seinen Eltern und wird sich später auch weigern, Deutschschweizer Dialekt zu sprechen. S. Zeittafel von Hugo Sarbach im *Jugendtagebuch* S. 215–219, S. 215.

69 *Meine Bergtouren 1916–1921; Meine Bergtouren II. Periode.* Schweizerisches Literaturarchiv, SLA, Nachlass Ludwig Hohl.

Bergfahrt erzählt von einer Bergtour, die für beide Beteiligte mit dem Tod endet. An einem Frühsommermorgen machen sich Ull und Johann auf ins hohe Gebirge. Bereits im ersten Textabschnitt wird deutlich, wie verschieden die beiden nicht nur ihrem Äusseren nach sind. Johann wird als lang, hager und mit einem schläfrigen Gesichtsausdruck geschildert. Ull ist weniger gross, aber «von konzentriertem Wesen».[70] Auch in der Art, wie sie den Anstieg zum Berg angehen, sind Ull und Johann grundverschieden. Ull ist ein guter Berggänger. Er geht mit geschmeidigen, fast nachlässigen Bewegungen. Johann ist alles andere als geschmeidig, «er arbeitet mit Kraft, als ob er dem Berg harte Stösse versetzen müsse: ein schlechter Gänger».[71] Und auch sonst zeigt sich Johann nicht nur als schlechter, sondern auch als uneinsichtiger Alpinist. Er will bei einer Rast nichts essen und baut sich auf dem zugigen Heustock einer Alphütte auch seine Schlafstelle nicht so, wie Ull es ihm rät.

Das Wetter ist schlecht. Ull und Johann müssen den weiteren Aufstieg um einen Tag verschieben. Und auch am folgenden Morgen, als sie in der Dämmerung losziehen, nieselt es leicht. Es geht ein eisiger Wind und dicke, blauschwarze Wolken hängen tief an den kalten Hängen ringsum.

Als Ull und Johann einen Gletscher queren wollen, geraten sie in einen Schneesturm. Harte Schneekörner peitschen auf die Berggänger. Die Aussichten, dass die Besteigung noch gelingen könnte, werden immer kleiner. Ull hätte sich gern noch weitergequält, Johann dagegen meldet Hals-, Rücken- und Atembeschwerden an.

Johann gibt auf, Ull dagegen macht sich am nächsten Morgen noch im Dunkeln wieder auf und geht das Wagnis ein, den Gletscher allein zu queren. Eine masslose Wut treibt ihn an. Erst nachdem er den Gletscher überwunden hat und auf dem Grat erschöpft Rast macht, dämmert ihm, dass er in eine Falle geraten ist. Über den Gletscher schafft er es an diesem Tag nicht mehr zurück. Der Schnee ist mittlerweile zu weich und gefährlich geworden. Einzig über die konkave Südwand, über die er kaum verlässliche Informationen hat, wäre ein Abstieg noch möglich. Daran, auf dem Grat zu biwakieren, denkt Ull in seiner Übermüdung nicht. Er macht sich an den Abstieg über die Südwand, die nach einem steilen Stück am Anfang in einen Überhang führt. Diesem Überhang will Ull horizontal ausweichen und gerät zu einer Stelle, an der die überhängende Wand ausläuft und mit einem senkrecht abfallenden Pfeiler zusammenfällt. Ull, ein ausgezeichneter Kletterer, der bereits äusserst schwierige Routen allein bewältigt hat, kommt an dieser Passage nur ganz langsam voran. Tritt um Tritt klettert er talwärts. Er scheitert aber an einer schwierigen Stelle und muss auf einer Kanzel in der Wand übernachten.

Am Tag darauf versucht Ull über ein Schneefeld abzusteigen. Er rutscht aus und stürzt zu Tode. Derweil hat sich Johann auf den Weg in die «stickige

70 Ludwig Hohl: *Bergfahrt*. Frankfurt am Main: Suhrkamp, 1978, S. 7.
71 *Bergfahrt* S. 10.

Tiefe»[72] gemacht. Schon fast im Tal, hört er nicht auf den Rat eines Bauern und versucht, auf einer direkten Linie einen bewaldeten Hang hinunter zu steigen. Er verliert den Halt, stürzt in einen Wildbach, wo er mehrmals mit dem Kopf gegen Felsen schlägt und im strudelnden Wasser verendet.

Frühe Fassungen

Die Erzählung *Bergfahrt* erschien erstmals 1975. Eine erste Fassung des Textes entstand jedoch bereits 1926. In seinen *Epischen Grundschriften* hat Hohl unter dem Titel *Der arme Johann*[73] im Oktober und November 1926 im tagebuchartigen Stil der *Grundschriften* die Erlebnisse einer Bergtour festgehalten, die er im Sommer 1926 mit seinem Freund Kurt Müller in den französischen Alpen unternahm. In diesem autobiographischen Text ist die Anlage der *Bergfahrt* mit dem Grundkonflikt der zwei sehr verschiedenen Figuren bereits erkennbar.

Wie Hohl in seiner Einführung zur Lesung vom 18. August 1974 in Burgdorf erklärte,[74] sind zwischen 1926 und 1940 sechs Fassungen der *Bergfahrt* entstanden. Von diesen sechs Fassungen sind nur *Der arme Johann* von 1926 und die «undefinitive» von 1940[75] erhalten. *Der arme Johann* ist ein mit schwarzer Tinte und einer wenige Millimeter kleinen Schrift verfasstes Manuskript, das sich im vierten Heftlein der *Epischen Grundschriften* findet. Die Seiten sind nicht paginiert, am Rand aber mit den Daten der Niederschrift versehen. Das Typoskript von 1940 hat ein Titelblatt, was auf die Intention hinweist, den Text bereits in eine präsentable Form zu bringen. Die Umlaute auf diesem Zeugen sind durchwegs ohne Pünktchen und mit einem auf den Vokal folgenden e dargestellt – statt ä, ö, ü also ae, oe, ue. Wahrscheinlich ist, dass Hohl diesen Text auf einer französischen Schreibmaschine ohne Typen für die Umlaute geschrieben hat.

Am Schluss des Typoskripts von 1940 findet sich ein mit Bleistift geschriebenes «Memento»,[76] in dem Hohl festhält, dass Fassung zwei vom 4. September 1929, Fassung drei vom 25. Januar 1931 und Fassung vier vom 27. Oktober 1932 vernichtet wurden. Von Fassung fünf sei nur das Endstück vorhanden, sie sei wohl ebenfalls vernichtet worden. Vernichtet wurden diese frühen Versuche der *Bergfahrt* durch den Autor selbst, der mit Texten, die er nicht für gültig hielt, unzimperlich umzugehen pflegte. Wieso er die Fassung von 1940 nicht

---

72 Ebd. S. 93.
73 In: *Epische Grundschriften 4.* Schweizerisches Literaturarchiv, SLA, Nachlass Ludwig Hohl, A-04-a-4 bis 5.
74 Schweizerisches Literaturarchiv, SLA, Nachlass Ludwig Hohl, Typoskript datiert 17.8.1974.
75 Schweizerisches Literaturarchiv, SLA, Nachlass Ludwig Hohl, A-2-b-1-a.
76 *Bergfahrt* Typoskript von 1940, S. 125.

vernichtete, obwohl er sie für nicht gelungen hielt, ist ebenfalls dem Typoskript für die Einführung zur Lesung in Burgdorf zu entnehmen:

> [I]ch wusste, dass sie undefinitiv war; ja sie war, abgesehen von einzelnen beschreibenden Stellen, <u>unlesbar</u>. Dennoch behielt ich das Manuskript und zwar aus dem dunklen Wissen, dass noch etwas anderes, etwas ganz anderes in der Erzählung schlummere, etwas unbedingt Auszudrückendes.
>
> 33 (dreiunddreissig) Jahre blieb das Manuskript liegen. Dann, im Frühling 1973, war auf einmal der Zugang frei, das heisst, es hatte sich die richtige Distanz ergeben, der Sache beizukommen, oder: der <u>Brennpunkt</u>, die Brennweite, war gefunden worden. – Was entstand, ist im Wesentlichen etwas Neues.[77]

Kletterhilfsmittel

Auch wenn die *Bergfahrt* des späten Hohl tatsächlich etwas im Wesentlichen Neues ist, angesiedelt ist die Geschichte von Ull und Johann immer noch in der Zeit der ersten Fassung aus der Mitte der 20er Jahre. Hohl weist auf diesen Umstand hin: «Die Geschichte spielt in einem Anfangsjahrzehnt des Jahrhunderts.»[78] Damit ist auch die altertümliche Ausrüstung der beiden Bergsteiger erklärt: dicke Wollkleidung, Filzhüte, schwere Nagelschuhe. Als Kletterhilfsmittel haben Ull und Johann je einen Pickel und ein Seil dabei. Haken und Karabiner, dank denen sich Ull von der überhängenden Stelle hätte abseilen können, waren damals so wenig in Gebrauch wie heutige Steigeisen, mit denen er verhältnismässig sicheren Halt auf dem Schneefeld gefunden hätte. Vorformen moderner Steigeisen gab es zwar bereits – so wie es auch bereits Vorformen der heutigen Kletterschuhe, der «Kletterfinken», gab –, verbreiteter war jedoch die Technik, mit dem Pickel Stufen ins Eis zu schlagen, um mit den robusten, genagelten Schuhen Halt zu finden. Der Autor Emil Zopfi, selbst ein ausgezeichneter und erfahrener Kletterer, schreibt zum Kontrast zwischen der damaligen und der heutigen Ausrüstung:

> Wir tragen nicht mehr den Filzhut, sondern Steinschlaghelme mit internationalem Prüflabel, klettern nicht mehr mit Nagelschuhen, sondern mit knapp sitzenden Kletterfinken, sichern uns nicht mehr mit dem Hanfstrick, sondern mit dynamischen Doppelseilen aus Kunstfasern, wir benutzen im Eis High-Tech-Geräte statt den Pickel, der Ull entgleitet, in der Wand aufschlägt und *scheinbar himmelwärts fliegend* verschwindet. Und bevor uns noch die Stimme der Freundin in der Wand zurufen würde, «*könntest du nicht ein kleines Stück vom Seil abschneiden und eine Schlinge daraus bilden*», hätten wir längst eine Bandschlinge aus unserem Sorti-

---

77 Einführung zur Lesung in Burgdorf, 17.8.1974. Wenn nichts anders angegeben, stammen die Hervorhebungen vom Autor.
78 *Bergfahrt* S. 7.

ment um den Felszacken gelegt, an den sich Ull in der Wand klammert, und hätten uns fünfzig Meter abgeseilt in sicheres Gelände.[79]

Der grosse Schub in der Entwicklung der Kletterhilfen setzte erst Anfang der 30er Jahre ein, als sich Franzosen, Italiener, Österreicher, Schweizer und Deutsche von persönlichem und nationalem Ehrgeiz getrieben an die letzten grossen alpinistischen Herausforderungen in Europa machten: die Nordwände. Als «Nordwand-Epoche» gelten die Jahre zwischen der Durchsteigung der Matterhorn-Nordwand 1931 und der Bezwingung des Walker-Pfeilers der Grandes Jorasses im Mont Blanc-Massiv sowie der Eiger-Nordwand 1938. Den schwierigen und oft vereisten Nordwänden war mit herkömmlicher Kletterkunst nicht beizukommen. Vor allem die Erstdurchsteigung der Nordwand der Grossen Zinne/Cima Grande in den Dolomiten gilt als Schlüsselereignis im Alpinismus. Emilio Comici und den Brüdern Angelo und Giuseppe Dimai war es 1933 gelungen, dank unzähliger in die teils senkrechte, teils überhängende Platte getriebener Haken die 550 Meter hohe Nordwand der Grossen Zinne zu durchklettern.[80]

Der Helikopter, mit dem man Ull von der Kanzel oder vom Grat hätte retten können, war 1926 noch nicht erfunden, und das Mobiltelefon gehörte erst recht noch nicht zur Standardausrüstung eines Bergsteigers – weder 1940 noch 1975.

Typoskript und Druckfassung

Im Vergleich des Typoskripts von 1940 mit der Endfassung fällt trotz einzelner praktisch identischer Passagen die verdichtete und knappere Erzählweise des gedruckten Textes auf. In der Fassung von 1940 wird die Landschaft im Gebirge so beschrieben:

> Das Tal, oder besser, das aus den zwei zusammentretenden Taelern gebildete Gelaende ist weit; es laesst sich nahezu ganz ueberblicken von der Stelle aus, an der wir uns befinden. Da diese naemlich an dem einen Talrand liegt und im uebrigen so, dass man von ihr aus gleicherweis aufwaerts in das Haupttal wie in das Nebental blicken kann. Worauf man aber vor allem, gerade hinueberschauend, zu blicken gezwungen ist. Nach dem Gebirgsmassiv, dessen schwach ausgeprägte Kante weit vortritt und dessen Haenge zuruecktretend nach rechts dem Haupttal, nach links dem Nebental folgen. Mit ungeheurem Sockel den zwei Taelern zugleich entsteigend, dunkel von Waeldern, durch ruhige Waende gesichert, dann in hoehern Stufen, manchmal aus Schutt gebildet, dann aus den Felsen und aus Gletschern,

79 Emil Zopfi: *Dem Gefängnis entrinnen.* In: *Drehpunkt. Die Schweizer Literaturzeitschrift.*118/2004, S. 12–16, S. 15.
80 Gaston Rébuffat: *Sterne und Stürme. Die grossen Nordwände der Alpen.* München: Bruckmann, 1986, S. 95f.

immer mit Terrassen abwechselnd, stufenweise bis hinauf zum hoechsten, einsamen Grat, – so steht es da, dieses Gebirgsmassiv, eines der maechtigsten der Alpen; und man haette es vielleicht von keiner anderen Stelle aus mit groesserer Wirkung ueberschauen koennen. Nur ein wenig musste man sich naehern und schon verlor es sich mehr und mehr in Unuebersichtlichkeit, der hoechste Grat trat zurueck und Kulissen hervor, und bald dominierte dann ein Waldaufschwung der untersten Stufe, eine Schlucht begann den Wanderer aufzunehmen, wenn man sich dagegen entfernte, verminderte sich die gewaltige Wirkung der Hoehe. – Der langgezogene, im Ganzen horizontal verlaufende hoechste Grat, der einsame Grat da oben, da droben allein mit den Himmeln. Weithin schwingt er sich, mehrere Gipfel verbindend, kampflos, makellos hin vor dem hellen, flimmernd hellen Hintergrunde, den groessten Gegensatz darstellend zu jedem zerkluefteten, wilden, bizarren Gebirge; an ihm ist nur Steilheit, gelassener Sieg, fragloser Sieg, Ruhe, alles, was es gibt, scheint er zu dominieren an Hoehe. Seine Flanke, aus Firn und grauem, leise glaenzendem, glatten Fels, gleicht einem Schild, einem Panzer, einer feinen in Stahl oder Silber eingelegten Arbeit. Und das ganze langgezogene Gebilde dieses Gipfelbaues vor den hellen Himmeln haette vielleicht den einen oder andern auch erinnern koennen an ein grosses Schiff, das nicht in ein Erdenmeer nur, das in die Ewigkeit hineinfuehre.[81]

An der entsprechenden Stelle in der Druckfassung wird zwar dieselbe Landschaft beschrieben, der Text unterscheidet sich jedoch nicht nur im Umfang von der frühen Version:

Denn es sind zwei Täler, die wir überblicken, das Gelände ist weit. Und in unermesslich weitem Sockel erhebt sich aus den zwei Tälern das Gebirgsmassiv, auf das man vor allem zu blicken gezwungen ist: Dunkel von Wäldern, dann, in höheren Stufen, durch ruhige Wände gesichert, manchmal aus Schutt gebildeten Hängen, dann aus neuen Felsen, endlich aus Gletschern, erhebt es sich bis zum langgezogenen höchsten Grat, der jählings in fast senkrechtem Abbruch endet; der, mehrere Gipfel verbindend, kampflos, makellos vor dem hellen, flimmernd hellen Hintergrunde sich hinschwingt, den grössten Gegensatz darstellend zu jedem zerklüfteten, wilden, bizarren Gebirge.

So ist der Berg aus einer gewissen Distanz und von unten gesehen. An ihm ist nur Steilheit, gelassener Sieg, fragloser Sieg. Der oberste Teil seiner Flanke, aus Firn und grauem, leise glänzendem, glatten Fels, gleicht einem Schild, einem Panzer, einer feinen in Stahl oder Silber eingelegten Arbeit. Und das ganze langgezogene Gebilde dieses Gipfelbaues vor den hellen Himmeln hätte vielleicht auch den Eindruck erwecken können von einem sehr grossen Schiff, das nicht in ein Erdenmeer nur, das in die Ewigkeit hinein führe.[82]

---

81 Typoskript S. 5. Die Seite ist, wohl bei der späteren Bearbeitung, durchgestrichen worden.
82 *Bergfahrt* S. 8.

Mit der gehäuften Verwendung des Indefinitpronomens «man», Konstruktionen wie «der eine oder andere» und mit einem unbestimmten «wir» wirkt die Gebirgslandschaft in der Textstelle von 1940 reichlich bevölkert. Mit Formulierungen wie «eine Schlucht begann den Wanderer aufzunehmen» werden zwar nicht klar umrissene Figuren als fiktive Individuen gezeichnet, aber als Aktanten und Hilfskonstruktionen für den Blick in die Landschaft bemüht. Darin erinnert die frühere Fassung stark an komplizenhafte Reisebeschreibungen oder Aufsätze über Bergtouren, in denen die Adressaten des Textes virtuell teilnehmend in die beschriebene Landschaft versetzt werden. Diesen Eindruck eines Tourenberichts verstärken auch die teilweise etwas umständlichen, von langen asyndetischen Reihungen geprägten Schilderungen, die auf ein Bemühen hinweisen, alles möglichst genau zu beschreiben und nach Floskeln wie «naemlich» gar noch zu präzisieren. Solche Tourenberichte waren Hohl vertraut. Der Schweizer Alpenclub, dessen Mitglied Hohl war,[83] gibt seit 1925 die Monatszeitschrift *Die Alpen* heraus. Die Tourenberichte, die einen grossen Teil dieser Zeitschrift ausmachen, sind nicht in erster Linie Abenteuergeschichten für ein staunendes Publikum, sondern richten sich an Kletterkameraden, die sich genauere Informationen über eine Route versprechen. Entsprechend detailliert sind die Beschreibungen gehalten. In der ersten Nummer von *Die Alpen* zum Beispiel berichtet ein Friedrich Vöchting:

Was von unten als treppenartig gezackte Schneide sich dargestellt, das wirkte von hier in der Verkürzung als eine schwer übersehbare Folge jäher und immer jäherer Wandstufen, die sich bisweilen zu einer ausgesprochenen Kante zusammenzogen und in ihrem scheinbar lotrechten Aufstieg jedem Angriffsversuche Hohn zu sprechen schienen. Das also war der Anderson Grat! Man *fühlte* noch mehr als man *sah*: eine Kletteraufgabe ersten Ranges, auch wenn die Felsen im besten Zustande waren. Nun aber lag, wie mit der Puderquaste aufgetragen, der Schnee überall tupfenweise auf dem Granit, und selbst wo der harte Kern vermöge seiner grossen Steilheit nackt hervorstand, da konnten doch – wer wusste es – die kleinen Rauhigkeiten, Löcher, Spalten und Leisten, deren die kletternde Hand bedurfte, mit dem kalten, trügerischen Stoff so ausgiebig verklebt und verschüttet sein, dass der Vorausgehende sie erst allmählich zu ertasten und sorgfältig freizuputzen hatte.[84]

Hohls Beschreibung der Berglandschaft wirkt in der Druckfassung von 1975 trotz wiedererkennbarer Elemente völlig anders als in der Typoskriptversion von 1940. Mit der Verdichtung des Textes, kürzeren Sätzen und Teilsätzen rückt die Landschaft als gewaltige und unveränderbare in den Mittelpunkt. Die «einen oder anderen» und der «Wanderer» werden nicht mehr genannt. Zwar beginnt auch dieser Text mit einem «wir», das die beiden Täler überblickt.

83 Im Nachlass erhalten ist ein Mitgliederausweis aus dem Jahr 1926.
84 Friedrich Vöchting: *Schreckhorn*. In: *Die Alpen. Monatszeitschrift des Schweizer Alpenclubs.* 1/1925, S. 11–21, S. 15.

Doch schon dieses «wir» ist abstrakter als das in der Fassung von 1940, weil keine Stelle in der Landschaft mehr bezeichnet wird, «an der wir uns befinden». Zudem ist an dieser Stelle das Gelände noch weit, die Berge und Bergflanken sind noch nicht dominierend und unverrückbar. Das «man» schliesslich, das von den beiden Tälern zum Gebirgsmassiv schaut, hat nicht mehr wie in der Konjunktiv-Konstruktion «man haette es vielleicht von keiner anderen Stelle aus mit groesserer Wirkung überschauen koennen» der älteren Fassung – zwar schlechtere, aber immerhin mehrere – Alternativen des Blickens auf dieses Gebirgsmassiv, sondern wird nur noch «zu blicken gezwungen». Nun wird die Landschaft enger, und das – schon abstrakte und offene – Subjekt des Blickens verschwindet völlig. Es bleiben die hohen Wände und Gletscher.

Gerade dank dem Unterschied zur Druckfassung, dank dem erkennbaren Bemühen, genau zu erklären, wird, wie wir später sehen werden, die Fassung von 1940 als Kontrast nützlich sein. Vor allem das Verhältnis zwischen Ull und Johann hat in der Fassung von 1940 mehr Raum. In der ersten Fassung von 1926 macht das Verhältnis der beiden Figuren, die noch ein erzählendes Ich einerseits und M oder Müller andererseits sind, gar den Hauptteil aus. Für die Charakterisierung der beiden grundverschiedenen Typen von Alpinisten sind die älteren Fassungen deshalb in ihren Varianzen viel versprechend.

Arbeit, die Tat

Bergfahrt ist eine Bergsteigererzählung, in der nicht wie etwa in Richard Voss' schwülstigen Romanen *Der Todesweg auf den Piz Palü* oder *Alpentragödie* der Berg mythisch verklärt wird zum Ort des reinigenden Schicksals und des überhöht Tragischen.[85] In *Bergfahrt* ist der Berg nicht für den Körper tödliche und für die Seele reinigende Sphäre, sondern Terrain, auf dem sich der Kletterer zu bewähren hat.

Bereits mit der Anlage der beiden Figuren ist bei Hohl das Scheitern am Berg vorgegeben. Ull und Johann sind denn auch weniger sich entwickelnde als vielmehr feste Figuren. Dass von den beiden sehr verschiedenen Kletterkameraden von vornherein nur Ull überhaupt eine Chance auf Erfolg am Berg haben kann, liegt aber nicht nur daran, dass er, im Gegensatz zum langen und hageren Johann mit dem schläfrigen Gesichtsausdruck, «von konzentriertem Wesen» ist. Auch die Art, wie sie ihre verschiedenen Körper bewegen und am Berg einsetzen, unterscheidet sich fundamental und macht klar: Die Seilschaft kann, wenn überhaupt, nur dank Ull erfolgreich sein. Mit der Figur des Ull, der sich als guter Berggänger geschmeidig, fast nachlässig bewegt, und der Figur des Johann, der sich als schlechter Berggänger mit Kraft fortbewegt, als wollte er

---

85 Richard Voss: *Alpentragödie. Roman aus dem Engadin.* Berlin, Stuttgart: J.G.Cotta Nachfolger, 1909.
    ders.: *Der Todesweg auf den Piz Palü.* Berlin, Wien: Ullstein, 1910.

«dem Berg harte Stösse» versetzen, lässt sich ein direkter Bezug zu Ludwig Hohls Konzept des Arbeitens und Tätigseins herstellen. Dieses Konzept ist konstitutiv für die beiden Hauptfiguren.

Sein Konzept des Arbeitens und Tätigseins hat Hohl zwischen 1934 und 1936 in seinem philosophisch-literarischen Hauptwerk *Die Notizen* zu umreissen versucht. Arbeiten nennt Hohl ein bestimmtes Tun, zu dem nicht äussere Gewalten antrieben, sondern zu dem innere Gewalten nötigten.[86] Dieses Arbeiten, das Hohl «menschlich» nennt, das «weltverändernde Wirkung» habe und schöpferisch wirke, vollziehe sich in drei Stufen.

Diese sind:

1) Die grosse Idee
2) Die (der grossen Idee entsprechenden) Einzelvorstellungen; anders gesagt: die Applizierung der grossen Idee, ihre Auflösung in kleine Ideen, Ideen des Einzelnen
3) Die (den Einzelvorstellungen entsprechenden) Einzelausführungen
Kurz gesagt: Die grosse Idee, die kleinen Ideen, die kleinen Taten.[87]

Arbeiten, das Tun, das ist in Hohls Konzept also eine Vielzahl von kleinen Taten, die als Ableitung der grossen Idee und der kleinen Ideen folgen. Die eine grosse, herkulische Tat, den grossen, einmaligen Kraftakt, gibt es nicht. Die Vorstellung davon sei ein Wahn, der unter den Menschen am meisten Unheil gestiftet habe.

Was bei Hohls Ansatz nun besonders auffällt: Er verdeutlicht seine Vorstellung von weltveränderndem Tun und Arbeiten mit dem Beispiel des Bergsteigens:

Wer aber würde den Gipfel erreichen, wenn er es in einer grossen Tat, d.h. ohne die Stufen, ohne die Schritte (also in einem Sprunge) vollbringen müsste? – Wer ihn erreicht hat über die Stufen, muss der noch die grosse Tat tun?[88]

Diese kleinen Schritte haben nichts Heldenhaftes oder Heroisches an sich. Im Gegenteil seien die einzelnen Schritte, die die Besteigung ermöglichten, nichts anderes als unsägliche Mühsal[89] und jeder Schritt sei ganz einfach sauer.[90] An diesen und ähnlichen Stellen zeigt sich, dass Hohl das Bergsteigen und in etwas geringerem Mass auch das Schwimmen[91] nicht nur Illustrationen für das Arbeiten und weltverändernde Tun sind, sondern vielmehr die Vorbilder und Muster dazu. Das Besondere dieses Arbeitens und Tuns muss damit vor allem eine

---

86 Ludwig Hohl: *Die Notizen oder Von der unvoreiligen Versöhnung*. Frankfurt am Main: Suhrkamp, 1984, I,1, S. 9. Erstmals bei Artemis Zürich, 1944 (Bd.1) und 1954 (Bd. 2).
87 *Die Notizen* I,18, S. 23.
88 Ebd. I,19, S. 26.
89 Ebd. I, 25, S. 30.
90 Ebd. I, 26, S. 30.
91 Hohl nimmt das Schwimmen als Veranschaulichung der Wichtigkeit von «adäquater Bewegung». Ebd. I, 10, S. 15 sowie II, 172, S. 123.

Frage der Einstellung, des «Geistes» sein, nicht die konkrete Veränderung in der Dingwelt. Denn sowohl Schwimmen wie Bergsteigen ändern an der Umwelt, der Dingwelt praktisch nichts, wohl aber etwas – wie es im Sportjargon so schön heisst – «im Kopf» des Tätigen.

Wie man sich am Berg adäquat zu bewegen hat, das zeigt deutlich eine Stelle im Typoskript von 1940:

> Das Gebirge laesst sich vom Menschen durch offene Kraftentfaltung nicht besiegen; es ergibt sich nur dem Schleichenden, klug Zurückhaltenden, Weich-Gelenkigen. Die Haltung des wirklichen Berggaengers hat nichts Sportliches und theaterhaft Heldisches; fast eher würde er einem unscharf Sehenden von Anfang an den Eindruck machen, dass er schon ermuedet sei: Den Koerper schlaff und tief gebeugt, fuehrt er seine Schritte in einer weichen Bewegung aus, fern allem Sprung- und Stosshaften, und so, als ob er gewissermassen vornueberfalle, als ob der Schritt schon dazu geschehen muesse, das Fallen zu verhindern. Vor allem aber wird er niemals einen Schritt so gross nehmen, wie es ihm moeglich waere, und niemals so rasch ausführen, dass seine volle Kraft dazu erforderlich waere.[92]

Johanns Art der Bewegung hat wenig mit der adäquaten Bewegung zu tun, die Hohls Konzept des Arbeitens entspricht. Das Gehen am Berg ist, so wie er es praktiziert, eine «total tote Beschäftigung».[93] Sein Gehen ist nicht ein nach aussen gerichtetes inneres Geschehen,[94] als das in den Notizen das Arbeiten beschrieben wird,[95] sondern tote Bewegung, zu der es in den Notizen heisst:

> Man darf nicht enden, darauf aufmerksam zu machen, dass die meisten Menschen sich vor dem Arbeiten flüchten nicht in die Faulheit – nicht in die apparente Faulheit –, sondern in eine total tote Beschäftigung; nicht in die Bewegungslosigkeit ... die wahre heutige Faulheit besteht in einer toten Bewegung.[96]

Entsprechend wird im Typoskript Johanns Art der Bewegung geschildert:

> Wie benimmt sich ein des Gebirges Unkundiger, der da ankommt und zu steigen beginnt? Er stoesst sich steil in die Hoehe, wuchtig ausschreitend, mit den Armen schwingend und die volle Kraft seiner Schenkel entfaltend. Er hat eine sportliche Alluere, etwas heldenhaft und laecherlich.[97]

Ganz anders bewegt sich Ull, der gute Berggänger:

> [...] in leichtem Schweisse, gebueckt unter dem Druck der Rucksackriemen, den Blick erdwaerts gerichtet, wo er zum tausend und tausendsten Male denselben Stei-

---

92 Typoskript S. 44.
93 *Die Notizen* I, 3, S. 13.
94 Wir werden später sehen, dass auch hier das Bergsteigen wieder Vorbild für das Arbeiten ist, denn Bergsteigen ist gemäss Hohl vor allem eine geistige Tätigkeit.
95 *Die Notizen* I, 1, S 10.
96 Ebd. I, 3, S. 13.
97 Typoskript S. 43.

nen und Bloecken, schiefen, gerundeten Felsschwellen und erdigen Orten begegnen muss; und etwas eingeschlaefert, traeumerisch geworden, in gewissem Masse
entpersoenlicht, willenlos inmitten des einen immer fliessenden, gleichfoermigen
Willens, die maessige, aber dauernde Muehsal fortzusetzen.[98]

Mädchen, Teufel und Masturbationsverbot

Johann ist also nicht nur als feste Figur dumpf, uneinsichtig und in der «ap-
parenten» Form faul, sondern auch in seinen Bewegungen, im Einsatz seines
Körper auf neue Art faul, eine Art, die Hohl in den *Notizen* als «wütendes
Umsichschlagen»[99] bezeichnet.[100]

In den Bergen jedoch wäre es auch möglich, ganz im Gegensatz zur Kunst, die
für Hohl das wichtigste Gebiet des weltverändernden Tätigseins und Arbeitens
ist, «Weg zu überwinden und doch noch überflüssige Gesten zu machen».[101]
Deshalb kann Ull auch hoffen, mit dem nicht adäquat sich bewegenden Johann den Gipfel zu erreichen. Die Chancen stehen allerdings nicht gut, was
Ull von Anfang an bewusst ist. In der Fassung von 1940 hatte Hohl noch einen
möglichen Grund angedeutet, weshalb sich Ull trotzdem mit dem schlechten
Berggänger Johann auf diese schwierige Tour begeben hat. In verschiedenen
Rückwendungen wird die Vorgeschichte der Bergtour ausführlich geschildert.
Ull ist mit Bekannten auf einem Bummel durch Paris, interessiert sich aber
weder fürs «Herumscherzen» noch für «die Mädchen». Stattdessen ist er mit
seinen Gedanken ganz bei den alpinistischen Taten, die ihm ein inneres Bedürfnis sind, die er aber nicht alleine schaffen kann.

> «Wen nehme ich mit?» oder «Es ist doch unmoeglich, dass ich niemanden finde!
> Ich m u s s einen Begleiter haben.» Er erklaerte den anderen auch, dass in wenigen
> Tagen sein Weg zum Gebirge, dem ersehnten, offen sei, dass er entschlossen sei, ja
> dass sein Leben daran haenge, diesen Sommer einige ganz besondere alpinistische
> Unternehmungen durchzufuehren, an die er sich jedoch nicht ohne Begleiter ma-
> chen koenne; aber die anderen liehen diesen einfoermigen Aeusserungen ihr Ohr
> nur halb; Ull in dieser Gesellschaft glich, mit seiner finstern Stirn, mit der einen,
> unveraenderbaren Sorge in ihm, ein wenig einem grauen, starren Fels inmitten ei-
> ner hellen, lustig sich bewegenden Umgebung. Dass keiner von den Teilnehmern

---

98 Ebd. S. 43.
99 *Die Notizen* I, 10, S. 15.
100 Will man wie Beatrice Stoll in Ull den «rationalen Denker» und in Johann den «leidenden,
mittellosen Künstler» sehen, so müsste man die Beschreibung des Johann als eine Art Selbst-
beschimpfung des leidenden und mittellosen Hohl sehen (vgl. Beatrice Stoll: «... *dass vielmehr das Leiden eine Chance ist». Zu Ludwig Hohls erzählerischem Werk.* In: Erismann,
Probst und Sarbach 2004, S. 48–56, S. 53.). Das fällt schwer, weil Johann in der Druckfassung
nicht (wie Hohl) leidender Melancholiker ist, sondern eher als dumpf, faul und wehleidig
gezeichnet wird.
101 *Die Notizen* II, 172, S. 123.

der Nachtwanderung als Begleiter für die Bergfahrten in Frage kommen konnte, erfuellte ihn mit einem gewissen Groll gegen diese Menschen.[102]

Dass Ull als Sonderling durchaus realen Bergsteigern nachempfunden ist, das zeigt sich in einem Bericht, den ein Alfred Zürcher in der Zeitschrift *Die Alpen* publizierte. An einer Stelle, die Hohls Paris-Episode nicht unähnlich ist, heisst es:

> Als Risch und ich miteinander im Herbst 1922 durch die Boulevards von Paris wanderten, miteinander Londons undurchdringlichen Nebel schluckten, war all das Geflimmer, all der Glanz, all das Hasten und Treiben nichts für uns, sondern immer wieder dachten, sprachen und träumten wir von unserem Berg. In Briefen selbst war nur von ihm die Rede. Während voller zehn Monate entsagte ich dem Rauchen, trank drei Monate vor dieser Bergfahrt keinen Tropfen Alkohol, übte regelrecht und regelmässig jeden Abend vorgeschriebene Turnübungen und unternahm in keiner Beziehung etwas, was die physischen Kräfte in irgendeiner Art und Weise nachteilig beeinflussen konnte...[103]

Die drei Punkte am Schluss, mit denen Zürcher den lesenden Clubkameraden Delikates anzeigt (Frauen konnten seit 1907 nicht mehr Mitglied des SAC werden;[104] der SAC fusionierte erst 1980 mit dem Schweizer Frauen Alpenclub), geben eine Ahnung davon, wie ernst ein Bergsteiger seine anstehenden Touren nehmen kann. Diese drei Auslassungspunkte sind ein Hinweis darauf, dass Zürcher nicht nur wie Ull die Ablenkung durch «die Mädchen» zuwider war. Anzunehmen ist, dass er sich vor seiner grossen Tour – zu der auch eine Erstbesteigung gehört – auch ein Masturbationsverbot auferlegte, um seine «physischen Kräfte» nicht zu mindern.

Die Figur des Ull weist an dieser Paris-Stelle im Typoskript aber auch unverwechselbar Züge jenes Bildes auf, das Hohl in den *Epischen Grundschriften* (1926–1937)[105] von sich selbst festgehalten hat. Im Frühling 1926 führt Hohl mit seiner damaligen Lebensgefährtin Gertrud Luder in Paris ein Bohème-Leben, das von Geldnöten, langen Stadtwanderungen, Gesprächen und Restaurantbesuchen mit anderen erfolglosen Künstlern geprägt ist. Die Aufzeichnungen aus diesen Monaten zeigen eine bemerkenswerte Nähe von Hohls Verlangen, in die Berge zu fahren, um grosse Bergtouren zu unternehmen einerseits, andererseits dem Impuls zu widerstehen, Prostituierte zu besuchen. Diese Verbin-

---

102 Typoskript S. 11.
103 Alfred Zürcher: *Bergfahrten im Bergell*. In: *Die Alpen. Monatszeitschrift des Schweizer Alpenclubs*. 1/1925, S. 3–11, S. 6.
104 Vgl. Tanja Wirz: *Gipfelstürmerinnen. Eine Geschlechtergeschichte des Alpinismus in der Schweiz 1840–1940*. Baden: hier + jetzt, 2007, 159–168.
105 Schweizerisches Literaturarchiv, SLA, Nachlass Ludwig Hohl. Die ersten drei und ein Teil des vierten Heftes der *Epischen Grundschriften* sind publiziert in: Ludwig Hohl: *Aus der Tiefsee. Paris 1926*. Hg. von Ulrich Stadler. Frankfurt am Main: Suhrkamp, 2004.

dung des unbedingten Wunsches, in die Berge zu fahren, mit den «Mädchen», die davon ablenken könnten, finden wir auch bei Ull im Typoskript. Bei Hohl jedoch hat dieser innere Kampf 1926 noch eine ganz andere Dimension als jene, für die kommenden Touren, wie Alfred Zürcher, «die physischen Kräfte» sparen zu wollen. Der in einem protestantischen Pfarrhaus aufgewachsene Hohl hat in jener Zeit noch einen starken Hang zur Mystik.[106] Tatsächlich überhöht Hohl 1926 das Verlangen, in die Berge zu gehen, und das Verlangen, zu den Huren zu gehen, zu einem metaphysischen Kampf – und variiert damit einen Topos des Alpinismus: die Flucht vor der Frau in die Berge als Sublimation der Libido.[107]

Hohl konnte seit einigen Tagen nicht mehr arbeiten. Die Zeit in den Bergen sah er als eine Zeit des Übergangs an, nach der ihm die «Anstrengung», also das Arbeiten, wieder möglich sein sollte. Hohl sah sich aber einigen Schwierigkeiten ausgesetzt. Nicht nur schien es fast unmöglich, einen Partner für die Touren zu finden, eine ganz andere Figur begann sich zwischen ihn und sein Ziel zu drängen:

> Das Alte habe ich verloren, die Anstrengungen. – Das Neue will nicht entstehen, die Berge. – Der Teufel, in die Lücke dringend, fasst alle Augenblicke nach mir und scheint bald übergewaltig zu werden. – So wandle ich auf steilstem Grat, es nachtet, er ist furchtbar vergletschert, der Herr der Heerscharen möge mir nahen auf meinem schlimmen Grat. – Das Ende aber wird nicht in den Bergen kommen sondern in den Anstrengungen (womit ich meine Arbeit meinte) die alle Berge überleben.[108]

Jene Tage, in denen Hohl Karten und Bergliteratur besorgte und Kollegen als Kletterpartner zu gewinnen versuchte, waren aber auch eine «Zeit, da mich der Teufel alle Tage besuchte», ihn gelegentlich «eine unstete Hitze erfüllte».[109] Sogar als er seinen Tourenführer über die Montblanc-Gruppe studierte, «schaute von Zeit zu Zeit das gezackte Haupt des Teufels hervor und wollte mich nach dem Nordosten abholen».[110] Der «Nordosten» ist die Chiffre Hohls für die Gegend des Bordells Braun, zu dem es ihn hinzog. Hohl gab schliesslich dem Teufel nach und fuhr in den «Nordosten», «matt und willenlos und fieberhaft zitternd».[111] Im Bordell Braun widersteht Hohl dann aber trotzdem, was er fast hymnisch bejubelt:

> Ich kam zum Metroeingang: «Ja, sonnenklar!» dachte ich und «ja, ganz sonnenklar!» während ich wie wenn mich einer führte die Treppe hinabstieg. «Ja, selbst

---

106 Barbara Lafond: *Ludwig Hohls Wahrnehmung von Welt.* In: Heinz Ludwig Arnold (Hg.): *Text + Kritik.* Zeitschrift für Literatur. 1/2004: *Ludwig Hohl.* S. 7–22, S. 16.

107 Vgl. Wirz 2007, S. 325f.

108 *Aus der Tiefsee* S. 297.

109 Ebd. S. 311.

110 Ebd. S. 312.

111 Ebd. S. 314.

39

wie eine überirdische Entscheidung, wie die Hand Gottes, waltete es über dir» fiel mir ein während ich zerstreut das Billet löste. «Ja, es ist die Hand Gottes, sichtbar, schwer lastend, auf dir gewesen und hat dich gegen alle Wahrscheinlichkeit der Welt, gegen das was du wolltest, gegen den Teufel, geführt.» Ich schritt schnell, manchmal lachend, die Leute wie Schemen betrachtend, auf dem Quai auf und ab, auf den Zug wartend. «Wie klar ist alles jetzt! Du gehst nicht wieder in den Nordosten, in wenigen Tagen reisest du nach den Bergen (wusstest du das vorher nicht?) lange hast du gerungen, fast ohne Ziel, mit Misserfolgen, schwer, am Ende, auf einmal, spürtest du die helfende Hand eines Andern, Grossen!»[112]

Biographisches Vorbild für Johann

Mit dem Schwung dieser Erleuchtung versuchte Hohl auch seinen Freund Müller zu überzeugen, mit in die Berge zu kommen. Der Jugendfreund und ehemalige Schulkamerad Kurt Müller ist für Hohl zwar ein «Idiot»[113] und «faul»,[114] aber jemand anderer ist nicht greifbar. Vom Deutschen Beyer wird er versetzt, also bleibt nur der «faule» Müller, der hier weit mehr als Vorbild für Johann erscheint als ein abstrakter «leidender mittelloser Künstler», den Beatrice Stoll in Johann sieht.

In seinem *Jugendtagebuch* hält Hohl am 11. November 1921 zu Kurt Müller fest:

> Ich werde mich aber viell. einmal von K.M. trennen müssen; wenn er zwar doch viel bedeutender ist, als es der Grosszahl derer, die ihn kennen, scheint, so ist er halt doch eben kein übermächtiges Genie [...].[115]

Trotzdem wird Hohl mit Müller noch manche Bergtour und später in Paris manche Stadtwanderung, Sauf- und Bordelltour unternehmen. In Paris erscheint Müller Hohl aber nicht mehr, wie noch in der Schweiz, als «starker, dämonischer Mensch». Die «Erbitterung» des «im pessimistischen Sinn»[116] idealistischen Müller scheint in Paris zur schwermütigen Unfähigkeit zu handeln geworden zu sein. *Der arme Johann* beginnt damit, dass der Ich-Erzähler in Müllers Zimmer platzt und ihn überreden will, mit in die Berge zu fahren. M. macht keine Anstalten das Bett zu verlassen, ist apathisch, dumpf, phlegmatisch und jammert als Einwand, er habe kein Geld, um mitzufahren. Der euphorische Ich-Erzähler, der in diesem tagebuchartigen Text mit dem Autor weitgehend identisch ist, versucht M.s Einwände wegzuwischen, ihn zu begeistern, ihm sogar zu drohen.

112 Ebd. S. 316.
113 Ebd. S. 230.
114 Ebd. S. 320.
115 *Jugendtagebuch* S. 57.
116 Ebd. S. 124.

«Halt, halt! he! hee?» schrie ich lachend «was höre ich für ein jämmerliches Geheul, was für melancholische Gesänge: Höre doch, Donnerwetter! Wir haben jetzt nicht Zeit Gefühle u. Befürchtungen auszustossen, wir müssen einige Dinge überlegen, einige Vorbereitungen treffen, sonst fährt der Zug übermorgen ohne uns! Himmeldonnerwetter! Wie wollen wir abreisen, hörst du! wie wollen wir abreisen wenn wir nicht bereit sind? Wenn der Zug abfährt u. wir noch hier sitzen, dann wird meine Laune nicht mehr köstlich sein, hörst du, ja, dann wird meine Laune teufelsschlecht sein! (ich hatte lachend begonnen, dann heftig gesprochen u. begann jetzt wieder zu einem humorvolleren Ton überzugehen:) Wenn ich noch hier stehe u. sollte in der Nähe der Gletscher sein ... stelle dir meine Gemütsverfassung vor! Ich habe meinen Pickel fest in der Hand, habe Kräfte genug, der Weg wäre offen, du aber hast mich mit melancholischen Gesängen zurück gehalten. Statt blaues Eis zu hacken soll ich hier ... doch höre, was ich dir sage, jetzt im Vertrauen, – dann hacke ich dich, verstehst du? ich muss doch etwas zu hacken haben u. wenn du mich vom blauen Eis zurückgehalten hast, dann schlage ich die Stufen in dich hinein!»[117]

Der Grundkonflikt zwischen den beiden Figuren ist bereits in dieser Fassung gut sichtbar. Der Ich-Erzähler will im Sinn von Hohls später entwickeltem Arbeitsbegriff tätig werden: Stufen schlagen, um dann in vielen mühseligen Schritten etwas zu erreichen. M. – ganz offensichtlich antriebslos und depressiv – dagegen erscheint dem Ich als faul, phlegmatisch und zieht dessen Wut auf sich. M. findet denn auch noch weitere Einwände, die wie «graue garstige Mäuse» das ganze Zimmer «erfüllten».[118]
Ganz anders tritt M. am Abend auf – wenn sich depressive Stimmungen kurzzeitig aufzuhellen pflegen.

Abends kam er in die R.[119] wo G. u. das ungarische Mädchen u. ich sassen. Gegenüber den beiden Damen benahm er sich grossartig wie es sich für einen ziemt, der auszieht in fernen wilden Gegenden der Erde grosse Taten zu tun. Einmal kam B., u. auch gegen diesen hatte er denselben herablassenden Ton.[120]

Die Herablassung, die M. als einer, der grosse Taten vor sich hat, den andern gegenüber zeigt, erinnert bereits an das Verhalten Johanns in der *Bergfahrt* dem Bauern gegenüber, der ihn vor dem tückischen Hang oberhalb des Bachs warnen will. Trotz M.s aufgeräumter, fast etwas manischer Stimmung ist aber immer noch nicht klar, ob er denn wirklich zusammen mit dem Ich-Erzähler Richtung Grenoble aufbrechen wird, um dort grosse Touren zu machen. Doch

117 *Der arme Johann* 3. Nov.
118 Ebd. 7. Nov.
119 R. ist die Rotonde, das Stammlokal der Gruppe, der Hohl und Müller angehörten. Vgl. *Aus der Tiefsee* u.a. S. 217 oder 230.
120 *Der arme Johann* 10. Nov.

der Ich-Erzähler ist zuversichtlich. Nicht zuletzt deshalb, weil M. sich, mit genügend Nachdruck behandelt, bei anderen Gelegenheiten umstimmen liess.

> [W]ar nicht derselbe Müller vor einigen Wochen im Montmartre einer Hure gegenüber auch entschlossen nicht nachzugeben (in jenem Café, Place Pigalle, in dem wir eben diese Nacht gesessen hatten) diese aber vermochte es, ihn zu überreden, zu faszinieren, und er ging mit ihr? Und doch führte ihn diese nach unten, ich aber wollte ihn nach oben führen, zu den Gletschern, die Gott näher sind als dem Teufel.[121]

Hohl macht hier die Berge zu einem mystischen, Gott nahen Ort, den Aufstieg, bei dem man den «Pickel fest in der Hand» hat,[122] zu einem metaphysischen Aufstieg, weg vom Teufel, weg von den Versuchungen der Stadt und der «Mädchen». Diese mystisch-religiöse Sicht wird Hohl in den 30er Jahren ablegen. Die Dichotomie zwischen dem Oben (auf den Bergen) und dem Unten (im stickigen Tal) wird, wie noch zu sehen sein wird, bleiben.

Starres Verhältnis der Figuren in Opposition

Die *Bergfahrt* steht von Anfang an unter einer gewissen Spannung, die durch die Figurenkonstellation gegeben ist. Ull und Johann wollen zwar als Zweierseilschaft den Berg besteigen, in dieser Zweierseilschaft sind sie als feste Figuren jedoch in einer handlungskonstitutiven Opposition angeordnet. Darin unterscheiden sich *Der arme Johann* und die Fassung von 1940 nicht von der Druckfassung. Das Neue, das entstand, als Hohl den «Brennpunkt, die Brennweite» gefunden hatte, ist nichts in der Anlage Neues. Vielmehr scheint es Hohl erst in der Neubearbeitung gelungen zu sein, das, was er bereits dreissig Jahre zuvor angelegt hatte, auch literarisch umzusetzen. Das Typoskript von 1940 bricht auf Seite 125 ab – nicht zufällig mit einer skizzenartigen Zusammenfassung der letzten Teile des Schlusskapitels. Diese letzten Teile sind für die *Bergfahrt* zentral. Sie zeigen die für jede Figur typische Art des Scheiterns am Berg. Und sie verdeutlichen das Allgemeingültige, das Parabelhafte, das die *Bergfahrt* von den biographisch geprägten Vorfassungen unterscheidet. Was die Fassung von 1940 «unlesbar» macht, ist zum einen das Fehlen dieser grundlegenden Teile im Schlusskapitel, zum andern fehlt es der frühen Fassung noch an einer auf dieses thematische Zentrum hin ausgelegten erzählerischen Konsequenz und Gestaltung. Der Text ist einerseits noch stark vom autobiographischen Material geprägt und andererseits vom Versuch, das Verhältnis zwischen Ull und Johann auszuloten und wortreich zu erklären.

---

121 *Aus der Tiefsee* S. 323.
122 *Der arme Johann* 3. Nov.

1943, als sich der europäische Faschismus auf seinen Kulminationspunkt zu bewegt, umschreibt Hohl in einem Brief das Verhältnis von Ull und Johann so:

> Nun ist aber nichts stark und gut an einer Verbindung, wenn man nicht einmal die Stellung wechseln, wenn man nicht tauschen kann.
> (Ich berühre hier Wichtigstes.)
> Armselig jene andern, die nicht tauschen können, armselig ihre Verbindung!
>
> (Es ist faschistisch, es ist unter anderm die Verbindung Hitlers mit dem Volk, es ist, was ich in «Bergfahrt» seit Jahren darstellen will[…].[123]

Dieses Tauschen und Wechseln innerhalb einer Beziehung ist für Hohl von grosser Wichtigkeit, und tatsächlich ist es auch im Verhältnis zwischen Ull und Johann zu beobachten. Weil ihr Verhältnis aber unveränderbar als das von festen Figuren angelegt ist, ist dieses Wechseln erst nach der Katastrophe, im Sterben möglich. Am Schluss der Bergfahrt wird fast wie in einem Lehrstück Bilanz gezogen:

> [S]o – ohne dass man sagen könnte, in welchem Masse die Schläge an den Kopf und das Wasser daran Anteil hatten – verendete er [Johann, E.P.] rasch.

Und diese Raschheit muss auffallen. Ihres Gegensatzes wegen zu dem Verlauf seines Lebens, in welchem doch sich fast alles mit schwermütiger Langsamkeit abgespielt hatte. – Und das Ende von Ull, das, spätestens vom Verlust des Pickels an gerechnet, an die vierundzwanzig Stunden dauerte; oder, wenn man die Nachtstunden auf der Kanzel in den eisstarrenden Felsen zehnfach zählt (da ja Zeit verschieden lang ist), über hundert Stunden: stand es nicht in ebenso grossem Gegensatz zu seiner Natur, seinem allgemeinen Verhalten? So hatten die beiden gleichsam ihre Rollen vertauscht in ihrem Sterben; und die vielleicht unsinnige Frage taucht auf, ob nicht, wenigstens in kleinem Masse, dasselbe hätte geschehen können – im Leben?[124]

Diesen Schluss hatte Hohl schon 1940 geplant und skizziert:

> Das geschieht rasch und auffallen koennte vielleicht diese Verschiedenartigkeit im Tempo des Unterganges der beiden Menschen: dass Johann so ploetzlich stirbt, waehrend der andere droben in seiner eisstarrenden Verlassenheit sehr langsam dem Ende entgegengeht; man haette vielleicht das Umgekehrte erwartet. – «… als ~~ob das Schicksal – wenn wir es einem alten Brauch folgend uns als Person vorstellen wollen – den beiden Menschen durch die Art ihres Todes haette einen Wink geben~~

123 Am 6. August 1943 an Hanny Fries, seine spätere, zweite Frau. Zitiert in: Werner Morlang: *Die verlässlichste meiner Freuden. Hanny Fries und Ludwig Hohl: Gespräche, Briefe, Zeichnungen und Dokumente.* München, Wien: Nagel & Kimche/Carl Hanser, 2003, S. 294.

124 *Bergfahrt* S. 96.

wollen ueber ein Verhalten, das, mit Mass angewandt, sie im Leben haette retten koennen, – zu spaet.»[125]

In der Fassung von 1940 kommen Ull schon, als er Johann beim überfallartigen Besuch praktisch nötigt, mitzukommen, Zweifel, ob eine Tour, die auf einem erzwungenen Verhältnis zwischen den Bergkameraden beruht, gelingen kann:

> Kann denn ein Unternehmen, das auf der Zusammenarbeit von Menschen ruht – und nicht nur auf der Arbeit e i n e s Menschen, der sich bei seinen Ausfuehrungen toter Dinge als Mittel bedient: Steine, Laute –, auf dem Mitwirken eines oder vieler lebendiger Menschen mit ihren hundert wiederum lebendigen Einzelheiten: kann denn ein solches Unternehmen, wenn die hundert lebendigen Einzelheiten der menschlichen Partnerschaft, oder doch der ueberwiegende Teil dieser einzelnen Kraefte und Stroemungen, nicht freiwillig mitwirken, sondern eigentlich ganz anderswohin streben und sich entwickeln wuerden und nur durch Gewalt gehalten sind – : kann ein Unternehmen unter solchen Umstaenden ein glueckliches Gedeihen, einen guten Ausgang und vor allem, Dauer finden …?[126]

Wie wir wissen, nimmt das Unternehmen weder einen guten Ausgang, noch hat es Dauer; es hat vor allem eines: fatale Folgen, und zwar als direkte Konsequenz dieses auf Zwang beruhenden und starren Verhältnisses der Figuren zueinander. Wie Hohl im Typoskript von 1940 festhält, steigert sich Ull in eine Vermessenheit, die «Folge des dramatischen Vorganges im Raum der menschlichen Beziehungen»[127] ist. Und in dieser Vermessenheit stürzt sich Ull in ein Unternehmen, «das mit seiner sonstigen alpinistischen Klugheit in Widerspruch steht». In der Druckfassung heisst es dazu lediglich, Ull werde nach der Trennung von Johann mehr von einer masslosen Wut als von alpinistischer Klugheit geleitet.[128] Das Typoskript von 1940 ist hier etwas ausführlicher:

> Er stieg und stieg, goennte sich kein Stillstehen. Aber sein ganzes Sinnen, galt es wirklich nur den Dingen ueber ihm…? Das was hinter ihm lag, unter ihm, es mischte sich jedenfalls seinem Zustand bei in Gestalt eines maechtigen Antriebes. Er hatte sich gewaltsam freigemacht, eine Bindung zerbrochen, nicht nur der Niederung, sondern der E r n i e d r i g u n g sich entrissen, und nun – einem Ballon gleich, der seine Sandsaecke abwarf, einem Mann, der lange im Schlamm kaempfte und ploetzlich keinen Widerstand mehr findet – fuehlte er sich mit einer viel groesseren Heftigkeit vorwaerts, aufwaerts getrieben, als es seiner gewoehnlichen Anlage nach haette der Fall sein koennen. In ihm rief es und beinahe waere es als hoerbarer Schrei in die Welt hinaus gebrochen: «Ich brauche e u c h nicht!»[129]

125 Typoskript S. 124.
126 Ebd. S. 40.
127 Ebd. S. 124.
128 *Bergfahrt* S. 53–55.
129 Typoskript S. 117.

44

Auf der Grundlage dieser besonderen Gefuehle, einer wuetenden, dem Rachedurst verwandten Ungeduld, eines aus Scham entsprungenen heissen Zorns, nahm sein allgemeiner Drang nach Tat wahrhaft riesige Ausmasse an. Viele Regungen flossen zusammen; alles in ihm, aufs aeusserste aufgepeitscht, draengte nach einer einzigen Richtung, daher musste der Durst nach Hoehe, nach gefahrvollster Eroberung, ins Ungemessene sich entfalten – oder gar bis zur Vermessenheit.

Und so, durch diese Art von Vermessenheit, die auf Verwundung, auf Scham, auf schmerzhaftestem Zorn ruhte, ist es zu erklaeren, dass Ull sich fuer einen Plan entschloss, der von ihm an keinem Tag seiner bisherigen bergsteigerischen Laufbahn auch nur ernstlich erwogen worden waere.[130]

Wahrend Ull die Vermessenheit zum Verhängnis wird, die Vermessenheit, aus einer verunglückten Kameradschaftsbeziehung in der Seilschaft sich alleine die grössten Taten zuzutrauen, sich alleine aus der «Niederung», dem «Schlamm» zu befreien, wird Johann ein Opfer seines Hochmutes. War das Verhältnis der beiden Kameraden auch unglücklich und von vornherein zum Scheitern verurteilt, so war es doch ein Verhältnis in einer Zweierseilschaft, das Verhältnis zweier Hochalpinisten zueinander. So sieht es zumindest Johann, der sich von einem Bergbauern nicht belehren und vor einer Gefahr warnen lassen will:

Was hatte so ein blödes Bäuerlein ihm von Gefahr zu reden – ein einfältiges Bäuerlein, das sicher nie über die Alpregion hinausgekommen war – was wusste es von den Eisstürmen da droben?

Ein Hochalpinist! Oder doch der Begleiter eines wirklichen Hochalpinisten, den er freilich dann verlassen hatte, aber das zählte jetzt nicht: er gehörte doch zu jenem, zum Reich der Höhe, nicht dem der Tiefe.[131]

In seinem Hochmut macht sich Johann zu eigen, was ihm nicht zusteht: die Verachtung vor dem Leben im Tal. In der Skizze zum Schlussteil heisst es dazu in der Fassung von 1940:

[W]ie er aber das Tiefland, mit seinen dicken Daempfen, naeher erblickt, erfasst ihn das Grauen, der Ekel. Das Reich da droben, den andern, den Fuehrenden, hat er aufgegeben... Einem dumpfen Leben ohne Glanz der Hoehe sieht er entgegen. Ekel, Ueberdruss, Traurigkeit.[132]

Hochmütig, überheblich ist diese Haltung dem Leben im Tal gegenüber nicht an sich. Diese Haltung ist im Gegenteil, wie in den nächsten Abschnitten ge-

130 Ebd. S. 118
131 *Bergfahrt* S. 95.
132 Typoskript S. 124.

zeigt werden soll, zentral für die Figur des Ull wie auch für einen idealtypischen Hochalpinisten, Extrembergsteiger und Extremsportler.

Berg, Freiheit und Tod

«Warum steigt ihr auf Berge?»,[133] hatte man Ull schon oft gefragt. Als Ull alleine auf einem Grat eine Nacht verbringen muss, findet er in einem Zustand zwischen wach sein und träumen die endgültige Antwort auf diese Frage. Nicht um der Gesundheit willen steigt man auf Berge, auch nicht, um in die Höhe zu gelangen. Um sich in einem kleinen Kreis, einer Elite auszuzeichnen; das schon eher. Aber auch das genügt nicht.

Dies war es:

Um dem Gefängnis zu entrinnen.[134]

Unten das Tal, «die stickige Tiefe»,[135] oben in den Bergen die Freiheit. Für den tatsächlichen wie für den eingebildeten Hochalpinisten der *Bergfahrt* gibt es einen klaren Gegensatz zwischen der Enge unten im Tiefland und dem offenen Raum in der Höhe. Im Typoskript ist die Rede vom «Tiefland, mit seinen dicken Dämpfen», mit einem «dumpfen Leben ohne Glanz der Höhe».[136] Das Gefühl von Freiheit in diesem offenen Raum der Höhe wird aber nicht allein durch den Eindruck einer anderen Topographie, durch den Blick vom Gipfel ermöglicht. Der Berg ist vielmehr der Ort, an dem die «kühnen Taten»[137] vollbracht werden. Freiheit, der Ausbruch aus dem Gefängnis ist somit eng verbunden mit einer besonderen Art der Bewegung.

Die Art, wie der Körper bewegt wird, hat unter Umständen entscheidenden Einfluss sowohl auf die Selbstwahrnehmung als auch auf die Positionierung im sozialen Raum. Ausserordentliche körperliche Leistungen und Fähigkeiten können nicht nur über das «Flow-Feeling»[138] durch die Ausschüttung von Endorphinen den Eindruck von Freiheit in der Bewegung entstehen lassen; die Gewissheit, über einen leistungsfähigeren Körper zu verfügen als andere und diesen Körper besser zu beherrschen, lässt ein stärkeres Gefühl von Einzigartigkeit zu, in krankhafter Form gar Gefühle der Omnipotenz.

Die Identifikation mit einer sozialen Gruppe kann dann den Eindruck von Freiheit ermöglichen, wenn sich diese soziale Gruppe durch ihre Bewegungspraktiken als rebellisch und als Ort von Gegenkultur definiert. Bewegungs-

---

133 *Bergfahrt* S. 87.
134 Ebd. S. 88.
135 Ebd. S. 93.
136 Typoskript S. 124.
137 *Bergfahrt* S. 93.
138 Roger Caillois teilt den Alpinismus wie auch das Skifahren der Spielkategorie des «ilinx» (Rausch, Strudel) zu. Roger Caillois: *Die Spiele und die Menschen. Maske und Rausch.* Stuttgart: Curt E. Schwab, 1960, S. 34 und S. 46.

praktiken, die diese Distinktion zu anderen Gruppen erlauben, gelten meist als besonders waghalsig und verrückt.[139] Je verrückter, gefährlicher eine Bewegungsart ist, umso grösser ist die soziale Distanz, umso grösser die Freiheit. Das erlaubt den Aktoren zum einen, sich auf der persönlichen Ebene als einzigartig und aussergewöhnlich wahrzunehmen, sowie zum andern, sich auf der sozialen Ebene einer Gruppe zugehörig zu fühlen, die sich weder um die etablierten Bewegungspraktiken im Speziellen noch die gesellschaftlichen Normen im Allgemeinen schert.

Lamprecht und Stamm heben in ihrem fünfphasigen Entwicklungsmuster für Trendsportarten dieses Moment deutlich hervor:

> Die Vorurteile gegenüber den «Exoten» und «Spinnern» wurden von den ersten Trendsportlern aufgenommen, gewendet und als Image des Besonderen und Unkonventionellen aktiv gepflegt. Viele Snowboarder oder Biker der ersten Stunde verweisen darauf, dass sie zunächst mit Ski- oder Radfahren begannen, es ihnen in der angestammten Sportart einfach zu eng oder langweilig wurde, und sie schliesslich nicht bereit waren, sich weiter den herrschenden Standards und Organisationen ein- und unterzuordnen.[140]

Wie genau sich eine Bewegungsform zu einer Trendsportart entwickelt, ist für diese Untersuchung unwichtig. Wichtig ist dagegen die von Lamprecht und Stamm beschriebene Phase 3 in diesem Muster. Nach der Pionier- und Tüftlerphase bildet sich eine Gruppe mit subkulturellem Lebensstil, die sich – noch vor der Vereinnahmung durch den Markt – als Gegenbewegung zur etablierten Sportwelt versteht. Bewegungsformen können so als Angebot einer Gegenwelt attraktiv werden. Die Nonkonformität der Aktoren entwickelt sich beim Übergang von Phase 2 zu Phase 3 von einer individuellen zu einer gruppenspezifischen. Eine Bewegungsform wird dabei mit dem Nimbus des permanenten Ausbruchs, der Befreiung aus festgefahrenen Strukturen aufgeladen.[141]

Was Lamprecht und Stamm mit ihrem Modell beschreiben, sind Phänomene der Jugend- und Bewegungskultur, die sich in den vergangenen 50 Jahren herausgebildet haben. Seit den 50er Jahren entwickeln sich immer wieder Bewegungspraktiken wie etwa das Surfen, Skateboard- oder Mountainbikefahren

---

139 Schwier nennt als Beispiele dieses risikobetonten Bewegungsbedürfnisses bestimmte Formen des Snowboardens und das S-Bahn-Surfen. Bei beiden sei der Wunsch nach «Erleben des Tiefen- und Drehschwindels handlungsmotivierend». Jürgen Schwier: *Sport als populäre Kultur. Sport, Medien und Cultural Studies.* Hamburg: Czwalina, 2000, S. 23. Das von Schwier genannte «Erleben des Tiefen- und Drehschwindels» entspricht Caillois «ilinx», s. oben.

140 Markus Lamprecht und Hanspeter Stamm: *Sport zwischen Kultur, Kult und Kommerz.* Zürich: Seismo, 2002, S. 116.

141 Caillois zählt den Alpinismus (ilinx) wie auch sämtliche Sportarten (agôn), Lotterie (alea), Theater oder Kino (mimicry) zu den «kulturelle[n] Formen am Rande des sozialen Mechanismus». Caillois 1960, S. 65.

heraus, die nicht zu sozialer Disziplinierung führen, sondern die im Gegenteil zumindest in ihren Anfangsphasen als Praxis widerspenstiger Individualität verstanden werden.[142] In diesen Bewegungspraktiken ist ein leistungsfähiger und geschickter Körper weder von direktem Nutzen für ein Kollektiv – etwa in der gesteigerten Wehrbereitschaft –, noch kann er indirekt von einer Gemeinschaft genutzt werden – etwa durch die nationale Vereinnahmung beim Gewinn von Medaillen.

Auch wenn das moderne Klettern in seiner Form als Freeclimbing grosse Nähe zu diesen neueren Bewegungsformen zeigt, das Klettern, wie es in der *Bergfahrt* geschildert wird, hat wenig mit den jüngeren Formen von Jugend- und Bewegungskultur zu tun. Trotzdem sind einige Berührungspunkte auszumachen: eine für Aussenstehende fast unglaubliche Art und Weise, den Körper zu beherrschen, sowie eine hohe Risikobereitschaft und Todesnähe. Karl-Heinrich Bette erklärt diesen Wunsch nach Spannung im Ausseralltäglichen als Gegenbewegung zur Erfahrung von Monotonie und Ereignislosigkeit, die sich in den bürokratisierten Gesellschaften seit dem 19. Jahrhundert ausbildeten:

> Vor dem Hintergrund der «modernen» Zurichtung des Subjekts und der spezifischen Modellierung von Alltag und Lebenswelt in einer funktional differenzierten Gesellschaft gewinnt der Abenteuer- und Risikosport seine spezifische Bedeutung. Überpointiert lässt sich wie folgt formulieren: Eine sich selbst langweilende Gesellschaft stimuliert in Gestalt eines eigenständigen Sportmodells die Ausdifferenzierung von Situationen, Handlungstypen und Sozialfiguren, die freiwillig Risiken und Ungewissheiten eingehen, um sich und anderen die Botschaft zu übermitteln, dass der Saturierungsgrad der zeitgenössischen Lebensweise noch nicht so weit fortgeschritten ist. Damit wird deutlich: Die Moderne produziert nicht nur einen Sicherheits- und Risikominimierungsbedarf. Sie erzeugt in Reaktion hierauf vielmehr auch einen Bedarf an Risiko-, Ungewissheits- und Angsterfahrung.[143]

Klettern war in den 20er Jahren zweifellos eine der noch wenigen Risikosportarten (wie etwa der Motorsport oder das Fliegen). Dass Klettern damals aber nicht nur eine willkommene Handlungsalternative mit Potenzial für «Ungewissheits- und Angsterfahrung» war, sondern durchaus Anteile des Subkulturellen und Rebellischen hatte, zeigt der Ansatz von Roland Girtler.[144] Girtler stellt das Bergsteigen in die Tradition der sozialrebellischen Praxis des Gemswilderns, das dasselbe körperliche Geschick und denselben Wagemut erfor-

---

142 Vgl. dazu: Alain Loret: *Génération glisse. Dans l'eau, l'air, la neige … la révolution du sport des «années fun»*. Paris: Edition Autrement, 1996. Sowie: Lamprecht und Stamm 2002, Kapitel 5. *Trendsportarten: Vom avantgardistischen Lifestyle zum Massenvergnügen*. S. 107–132.

143 Karl-Heinrich Bette: *X-treme. Zur Soziologie des Abenteuer- und Risikosports*. Bielefeld: Transcript, 2004, S. 18.

144 Roland Girtler: *Bergsteigen als Initiationsritual und die Suche nach dem Ausseralltäglichen*. In: König und Lutz 1995, S. 141–150.

derte wie das spätere Klettern. Das Klettern kann so als früher Vorgänger anderer Bewegungspraktiken gesehen werden, die sich als rebellisch verstehen.

Wilderer und Rebell

Girtler sieht im Klettern ein Initiationsritual. Durch Mut und eine aussergewöhnliche Körperfertigkeit können sich Kletternde zum einen von den normalen Fussgängern und Wanderern unterscheiden, zum andern jenem exklusiven Zirkel zugehörig fühlen, dessen Mitglieder zu Besonderem fähig sind. Girtler folgert:

> Das Klettern verschafft eine neue Existenz. Aus einem jungen, eher zurückhaltenden Individuum wird ein Held in den Felswänden, der mit der Anerkennung seiner Freunde rechnet: aus seiner zunächst uninteressanten Person ist ein wagemutiges und angesehenes Subjekt geworden.[145]

Der Gemswilderer, den Girtler als Vorgänger des sportlichen Bergsteigers sieht, musste gut klettern können, um überhaupt in die Nähe des Jagdwilds zu gelangen. Dann musste er kräftig und geschickt genug sein, um das geschossene Tier ins Tal zu tragen. Und nicht zuletzt brauchte er eine gehörige Portion Mut, um Routen zu nehmen, die sonst niemand wagte. Vor allem aber musste er die Courage haben, das Jagdrecht der Feudalherren zu brechen. Deshalb, so Girtler, gilt der Wilderer nicht nur als wagemutig, kräftig und geschickt, sondern auch als sozialer Rebell. Und dieser Nimbus sei vom Wildern aufs Klettern übergegangen.

> Um die Mitte des vorigen Jahrhunderts [also des 19., E.P.] wird das Bergsteigen und speziell das Klettern zum Symbol des jungen Mannes, vor allem des Städters, um Freiheit von kleinlichen sozialen Zwängen zu demonstrieren und die eigene Persönlichkeit herauszustreichen. Das Klettern wurde so zum Initiationsritual – durchaus in der Tradition der alten Wilderer –, durch das der junge Mann sich einen Status erwerben konnte, der ihn aus der Masse der Gewöhnlichkeit heraushob.[146]

Nun ist der Mythos des Wilderers in der Schweiz nicht so prägend wie im deutsch-österreichischen Alpenraum, den Girtler untersucht hat. Das mag damit zusammenhängen, dass feudale Strukturen und Standesunterschiede in den zentralen Mythen der Schweiz ausgeblendet werden. Die Eidgenossenschaft wird als ur- und basisdemokratische Gemeinschaft dargestellt. Auflehnung gegen die Feudalherren ist in diesen Mythen immer die Auflehnung gegen Fremde, die in einer Reihe von kriegerischen Auseinandersetzungen aus dem Land geworfen werden. In den Wilderer-Liedern aus den Ostalpen, die Girtler zitiert, ist der Wildschütz ein gewitzter und gewandter Volksheld, der die Jäger

145 Ebd. S. 141.
146 Ebd. S. 144.

49

– die Vertreter der Feudal- und Jagdherren – an der Nase herumführt.[147] Ganz anders ist der Wilderer etwa beim Innerschweizer Autor Ernst Zahn dargestellt. Zahn, der am Anfang des 20. Jahrhunderts ausserordentlich populär war und der auch vom jugendlichen Hohl sehr geschätzt wurde,[148] zeichnet mit dem Jost Indergand einen Wilderer, der sich wie seine österreichischen Kollegen auf das alte Recht zur freien Jagd beruft. Gegenüber seinen Wildererkumpanen leitet Jost Indergand das Recht zu wildern direkt aus einem der wichtigsten Schweizer Freiheitsmythen ab:

> «Was brauchen wir einen Bannwart und Wildhüter zu Anderhalden! Es ist Holz genug und Wild genug im Land. Und da soll einer erst fragen müssen, ob er nehmen darf? Man sollte nicht meinen, dass hier im Land einmal der Tell und die Freiheit daheimgewesen sind!»[149]

Aber gerade weil in diesem Land «einmal der Tell und die Freiheit daheimgewesen sind», weil das Urner Dorf Anderhalden nicht einem Feudalherren unterstellt ist und alle Bauern jagen dürfen, ist Indergands Wildern kein Akt der Auflehnung, sondern ein Frevel am Gut der Dorfgemeinschaft.[150] Jost Indergand wird als hinterlistig, verschlagen und gottlos gezeichnet, als ein Ruchloser, der den Bannwart und Wildhüter Walker, ein geschätztes und geachtetes Mitglied der Gemeinde, über eine Felswand in den Tod stürzt und dafür mit dem Schwert hingerichtet wird.

Auch bei Jakob Christoph Heer, wie Zahn um die Jahrhundertwende ein im deutschen Sprachraum äusserst populärer Autor von Schweizer Heimat- und Bergromanen, ist der Gemswilderer negativ konnotiert. Im Heers Roman *Der König der Bernina* von 1900 werden die beiden Wilderer Sigismund Gruber und der Lange Hitz als verschlagene Lumpen und verachtenswerte Fallensteller geschildert.[151] Und beide sind – das ist gewiss kein Zufall – Österreicher, die im Engadin nicht jagen durften. Diese Wilderer sind somit keine Rebellen, die mutig das Feudalrecht brechen. Als Österreicher stehen sie für die in den Schweizer Gründungsmythen mit der Rolle als «fremde Herren und fremde Richter» bedachten Habsburger, die sich auf hinterhältige und unehrenhafte Weise das Recht auf die Jagd wieder nehmen.

Der Gemswilderer hat in der Literatur aus der deutschsprachigen Schweiz keine Tradition als Heldenfigur. In Heers *Der König der Bernina* wie in Zahns *Albin Indergand* ist aber der Gemsjäger – also der legal jagende – der mutige,

---

147 Roland Girtler: *Wilderer. Rebellen in den Bergen.* 2. erg. und überarb. Aufl. Wien, Köln, Weimar: Böhlau, 1998, S. 265–286.

148 Vgl. *Jugendtagebuch* S. 37.

149 Ernst Zahn: *Albin Indergand.* Hg. von Charles Linsmayer, mit einem Nachwort von Dieter Fringeli. Zürich: Ex Libris, 1981, S. 56.

150 Ebd. S. 26.

151 Jakob Christoph Heer: *Der König der Bernina.* Wetzikon: Druckerei Wetzikon, 1975, S. 77 und S. 193.

entschlossene und geschickte, einer, der im Guten wie im Bösen zu Grossem fähig ist. In diesem Sinn ist die Figur des Gemsjägers auch für Hohl wichtig. Die kurze *Erzählung vom Knecht* schildert die Tugenden und die Fertigkeit eines solchen Gemsjägers.

Er gleicht jenem rauhen und starken Burschen, den ich einmal in einem Bergdorf kannte, dem einzigen Gemsjäger der Gegend, der allein in jene Hochregionen des Gebirges stieg, wohin es keinem der andern Bewohner des Dorfes im Traum je einfiel zu steigen, im Alltag ein grosser, der beste Arbeiter, aber in untergeordneter Stellung, der Ärmste, von allen übervorteilt. Seine Liebe zu dem zarten und wie unirdischen Kinde, welches einer Seerose gleicht, kann er niemals zeigen; immer drängen die andern, Gewandteren sich vor (er ist nicht frech, so wenig frech, dass jeder sich vordrängt vor ihm). Allein, stumm sitzt er zum Beispiel auf dem Dach des Schuppens an diesen Sonntagnachmittagen, allenfalls mit Lachen gezeigt von jenen andern, Flinkeren, er dem man allein die *niedrigsten* Motive unterschieben würde, sich in dieses Seerosenreich hineinzuwagen … Sie umgeben das Kind, ihr grosses Wesen mit ihm treibend, schmeichelnd und verwöhnend, während der rauhe Bursche – den jeder nur für rauh hält, weil er stumm ist, und dessen merkwürdigen Blick niemand beachtet – draussen auf dem Dach des Schuppens sitzt in Bitterkeit, oder auf einem Holzstrunk, selbst nicht viel anders betrachtet als ein Holzstrunk. Hat er denn das Recht zur Liebe? Er weiss es selbst schon nicht mehr. Jene haben die Rechte der Liebe, jene triumphieren.

Alles bleibt unverändert bis zu dem Tage, an dem das verheerende Unglück ausbricht, die Feuersbrunst. Da fliehen vor der tödlichen Bedrohung alle: wo bleibt das leichte schmeichelnde Spiel? Wo die reichen Bezeugungen der Liebe? Nun aber verwandelt sich auch der Bursche; er wird wie ein Pfeil und wird wie ein Löwe; er rettet das Kind, da wo niemand mehr an Retten dachte, wo es unmöglich schien. Und es ist gar keine Frage für ihn, ob er handeln soll oder nicht, als alle zögern. Und er tut es nicht *aus Pflicht*; sondern darauf hat er immer gewartet. Die Glut in ihm erstrahlt wie ein Mond; strebte nicht alles in ihm immer *dahin*? Ja eine Sonne ist er geworden: wie er so klar durchs Ziel rennt – keine hatte je *solchen* Liebesdienst gemeint –; Hier, ohne frech zu sein, kann er voraus, allein gehen. Man hätte sein Leben verlieren können – und nun triumphiert *seine* Liebe.[152]

Dieser Gemsjäger ist nicht der von Girtler beschriebene gefeierte Volksheld und Rebell, dem die Mädchenherzen zufliegen. Seine ausserordentlichen Körperfähigkeiten machen ihn eher zu einem einsamen Sonderling. Alles Heldenhafte, das dem Protagonisten des Wilderer-Mythos anhaftet, ist ihm fremd. Trotzdem oder gerade deswegen ist er im richtigen Moment bereit und auch in der Lage, das Unmögliche zu tun. Nicht weil er ein Held ist, ist er dazu fähig, sondern weil seine körperlichen Fähigkeiten als Gemsjäger es ihm erlauben, zum gege-

---

152 *Die Notizen* VII, 29, S. 375.

benen Zeitpunkt «ein Pfeil» und «ein Löwe» zu werden. Damit knüpft Hohl wieder an sein Konzept der Tat, des Arbeitens an:

Schon darum darf man nicht aufhören zu arbeiten:
Die äusseren Umstände, die günstigen, ungünstigen, hemmenden, beflügelnden, wechseln unaufhörlich miteinander ab und zwar ganz unberechenbarerweise. Es kann auf eine lange Epoche schwerster Hinderung fast plötzlich eine der höchsten Förderung einsetzen; derjenige nun, der sich während der latenten Epoche nicht in dauernder Übung gehalten hat [...], braucht eine *Zeit*, sich in die geänderten Bedingungen zu finden (gleichsam verrostet), seinen Zustand in Tätigkeitszustand zu wandeln; und inzwischen sind vielleicht die günstigen Umstände schon wieder vorbei [...], in jedem Fall ist der Verlust ein erschreckender.[153]

In einer Fussnote ergänzt Hohl seine Ausführungen mit einem Hinweis auf das biblische Gleichnis der törichten Jungfrauen, die das Öl für ihre Lampen beim Warten schon verbrannt haben und deshalb dem Bräutigam nicht mehr leuchten können. Die *Erzählung vom Knecht* erscheint unter diesem Blickwinkel nicht nur als Illustration für Hohls Konzept des ständigen, auch körperlichen Arbeitens, sondern auch als Variation des biblischen Gleichnisses der klugen und törichten Jungfrauen bei Matthäus.

Mit dem Ansatz von Girtler lassen sich zwar als Ergänzung der Ausführungen von Lamprecht und Stamm einige Facetten des Bergsteigens als Bewegungspraxis aufzeigen, die mit dem Leisten von Ausserordentlichem ein Gefühl der Freiheit vermittelt. Nur sind bei Hohl Berg und Tiefe viel stärker voneinander getrennt als im Wilderer-Mythos. Die Protagonisten der *Bergfahrt* können nicht erwarten, im Tal als Helden gefeiert und verehrt zu werden. Ihnen, vor allem Ull, ist Bergsteigen ganz etwas anderes.

Bergsteiger und Turner

Von der Stelle, an der sich Ull von Johann trennt und sich allein Richtung Gipfel aufmacht (im elften von zwanzig Kapiteln), wird im Text eine Opposition handlungskonstituiv wirksam, die zuvor unter der für den ersten Teil der Erzählung dominanten missglückten Beziehung zwischen den Berggängern nur latent war. Nun wird die bisher latente Opposition von Berg und Bergsteiger für die Struktur des Textes manifest. Entscheidend für das Unternehmen ist nicht mehr, ob Ull den faulen Johann weiter zwingen kann, auf den Berg zu steigen. Entscheidend sind allein Ull und seine Fähigkeiten am Berg.

Der Text übernimmt zuerst die Ungeduld von Ull. Die Handlung ist daraufhin angelegt, die beiden Figuren auf den Gipfel zu bringen. Johann zeigt sich immer als bremsendes und verzögerndes Element, das in verächtlichem, manch-

---

153 Ebd. I, 12, S. 16.

mal abschätzigem Ton nahe an Ulls Sehweise[154] beschrieben wird. Erzählt wird die Geschichte von Ull und Johann von einem auktorialen Erzähler, der nur ganz beiläufig als identifizierbares Ich auftritt, jedoch das Innere der Figuren kennt, wie er überhaupt ihre Geschichte kennt, für die es streng genommen keine Mitwisser geben kann. Der auktoriale Erzähler kennt aber nicht nur die Geschichte der *Bergfahrt*, er zieht aus ihr am Ende gar seine Schlüsse. Der Standort des Erzählers ist demnach ausserhalb von Zeit und Raum der Erzählung. Dass er zwar ein allwissender Erzähler ist, aber trotzdem der Sehweise Ulls nahe steht, zeigt sich dadurch, dass der Erzähler oft Ulls Einschätzungen von Johann zu teilen scheint und zwischen erlebter Rede Ulls und Erzählen des Erzählers kaum zu unterscheiden ist.

Ulls Sehweise fällt mit der Trennung von Ull und Johann als Fluchtpunkt des Erzählens weg. So wenig Ull nach der Trennung befreit dem Gipfel zustürmen kann, so wenig beschleunigt die Erzählung die Handlung. Nun hat Ull nicht mehr mit Johann, sondern mit dem Berg zu kämpfen. Die Handlung hat als Perspektive bald nicht mehr die Gipfelbesteigung, sondern das Überleben Ulls, seine Bewährung als exzellenter Bergsteiger. Diese Auseinandersetzung von Ull mit dem Berg kulminiert in «Der furchtbare Fels», dem 16. der 20 Kapitel. Ull versucht über eine steile Felswand abzusteigen. Als der einzige Griff jedoch in seiner Hand zerbröckelt, kann er sich nur dank seiner «wahrhaft ausserordentlichen Kletterkunst» vor dem Absturz retten. Ohne diesen Griff kann er nicht weiter absteigen. Als einzige Möglichkeit bleibt, wieder aufzusteigen. Das ist jedoch nicht so einfach. Ull hat keinen Stand und keine Griffe, er krallt sich quasi mit seinem ganzen Körper an den Fels: «Die geringste ruckartige Bewegung hätte den sofortigen Absturz bedeutet».[155] An dieser Stelle deutet der Text eine Differenzierung zwischen der Bewegungsform des Bergsteigers und anderen sportlichen Möglichkeiten an.

> Ein Athlet des Geräteturnens, der sich mit einem Arm an den Ringen mühelos hochzieht, was hätte er mit seiner spezialisierten Kraft hier ausrichten können? Rein gar nichts.[156]

Dass in einem Text von Ludwig Hohl als Gegenbeispiel zum Bergsteiger ein Turner angeführt wird, ist kein Zufall. Vom Turnen denkt Hohl bereits in seiner Jugend verächtlich. Das mag auf den ersten Blick erstaunen, hatte er sich doch als Jugendlicher mit eigenen Trainingsprogrammen fürs Klettern fit gehalten. Später als Erwachsener absolvierte er jahrelang täglich ein Hanteltraining und führte genau Buch über seine Schwimmeinheiten oder seine Ausfahrten mit

---

154 Vgl. Jürgen H. Petersen: *Erzählsysteme. Eine Poetik epischer Texte.* Stuttgart, Weimar: Metzler, 1993, S. 65–71.
155 *Bergfahrt* S. 76.
156 Ebd.

dem Velo.[157] Es ist denn auch nicht die Körpertätigkeit an sich, die Hohl gegen das Turnen aufbringt, es ist vielmehr die Differenz des Turnens zum Bergsteigen und vor allem die Differenz des Turners zum Bergsteiger. Diese Differenz zeigt sich im Jugendtagebuch so:

> Im Gebirge, für Taten in den Bergen, *ist viel mehr, sehr viel mehr* die geistige Beschaffenheit das Ausschlaggebende; das Geistige ist es, tausendmal mehr als beim Turnen; natürlich muss ein Körper dasein von einiger Tauglichkeit; das ist klar, aber den will ich als gegeben betrachten. Was nun aber den Ausschlag gibt ist *das Geistige.*[158]

Der jugendliche Hohl präzisiert das an einem Erlebnis am Berg. Hohl, der auf seinen Bergtouren nicht selten allein unterwegs war, hatte am 12. Oktober 1921 auf einer halsbrecherischen Tour alleine den Bösen Faulen bestiegen. In seinem ersten Bergtourenheft schildert er diese Besteigung ausführlich. Der Böse Faulen oder Bös Fulen ist mit etwas über 2800 Metern der höchste Punkt des Kantons Schwyz. Hohl besteigt den Berg vom glarnerischen Braunwald kommend auf der Südostroute, eine Route, die für geübte Kletter heute mit «WS» (wenig schwierig) eingestuft wird. Je nach Verhältnissen werden heute jedoch Steigeisen empfohlen, Steigeisen, die Hohl 1921 noch nicht hat. Er schlägt während eineinhalb Stunden Stufen ins Eis, «auf zuerst sehr steilem Terrain, ohne Sicherung, im harten Eis, über dem Abgrund».[159] Um vier Uhr nachmittags ist er auf dem Gipfel und erst spät, nachts kurz nach 2 Uhr kommt er in einer Hütte an.

Die Besteigung des Bösen Faulen ist neben der Tour vom 12. August 1925 (Verlust des Pickels, Abstiegsversuch über die überhängende Wand, das Biwak im Sitzen), dem im Juni 1926 mit Kurt Müller bei Grenoble wegen schlechtem Wetter abgebrochenen Versuch einer Gletscherquerung sowie der Tour vom 27. August 1926 (fauler Kletterkamerad, der länger schlafen will und herumtrödelt) das prägnanteste Erlebnis, das für die *Bergfahrt* verarbeitet wurde. In einem Tagebucheintrag reflektiert Hohl sein abenteuerliches Erlebnis am Bösen Faulen so:

> Was mich befähigte an jenem denkwürdigen Tage in der elendesten Regennacht den Aufstieg doch auszuführen, war nicht ein besonders kräftiger Körper; es war ein festes, mächtiges inneres Festsein, eine unerbittliche Kraft u. Härte u. eiserne Ruhe gegen alles von außen. Die körperliche Energie hätte am Ende jener Oberturner von Y auch aufgebracht, niemals aber die geistige. Und wenn Herr X damals ganz allein am Faulen gestanden wäre, an einem Herbsttag, wann es früh dunkel wird u. hätte gesehen wie Stunde um Stunde zerrinnt u. wie der Abgrund schrecklich gähnt

157 Vgl. dazu: Pellin 2004, S. 118/119.
158 *Jugendtagebuch* S. 114.
159 *Meine Bergtouren 1916–1921*, 11.–13. Oktober 1921. Schweizerisches Literaturarchiv, SLA, Nachlass Ludwig Hohl.

u. wie der schwierige Weg noch hinter ihm liegt u. Nebelmassen emporsteigen – er hätte die Kraft nicht aufgebracht auszuharren, eisenfest, stahlhart, mit mächtiger innerer Kraft, unbekümmert um die schreckliche, weltverlassene Einsamkeit, die schwierige Stelle die aufsteigenden Nebel, das noch bevorstehende Durchqueren der Karrenalp (man sagt ja, dass man nicht einmal diese im Nebel queren könne) die schnell hereinzubrechen drohende Dunkelheit – er hätte die Festigkeit nicht aufgebracht, hätte nachgegeben u. den B. Faulen *nicht* bestiegen. *«Vorsichtig sein!»* hätte er gesagt. *Gefürchtet* hätte er sich in Tat u. Wahrheit: Dies ist seine Vorsicht!!![160]

Hohl wird zwar später in den *Notizen* der «culture physique» eine wichtige Rolle als bewahrendes Moment zusprechen – davor bewahrend, «einer Rakete gleich bis in den Zenit» zu steigen und zu erlöschen, so wie er es unter anderem bei Mozart, Keats oder van Gogh ausmacht.[161] Trotzdem ist auch später dieses «Geistige», die Kraft zur Überwindung des Leidens, immer noch prägend in der Differenz von Turner und Bergsteiger.

Der Bergsteiger als Neurotiker, Todesnähe und Freiheit

Eine Figur, die Hohls Berggänger näher kommt als der von Girtler umrissene Wilderer und Rebell, ist der von Ulrich Aufmuth entworfene psychologische Idealtypus des einzelgängerischen Extrembergsteigers. Aufmuth hat versucht, eine Psychologie des Bergsteigens zu entwickeln. Seine Resultate sind nicht ganz unproblematisch. Vor allem in seinem Aufsatz «Risikosport und Identitätsbegehren»[162] neigt er dazu, die Psychologie des Extrembergsteigers über ihre Defizite, also pathologisierend zu erklären. Zudem ist gerade in dieser Pathologisierung ein Zug zur Heroisierung auszumachen – nicht zuletzt dort, wo sich Aufmuth selbst als Bergsteiger einbezieht. Auch kann man, wie Dagmar Günther, durchaus einwenden, Aufmuth verwende Selbstaussagen von Extrembergsteigern wie Reinhold Messner, Walter Bonatti oder Hermann Buhl «als Zitate-Steinbruch zur Illustration seiner existentialistisch eingefärbten Kompensationspsychologie» und abstrahiere dabei völlig vom jeweiligen Kontext.[163] Als Kondensat von Selbstdarstellungen und Selbstwahrnehmungen ist Aufmuths Psychologie des Bergsteigers im Sinn eines idealtypischen Musters aber durchaus tauglich.

Nachdem Ull sich von Johann getrennt hat, nachdem er – sich schon fast völlig verausgabend – allein den Gletscher durchstiegen hat, nachdem er nur

---

160 *Jugendtagebuch* S. 115.
161 *Die Notizen* II, 322, S. 198.
162 Ulrich Aufmuth: *Risikosport und Identitätsbegehren. Überlegungen am Beispiel des Extrem-Alpinismus.* In: Gert Hortleder, Gunter Gebauer (Hg.): *Sport – Eros – Tod.* Frankfurt am Main: Suhrkamp, 1986, S. 188–215.
163 Dagmar Günther: *Alpine Quergänge. Kulturgeschichte des bürgerlichen Alpinismus (1870–1930).* Frankfurt am Main und New York: Campus, 1998, S. 9.

unter Aufbietung seiner aussergewöhnlichen Kletterkunst einen Absturz in der überhängenden Wand hat verhindern können, nach alldem muss Ull eine Nacht oben auf einer Felskanzel verbringen.[164] Eine Ausrüstung für ein Biwak hat Ull nicht dabei. Er zieht alle seine Ersatzkleider an und setzt sich auf das zusammengerollte, trockene Seil. Um die Nacht auf der Kanzel («Die Höhe war etwa die des Jungfraujochs») zu überleben – zuerst ist es etwa fünf Grad unter Null, dann wird es rasch kälter –, braucht es kein körperliches Geschick, keine körperliche Kraft, sondern das, was der Bergsteiger dem Turner voraus hat: Willensstärke und Leidensfähigkeit. Ull darf nicht einschlafen, darf der Versuchung nicht nachgeben, sich einfach in den Schlaf sinken zu lassen.

Dass Ull in diesen langen Stunden über die oben bereits erläuterte Frage «Warum steigt ihr auf Berge?» sinniert, hat natürlich damit zu tun, dass er für solche Reflexionen nun Weile hat. Bemerkenswerterweise stellt er sich diese Sinnfrage aber auch in einer Situation, die ihm ausserordentlich viel Willenskraft und Leidensfähigkeit abverlangt, in der er sich, nicht so spektakulär wie bei den Aktionen vorher, aber unendlich länger, in Todesnähe befindet.

Ulrich Aufmuth hält in seiner Untersuchung fest, der «emotionale Grundton» der Extrembergsteiger sei das Leiden[165] – bei Hohl ist es analog die «Mühsal», die als Grunderfahrung Bergsteigen wie Arbeiten («Anstrengung») prägt. Dieses Leiden ist gemäss Aufmuth nicht etwas, was als notwendiges Übel hingenommen wird, es ist ein entscheidendes Moment des schweren Bergsteigens.

> Ein [...] sinnschaffender Faktor beim schweren Bergsteigen liegt in den elementaren Empfindungen, die die alpine Tat begleiten. Zwar sind es überwiegend die herben Empfindungen der Qual und der Entbehrung, doch ob man nun von Gefühlen der Lust oder der Qual erfüllt ist – in jedem Falle beschert starkes Empfinden eine Art grundlegender Seinsgewissheit. In den Momenten ganz starker emotionaler Lebendigkeit ist Daseinssinn von selbst vorhanden.[166]

In den Empfindungen der Qual, des Leidens, der Entbehrung, die gekoppelt sind mit Ausdauer-, Kraft- und komplexen motorischen Leistungen, reduziert sich die persönliche Identität auf das Körper-Ich.

> Im Fall solch hochintensiver und komplexer Körperleistungen wie beim schweren Bergsteigen mache ich ja nicht die Bewegung, so wie ich sonst etwas mache oder produziere, sondern da *bin* ich die Bewegung in einem ganz buchstäblichen Sinn. Mein Ich ist für den Moment ausschliesslich identisch mit dem Arbeiten meines Körpers und meiner Sinne.[167]

---

164 *Bergfahrt* S. 82–88.
165 Ulrich Aufmuth: *Zur Psychologie des Bergsteigens.* Frankfurt am Main: Fischer, 1988, S. 96. (Erstmals unter dem Titel: *Die Lust am Aufstieg. Was den Bergsteiger in die Höhe treibt.* Weingarten: Drumlin, 1984.)
166 Aufmuth 1986, S. 201.
167 Aufmuth 1988, S. 120.

Das wird offensichtlich im Unterschied zwischen dem echten und dem un-echten Hochalpinisten. Ull etwa ist bereit, sich klaglos dem Schneesturm aus-zusetzen, der den Körper mit solcher Gewalt trifft, «als sei er nackt den peit-schenden Eisnadeln preisgegeben».[168] Johann – in *Der arme Johann* der Freund M. – dagegen will den Schmerz nicht ertragen und jammert über die Schmerzen am Hals, im Rücken und in der Brust.

Es ist jedoch nicht nur die Fokussierung der Identität auf das Körper-Ich, das durch die hohen körperlichen Anforderungen des schweren Bergsteigens sinn-stiftend wirkt.

> Von einer ganz speziellen Bedeutung für das Sinnerlebnis des extremen Bergstei-gens ist schliesslich dessen ausgeprägtes Gefahrenmoment. Die Todesnähe erweist sich als sinnschaffendes Moment ersten Ranges. Indem sich Extrembergsteiger im Gebirge ganz nahe und bewusst an der Todesgrenze bewegen, versehen sie ihre Existenz vorübergehend mit dem elementarsten Sinnmoment, das es überhaupt gibt: mit dem Sinn, das blanke leibliche Fortexistieren zu gewährleisten. Am Leben zu sein – das wird hier zur ganz bewussten und virtuosen Leistung.[169]

Wie Bette jedoch festhält, geht es in Risikosportarten nicht allein um die Pro-duktion von Lebendigkeitsgefühlen, die Sinn stiften. Bette sieht den Drang zum Risiko als unmittelbare Reaktion auf gesellschaftliche Strukturen, zu de-nen Alternativen der Selbstermächtigung gesucht werden:

> Die Selbstermächtigungsversuche im Risikosport verweisen auf den Bedeutungs-verlust und die spezifische Erfahrung der Machtlosigkeit und Nichtigkeit, die Menschen in einer subtilen Weise im Gefolge des gesellschaftlichen Modernisie-rungsprozesses hinzunehmen haben.[170]

Diese «Nichtigkeitserfahrungen» sind Folge der «Organisationsgesellschaft», die mit ausdifferenzierten Funktionsbereichen «nicht nur [...] Sicherheiten schuf, sondern auch Entscheidungsfreiräume einengte und Gefühle der Ab-hängigkeit und Fremdsteuerung hervorrief».[171]

Der zweite Grund für diese «Nichtigkeitserfahrungen» liegt in der Arbeits-teilung, die die moderne Gesellschaft prägt. Das Handeln des Einzelnen ist somit meist Teil «langer und weitverzweigter Handlungsketten».[172] Im bewusst gesuchten Risiko kann man demnach einerseits einen «Selbstermächtigungs-versuch» sehen, zum andern den Versuch, die Folgen des eigenen Handelns unmittelbar zu erfahren. Je höher das Risiko, desto höher der Gewinn, den

---

168 *Bergfahrt* S. 44.
169 Aufmuth 1988, S. 126 sowie Aufmuth 1986, S. 201.
170 Bette 2004, S. 23.
171 Ebd. S. 24.
172 Ebd. S. 26.

diese Versuche versprechen. Und das grösste Gewinnversprechen bietet die unmittelbare Nähe zum Tod:

> Erst die Möglichkeit des konsequenzenreichen, vielleicht endgültigen Scheiterns veredelt das Selbstermächtigungshandeln der Extremsportler und setzt es vom Routinehandeln im Alltag ab. Das Damoklesschwert der potentiellen Niederlage, des eklatanten Scheiterns der eigenen Ambitionen, verleiht den Risikosportlern nicht nur einen besonderen Nimbus, sondern vermittelt ihnen ein Gefühl der eigenen Stärke und Mächtigkeit. Dem möglichen schnellen Ende immer einen Schritt voraus zu sein und die Situation trotz aller Widrigkeiten zu kontrollieren, erzeugt Gefühle der individuellen Handlungswirksamkeit und Lebendigkeit.[173]

Bei Aufmuth heisst es dazu:

> Todesnähe stiftet primären Sinn und ist deswegen ein wesentliches Moment der Identitätsgewissheit, die das schwere Bergsteigen zu geben vermag.[174]

Auch Ull macht eine dieser Erfahrungen. Nachdem er mit äusserster Anstrengung den Absturz von der überhängenden Wand verhindert konnte, findet er endlich wieder einen sicheren Standort:

> [D]a wusste er eine Weile nicht mehr, wie die Dinge im ganzen standen; vorerst herrschte allein ein dumpfes Gefühl von Seligkeit.[175]

Diese Identitätsgewissheit ist jedoch immer nur provisorisch, temporär. Sie beschränkt sich auf die Momente der körperlich-seelischen Überstimulierung, in denen dem Körper und der Psyche überdurchschnittlich viel abverlangt wird, in denen die Nähe zum Tod die eigene Identität aufs blosse Überleben verengt. Aufmuth hält deshalb fest, die Daseinsgewissheit, die durch das Bergsteigen gewonnen werden könne, sei nicht dauerhaft und müsse immer wieder neu errungen werden, denn nach jedem Gipfelsieg drohe ein Sinnvakuum.[176]
Aufgrund seiner sehr beschränkten empirischen Daten (den publizierten Selbstaussagen von Bergsteigern) vielleicht etwas kühn, geht Aufmuth davon aus, bei einer grösseren Zahl von Extrembergsteigern seien «bestimmte Bereiche des grundlegenden Gefühls- und Affektionslebens nicht oder ungenügend im bewussten Selbst integriert».[177] Das führe zu einer Selbstfremdheit, die in den extremen Formen des Selbsterlebens beim Bergsteigen kurzzeitig aufgehoben werden könne. Dieser Pathologisierung von Extrembergsteigern ist in dieser pauschalen Form wohl eher mit Vorsicht zu begegnen. Gewiss lässt sich jedoch verallgemeinernd sagen, dass die Sinnerlebnisse in Form extremer körperlicher

---

173 Ebd. S. 32.
174 Aufmuth 1988, S. 127.
175 *Bergfahrt* S. 79.
176 Aufmuth 1986, S. 202.
177 Ebd. S. 193.

und psychischer Belastungen beim Bergsteigen intensiv und deshalb sehr ver-
lockend sind. Und das mag die Antwort auf Ulls Frage nach dem Warum des
Bergsteigens erklären: «Um dem Gefängnis zu entrinnen.» Das Leben unten
im Tal bietet mit dem risikominimierten Leben voll von Monotonie und Lan-
geweile, die Bette für die bürokratisierte Gesellschaft ausmacht, nicht die klaren, vermeintlich unmittelbar erlebbaren und selbstversichernden Erlebnisse
wie das Bergsteigerleben in den Höhen. So lässt sich auch Ulls Missmut beim
Abendbummel durch Paris einordnen, wie er in der Typoskriptfassung von
1940 geschildert wird. Die Verlockungen von Paris, der Stadt des Lichts, können mit der intensiven Selbstvergewisserung beim Bergsteigen nicht konkur-
rieren – schon gar nicht, wenn die stärkste Verlockung der Stadt direkt mit dem
Teufel verbunden wird. Der Groll auf die Gruppe und die auf den ersten Blick
etwas befremdliche Dringlichkeit, mit der Ull in die Berge will, scheinen unter
dieser Perspektive um einiges verständlicher. Verständlicher auch, wenn man in
Betracht zieht, mit welcher Alltagsroutine und Monotonie sogar das Bohème-
Leben in Paris abgelaufen sein muss, das Hohl in seinen *Epischen Grundschriften* beschreibt: praktisch täglich dieselben Lokale, dieselben dumpfen Trink-
kumpane und Gesprächspartnerinnen, sich ermüdend gleichende Gespräche
um Geld und Kunst.[178]

Wie weiter oben gezeigt, hatte Hohl den stärksten Impuls zum Ausseralltäglichen, der ihn in Paris umtrieb, als Versuchung des Teufels und als Gefährdung
seiner künstlerischen Mission empfunden. Statt in den «Nordosten» (in die
Bordelle) reiste er fast fluchtartig ab in die Berge. In den Bergen bietet sich eine
Möglichkeit, die auch das Bohème-Leben – abgesehen vielleicht von exzessiven
Bordell-Besuchen – nicht bieten kann: die völlige körperliche Verausgabung
etwa beim Klettern oder beim Stufen hacken. Mit solcher Verausgabung bringen Extremsportlerinnen und Extremsportler ihren Körper in einen «vormodernen» Zustand und stellen «die in der Gesellschaft gültigen Massstäbe für ein
möglichst effektives Handeln auf den Kopf».[179]

Erschöpfung und imaginierte Körper

Ull, erschöpft von seiner Gewaltstour und vom eben in der überhängenden
Wand Erlebten, weiss einen Moment nicht mehr weiter. Die Kanzel, auf der er
übernachten wird, scheint ihm noch unerreichbar. Ohne Hoffnung schaut er
in der «unendlichen Vielfältigkeit der Felsenwelt» nach Hilfe. Und tatsächlich
bekommt er Hilfe. Er hört die Stimme seiner Freundin «nah, ganz ruhig und
warm». Und diese Stimme rät ihm, ein Stück Seil abzuschneiden und damit
eine Schlinge zu knüpfen. Auf der Tour vom 12. August 1925 hatte der Kletterkamerad T. Hohl diesen rettenden Rat gegeben. Ull ist aber alleine unterwegs

178 Vgl. *Aus der Tiefsee.*
179 Bette 2004, S. 75

und bekommt den Rat von seiner abwesenden Freundin. Die *Bergfahrt* nimmt damit im Kapitel 17 «Die Stimme der Freundin» eine etwas merkwürdige Wendung. So merkwürdig allerdings auch wieder nicht, zieht man Aufmuths Beobachtungen des «guten Begleiters»[180] heran. Die beiden Extrembergsteiger Hermann Buhl und Reinhold Messner berichten von ganz ähnlichen Erlebnissen. In einer Situation totaler Erschöpfung und Einsamkeit erschien Buhl ein freundliches Wesen, das ihn begleitete. Messner, ebenfalls alleine und am Ende seiner Kräfte, glaubte die Gegenwart eines freundlichen Mädchens zu spüren. Aufmuth hält nun fest, es sei angesichts der physischen und psychischen Belastung, der Extrembergsteiger ausgesetzt sind, nicht verwunderlich, dass sie in kurzen Momenten psychotisch reagierten. Die Schwelle, jenseits derer Extrembergsteiger psychotisch reagierten, sei aber ungewöhnlich hoch. Die physische wie die psychische Belastbarkeit der Extrembergsteiger sei am Berg ausserordentlich. In der Halluzination des «guten Begleiters» wird vom Extrembergsteiger nun gar die kurzzeitig psychotische Reaktion fürs Überleben genutzt – wobei anzufügen ist, dass es natürlich nur Erlebnisberichte von Bergsteigern gibt, die solche extreme Situationen von Einsamkeit und Erschöpfung überlebt haben.

Es fällt auf, dass es bei Ull wie bei Messner Erscheinungen weiblicher Wesen sind, die in hoffnungslosen Situationen wieder Mut machen. Wertet man das Bergsteigen als Sublimation der Libido, müsste man hier wohl von der Wiederkehr des bzw. der Verdrängten sprechen. Dass es weibliche Wesen sind, die phantasiert werden, mag aber auch ein Hinweis darauf sein, wie im Bergsteigen bis weit gegen Ende des 20. Jahrhunderts der männliche Körper als der in den Bergen tätige definiert wird, während der weibliche Körper als tätiger praktisch inexistent ist und höchstens als Träger eines guten Geistes (Tee kochen, trösten, bewundern) verstanden wird. In der gedruckten Fassung der *Bergfahrt* mag einiges davon anklingen. Bemerkenswert ist jedoch, dass die Freundin bei Hohl nicht einfach als guter Geist Mut machend gegenwärtig ist, sondern einen fachlich kompetenten Ratschlag gibt. Bereits in Kapitel 13 «Auf dem Grat» phantasiert Ull das Bild seiner Freundin – nicht als Halluzination, sondern als wehmütige Erinnerung. An dieser Stelle wird auch deutlich, weshalb die Freundin ihm als halluzinierte später den rettenden Rat geben kann: Ull hatte sie vor wenigen Jahren «in das Gebirge eingeführt», und sie war rasch zu einer guten Alpinistin geworden.

Auffallend ist, dass Hohl die Figur der Freundin in der Version von 1940 noch nicht vorsieht, dafür aber mehr Gewicht auf den «dramatischen Vorgang im Raum der menschlichen Beziehungen»[181] zwischen Ull und Johann legt. In der gedruckten Fassung der *Bergfahrt*, in der die Erpressung Johanns durch Ull fehlt, ergibt sich mit der Figur der Freundin eine Alternative zum erzwunge-

180 Aufmuth 1988, S. 200.
181 Typoskript S. 124.

nen, missratenen Verhältnis zwischen den beiden Berggängern. In der Beziehung von Ull und seiner Freundin zeichnet sich jenes «Wechseln» und «Tauschen» ab, das Hohl in einer Verbindung für essentiell hält. So ist Ull nicht nur einer, der – in den 20er Jahren noch nicht selbstverständlich – einer Frau das Klettern und Bergsteigen beibringt. Er ist offensichtlich auch bereit, ihre Fertigkeiten und ihr Wissen in alpinistischen Fragen anzuerkennen und so wie in der überhängenden Wand von ihr, auch wenn sie abwesend ist, einen Rat anzunehmen.

Die Freundin wollte unbedingt ihre Verwandten im Norden wieder einmal für eine Woche besuchen. Danach sollte sie ebenfalls in die Alpen kommen und Johann in der Zweierseilschaft ablösen. Ull halluziniert sich demnach einsam und erschöpft jene Situation, auf die er als umsichtiger Bergsteiger und sensibler Beobachter im «Raum der menschlichen Beziehungen» ein paar Tage geduldig gewartet hätte, statt blind vor Drang zur alpinistischen Selbstbestätigung eine Seilschaft zuerst zu erpressen, dann wütend allein dem Gipfel zuzustürmen und eine grosse, unmögliche Tat entgegen Hohls Konzept von Arbeit und Tätigsein in einem Kraftakt erzwingen zu wollen.

Annemarie Schwarzenbach: Flucht nach oben

Lange verschollener Skiroman

Annemarie Schwarzenbach (1908–1942) lebte als Tochter des vermögenden Seidenindustriellen Alfred Emil Schwarzenbach und Marie Renée Wille, Tochter von General Ulrich Wille und Clara von Bismarck, in einem gespannten Verhältnis zu ihrer Familie. Die von der labilen Annemarie Schwarzenbach provozierten Skandale waren der Familie, bei der Grössen aus Politik und Kultur ein und aus gingen, mehr als nur peinlich. Ihre Freundschaft mit Erika Mann wurde nicht nur ungern gesehen, weil Schwarzenbach ihre Homosexualität weniger diskret lebte als Mutter Renée, auch aus politischen Gründen war der Familie die Verbindung mit Erika wie die Freundschaft mit Klaus Mann nicht willkommen. Beim sogenannten ‹Pfeffermühlenskandal› 1934 standen sich mit Annemarie und James Schwarzenbach[182] gar zwei Mitglieder derselben Familie direkt gegenüber. Schwarzenbachs Cousin James Schwarzenbach hatte mit einem Trupp Frontisten die Aufführung von Erika Manns antifaschistischem Kabarett Pfeffermühle in Zürich gestört.[183] Annemarie Schwarzenbach bezog daraufhin in Zeitungstexten öffentlich für Erika Mann Stellung.

1931 schloss Schwarzenbach ihr Studium der Geschichte in Zürich mit der Doktorarbeit *Beiträge zur Geschichte des Oberengadins im Mittelalter und zu Beginn der Neuzeit* ab. Parallel zu ihrer Dissertation hatte sie am Roman *Freunde um Bernhard* gearbeitet, der 1931 erschienen ist.[184] Im Frühling 1933 folgte die *Lyrische Novelle* bei Rowohlt in Berlin, im Jahr davor hatte Schwarzenbach zusammen mit Hans Rudolf Schmid *Das Buch von der Schweiz: Ost*

182 James Schwarzenbach (1911 bis 1994) war eine wichtige Figur der rechten Szene der Schweiz. In jungen Jahren war er aktives Mitglied der Nationalen Front. Mit dem Pfeffermühlen-Radau gab er 1934 die Initialzündung für eine ganze Reihe von Demonstrationen und Kravallen der nazistischen Nationalen Front in Zürich. Vgl. dazu Thomas Buomberger: *Kampf gegen unerwünschte Fremde. Von James Schwarzenbach bis Christoph Blocher.* Zürich: Orell Füssli, 2004, S. 100–106. Ende der 1960er Jahre wurde James Schwarzenbach vor allem mit seiner eidgenössischen Volksinitiative «gegen Überfremdung» (der sogenannten Schwarzenbachinitiative) bekannt, die eine Begrenzung der Zahl der Ausländerinnen und Ausländer auf 10 Prozent der Schweizer Bevölkerung verlangte (Ausnahme Genf mit 25 Prozent). Obwohl die Vorlage bei der Volksabstimmung am 7. Juni 1970 abgelehnt wurde (stimmberechtigt waren damals nur die Schweizer Männer), galt James Schwarzenbach als moralischer Sieger. Vgl. Buomberger 2004 sowie Isabel Drews: «*Schweizer erwache!*». *Der Rechtspopulist James Schwarzenbach (1967–1978).* Studien zur Zeitgeschichte Band 7, Frauenfeld: Huber, 2005.

183 Dominique Laure Miermont: *Annemarie Schwarzenbach ou le mal d'Europe.* Biographie. Paris: Payot, 2004, S. 159.

184 Vgl. Charles Linsmayer: *Leben und Werk Annemarie Schwarzenbachs. Ein tragisches Kapitel Schweizer Literaturgeschichte.* In: Annemarie Schwarzenbach: *Das glückliche Tal.* Frauenfeld: Huber, 1987, S. 159–223, insbesondere S. 182.

und Süd in der Reihe *Was im Baedeker nicht steht* bei Piper in München veröffentlicht. In diesen Jahren entstand neben den erst posthum publizierten *Pariser Novellen* der Roman *Flucht nach oben*.

Flucht nach oben ist ein Roman, in dem das Skifahren eine zentrale Rolle spielt. Für eine ganze Figurengruppe, die im fiktiven österreichischen Bergort Alptal angesiedelt ist, verbindet sich das Skifahren eng mit der Hoffnung, eine krisenhafte Situation in einer sehr unsicheren Zeit überstehen zu können. Nicht zuletzt deswegen entzieht sich der lange verschollene Roman mehr als andere Texte Schwarzenbachs einer direkten biographischen Lektüre.[185] Hauptfigur ist Francis von Ruthern, ein heimat- und landlos gewordener Spross aus ostdeutschem Adel. Ihm bietet sich die Möglichkeit, als Skilehrer ökonomisch wie sozial eine neue Existenz aufzubauen. Ebenfalls aus altem ostdeutschem Adel stammt Adrienne Vidal. Die alleinerziehende Gräfin kann mit ihrem Sohn Klaus nicht mehr zurück ins Tiefland, weil ihre angegriffenen Lungen nur noch klare Bergluft atmen dürfen. In den Bergen, in Alptal ist sie aber körperlich aktiv wie nie. Sie fährt gar Skirennen, auf die sie von ihrem Privattrainer Andreas Wirz vorbereitet wird.

Andreas Wirz ist eine Figur in Opposition zu Francis von Ruthern. Wirz stammt aus dem Kleinbürgermilieu und versucht als Skilehrer den sozialen wie ökonomischen Aufstieg. Dasselbe versucht der junge Matthisel, der sich mit Wirz anfreundet.

Nur Nebensache ist das Skifahren für die reich verheiratete und unglückliche Esther. Die schöne und umschwärmte junge Frau mit dem biblischen Namen und einem biblischen Vorbild ist die Konkurrentin von Adrienne Vidal um Francis' Zuneigung. Eine Figur, die gar nichts mit Skifahren zu tun hat und schon scheitert, bevor sie in den Bergen ankommt, ist Francis' Bruder Carl Eduard. Die Körperpraxis des damals recht modernen Skifahrens ist für ihn uninteressant, eine Zukunft, wie zu zeigen sein wird, für ihn deshalb unmöglich.

Im Februar 1933 berichtet Annemarie Schwarzenbach ihrer Freundin Erika Mann nicht nur, wie sie im österreichischen Bergkurort Zürs-Arlberg in einem Kurs Ski fährt, sondern auch, dass sie «hier oben dichte».[186] Ob Schwarzenbach

---

185 Sabine Rohlf attestiert *Flucht nach oben* eine «gewisse Ausnahmeposition in Schwarzenbachs Oeuvre» und hofft, mit der Analyse dieses Romans könne sich der Lektürehorizont von Schwarzenbachs Texten von einem biographischen zu einem literaturhistorischen verschieben. Ihr Aufsatz bietet dafür erste Ansätze. Sabine Rohlf: *«Flucht nach oben» von Annemarie Schwarzenbach*. In: Walter Fähnders und Sabine Rohlf (Hg.): *Annemarie Schwarzenbach. Analysen und Erstdrucke*. Bielefeld: Aisthesis, 2005, S. 79–98, S. 80.

186 Uta Fleischmann (Hg.): *«Wir werden es schon zuwege bringen, das Leben.» Annemarie Schwarzenbach an Erika und Klaus Mann. Briefe 1930–1942*. Pfaffenweiler: Centaurus, 1993, S. 85.

am Manuskript von *Flucht nach oben* arbeitet, ist unklar.[187] Anzunehmen ist aber, dass Schwarzenbach bei diesem Aufenthalt in den österreichischen Alpen Eindrücke und Ideen für ihren Skilehrer-Roman sammelt und damit ihre Wintersporterfahrungen aus St. Moritz oder der Lenzerheide ergänzt.

Wie Schwarzenbach am Schluss ihres Manuskripts vermerkt, schliesst sie am 10. Mai 1933 im südfranzösischen Le Lavandou die Arbeit an der handschriftlichen Fassung von *Flucht nach oben* ab – vorläufig. Die Korrektur der Paginierung jener Seiten, die in Le Lavandou mit dunkler Tinte und schmaler Feder geschrieben wurden, weist darauf hin, dass Schwarzenbach nach dem 10. Mai 1933 das Manuskript noch einmal überarbeitet und erweitert hat. Am 4. Juli 1933 liest Schwarzenbach im Rahmen einer Veranstaltungsreihe, die von Carl Seelig zusammen mit der Buchhandlung Dr. Oprecht & Helbling organisiert wurde, aus dem noch unpublizierten Text.[188] Trotz wohlwollender Kritiken dieser Lesung erscheint der Roman zu Lebzeiten der Autorin nicht, das Manuskript gilt über sechzig Jahre lang als verschollen.

Im Nachlass Schwarzenbach, der 1980 in die Schweizerische Landesbibliothek (heute Nationalbibliothek) in Bern kam, ist lediglich ein Typoskriptfragment erhalten,[189] das nach 16 Seiten abbricht. Der vollständige Text, das Manuskript, wurde 1997 dank eines Hinweises von Roman Bucheli im Archiv des Verlages Oprecht wiederentdeckt.[190] Das Manuskript ist ein Textzeuge, der von der Autorin aus mehreren handschriftlichen (Teil-)Fassungen zusammengestellt, mehrfach überarbeitet und durchgehend paginiert wurde.

Zwei Jahre nach dem Fund publizierte Roger Perret Annemarie Schwarzenbachs Ski-Roman *Flucht nach oben* in einer nicht ganz unumstrittenen Edition.[191] Störend vor allem, dass das Typoskript-Fragment nicht in die editorische Arbeit einbezogen wurde. Das 16-seitige Typoskript ist zwar eine Teilabschrift einer der unteren Textschichten im Manuskript – nachdem die Abschrift abgebrochen wurde, muss das Manuskript weiter überarbeitet worden sein –, zu-

---

187 Im Nachlass von Erika Mann im Literaturarchiv der Monacensia München findet sich keine Briefbeilage, die man mit Schwarzenbachs Roman in Verbindung bringen könnte.

188 Vgl. Roger Perret: *«Die Sinnlosigkeit, die Unwegsamkeit, die tastende Spur».* Nachwort zu: Annemarie Schwarzenbach: *Flucht nach oben.* Ausgewählte Werke Band 6. Hg. von Roger Perret. Basel: Lenos, 1999, S. 211–233. Der Literaturförderer und Kritiker Carl Seelig und der Verleger Emil Oprecht führten ab Mai 1933 nicht nur Lese- und Vortragsabende durch, sie unterstützten beide auch äusserst aktiv Autorinnen und Autoren wie Bertolt Brecht, Bernard von Brentano, Hermann Broch, Alfred Kerr, Else Lasker-Schüler, Heinrich und Thomas Mann im Zürcher Exil, organisierten Auftritts- und Publikationsmöglichkeiten und leisteten materielle Hilfe. Vgl. dazu Gustav Huonker: *Literaturszene Zürich. Menschen, Geschichten und Bilder 1914 bis 1945.* Zürich: Unionsverlag, 1985, S.151–166. Werner Wüthrich: *Bertold Brecht und die Schweiz.* Zürich: Chronos, 2003, S. 28–32.

189 Nachlass Annemarie Schwarzenbach, SLA: [Francis] [1931/32].

190 Zentralbibliothek Zürich Handschriftenabteilung, Oprecht T. 317.

191 Annemarie Schwarzenbach: *Flucht nach oben.* Ausgewählte Werke Band 6. Hg. von Roger Perret. Basel: Lenos, 1999.

mindest ein grober Fehler hätte sich durch den Beizug des Typoskripts aber vermeiden lassen. Der im Manuskript nicht zweifelsfrei entzifferbare Name einer der Figuren ist im Fragment mit «Matthisel», und nicht wie in Perrets Druckfassung mit «Matthisch», wiedergegeben. Ob der Name dieser Figur mit einem männlich wirkenden «Matthisch» oder mit der sexuell indifferenteren Koseform «Matthisel» wiedergegeben wird, ist, wie später zu zeigen sein wird, alles andere als unbedeutend.

Schwarzenbach ist zwar erst 25 Jahre alt, als sie *Flucht nach oben* abschliesst. Der Roman ist aber keineswegs der Erstling einer Unbekannten, für den sich kein Verlag fand. Roger Perret mutmasst, die negativen Kritiken zur *Lyrischen Novelle* in den Schweizer Zeitungen hätten womöglich bei Schwarzenbach Zweifel genährt, ob die Zeit für die Publikation von Texten über «Abseitsstehende» günstig sei. Diese These wirkt durchaus plausibel. Die Gedanken und Sorgen der Menschen nicht nur in Schwarzenbachs unmittelbarer Umgebung – etwa der Familie Mann – drehten sich in jenen Monaten um eine Heimatlosigkeit, die nicht eine ‹Heimatlosigkeit› als Unbehagen an der Welt, sondern reale Vertreibung, Flucht bedeutet. Schwarzenbach hält 1933 die Zeit denn auch für reif, eindeutig Position zu beziehen; im Gegensatz zu ihrem Cousin James Schwarzenbach gegen Nazideutschland und für die Emigrantinnen und Emigranten um Erika und Klaus Mann.[192]

Annemarie Schwarzenbach macht die äussere Heimatlosigkeit zu einem festen Teil ihres Lebens und ihres Berufes. Im Mai 1933 fährt sie für eine Reportage nach Spanien. Danach wird sie die Sowjetunion, mehrmals Vorderasien, die USA sowie den Kongo bereisen und zu einer der bekanntesten Reiseschriftstellerinnen und Reportagefotografinnen der Schweiz werden. Damit verschieben sich die Perspektiven der Industriellentochter und Generalsenkelin, die sich in ihrer Familie unverstanden und fremd fühlt, schlagartig. Nicht auszuschliessen, dass in diesem Lebensabschnitt ein Roman wie *Flucht nach oben* an Dringlichkeit verliert, liegen bleibt und vergessen geht.

Heimatlosigkeit

Obwohl das Zentrum der Handlung von *Flucht nach oben* in den Bergen angesiedelt ist, steht der Roman nicht in der Tradition der Heimat-Romane. *Flucht nach oben* ist vielmehr ein Heimatlosen-Roman, in dem die Berge nicht der Lebensraum von urwüchsigen Berglern, sondern eher Reduit für (reiche oder reich geborene) Entwurzelte sind. Dieses durch den Hochpreistourismus der Vor- und Zwischenkriegszeit geprägte Bild der Berge hat auch wenig gemein mit dem von der offiziellen Schweiz einige Jahre später propagierten. Dort sind die Berge nicht nur Kern der militärischen Verteidigungsstrategien, die

192 Vgl. Brief an Klaus Mann vom 8. April 1933, Fleischmann 1993, S. 101.

Berge werden auch zu dem Terrain erklärt, auf dem sich die Schweizerinnen und vor allem die Schweizer ganz natürlich und besser als andere bewegen – im Sommer wie im Winter. «Um das Land zu verteidigen, galt es, eine Symbiose mit dem Berg einzugehen», stellt Gianni Haver in seiner Studie *Der Sport im Schweizer Armeefilm (1939–1945)* fest.[193] Diese Armeefilme zeigen den Soldaten als Alpinisten und vor allem auch als Skifahrer. Der Schweizer Soldat ist aber immer ein Milizsoldat, ein Bürger in Uniform. Wenn also der Schweizer Soldat Skifahrer ist, dann ist der Schweizer Bürger ein Skifahrer.

> Das Skifahren wurde in der Schweiz zum Militärsport par excellence. Der Wille, daraus einen Nationalsport zu machen, war sehr ausgeprägt. Die Armee verstärkte dieses Bild noch: Jeder Schweizer, jeder Soldat musste Ski fahren können.[194]

Davon ist jedoch bei Schwarzenbach noch keine Rede. Skifahren ist noch kein Volks-, National- oder Massensport, sondern einerseits Verdienstmöglichkeit für die lokale Bevölkerung, andererseits Vergnügen für zahlungskräftige Touristinnen und Touristen. Zudem hat Schwarzenbach als Ort der Handlung ihres Romans ein Dorf in den österreichischen Alpen gewählt. Und nicht ohne Grund sind die Figuren aus der Oberschicht Deutsche, jene aus der Unterschicht Österreicher. Damit entzieht sich Schwarzenbach dem Verdacht, am «antimodernen Mythos der Unversehrtheit»[195] der Schweiz mitzuwirken. In die Entstehungszeit von *Flucht nach oben* fällt jener Diskurs um eine ‹Schweizer Literatur› (womit in diesem Zusammenhang meist nur die Deutschschweizer Literatur gemeint ist), die sich in der Folge der Heimatkunstbewegung einerseits von der grossstädtischen ‹Asphaltliteratur›, wie andererseits auch von einer gesamtdeutsch-völkischen Literatur abgrenzen sollte.[196] Den Forderungen eines durch die aufkommende Geistige Landesverteidigung geprägten Literaturverständnisses entgeht Schwarzenbach mit *Flucht nach oben*, indem sie den Roman in Österreich spielen lässt – die Alpen also nicht zum ureigensten Lebensraum unverdorbener Schweizer erklärt – und indem sie touristisch erschlossene Alpendörfer – ganz speziell die mondänen Sportorte der Schweiz – als Teil des modernen, durch Sport und urbane Vergnügungen geprägten Lebens zeichnet.

Protagonist von *Flucht nach oben* ist der junge Franz von Ruthern, ein deutscher Landadliger, dessen Mutter eine Schwäche für englische Erziehung hatte. Franz wird deshalb nur Francis genannt. Zur Zeit der Währungskrise hatte

193 Gianni Haver: *Der Sport im Schweizer Armeefilm (1939–1945)*. In: *Cinema*. Unabhängige Schweizer Filmzeitschrift, 48/2003, S. 120–131, S. 124.
194 Haver 2003, S. 126.
195 Ursula Amrein: *«Los von Berlin!» Die Literatur- und Theaterpolitik der Schweiz und das «Dritte Reich»*. Zürich: Chronos, 2004, S. 161.
196 Amrein 2004, S. 166ff.

er Deutschland verlassen und sich nach Südamerika eingeschifft. Damals war er einundzwanzig Jahre alt. Nun, in der Gegenwart von *Flucht nach oben*, ist Francis dreissig. Acht Jahre war er in Südamerika, dann trieb es ihn zurück nach Europa. In der Landwirtschaft hatte er zwar ökonomischen Erfolg, doch der Erfolg konnte nicht über die «schreckliche innere Niederlage»[197] hinwegtäuschen. Und was war diese «innere Niederlage», die «schreckliche»? «Heimweh, Heimweh, Heimsuchungen von unmännlichen Schwächezuständen, knabenhaft».[198] Diese «unmännlichen Schwächezustände» von damals bringt Francis unmittelbar mit der Distanz zwischen Südamerika und Europa in Zusammenhang:

> Das war alles «drüben» gewesen, in Südamerika, jenseits des Ozeans, den weisse Dampfer brausend durchschnitten, um eine spärlich-trügerische Verbindung herzustellen. Ach, höchst trügerisch und unbrauchbar, stellte Francis grübelnd fest, denn das Leben teilte sich mit den Erdteilen, auf deren grasbewachsenen Flächen es sich abspielte, und der Mensch war nicht das Wesen, solche Teilungen zu ertragen, er litt, seine ‹Seele› litt, ein Stück von ihr blieb haften, mochte er sich auch noch so rasch aus dem Staub machen, sich noch so unabhängig aufspielen. Man konnte es einen Tribut nennen; die Erde verlangte ihn von der Seele, die sie einmal beherbergt hatte [...].[199]

Wer so denkt und fühlt, ist nicht der mittellose, arme Kerl, der in Amerika schnell eine neue Heimat findet, weil er dort im Gegensatz zur alten Heimat neue und ungeahnte Möglichkeiten hat. Francis' Verhältnis zur Erde, die seine Seele «beherbergt hatte», ist die Bindung des Sprösslings einer Grossgrundbesitzer-Familie. Sein Selbstverständnis ist trotz Abenteuer- und Reiselust direkt vom Grund und Boden der Familie abhängig. Doch auch die Rückkehr nach Europa kann sein Heimweh nicht mindern:

> [...] auch eine Heimkehr war es nicht, es war Wüste und Verbannung wie an irgendeinem Ort der Welt – nur ohne den Trost jener Tätigkeiten, die sonst im Leben eines Mannes einander jagen und ablösen.[200]

In Südamerika wurde seine «Abenteuerlust, die schlecht verhehlte Freude und Gier, mit der sein Herz jeder Gefahr offenstand»,[201] einigermassen befriedigt. Das fehlt ihm nun in Europa: «Denn hier gab es zu wenig Gefahren, zu wenig

---

197 *Flucht nach oben* S. 25.
198 Ebd.
199 Ebd.
200 Ebd. S. 26.
201 Sabine Rohlf merkt zu dieser Stelle an, «Gier» fehle im Manuskript, sei folglich also vom Herausgeber Roger Perret eingefügt worden. Rohlf 2005, S. 86, Anmerkung 19. Rohlf muss dabei im Manuskript S. 32 die Einfügung «u. Gier» am linken Rand übersehen haben. «Gier» ist also keine Hinzufügung des Herausgebers.

männliche Herausforderungen [...]».[202] Das erfährt Francis umso schmerzlicher, als die Rückkehr nach Europa keine «Heimkehr» war. Seine Familie kann das Gut im Osten Deutschlands nicht mehr halten. Der Staat wird es übernehmen und aufteilen.[203] Damit ist die Heimat, die durch Grundbesitz in der Familie quasi in der Erbnachfolge weitergegeben wird, für Francis verloren.

[...] Heimatgefühl hiess, Verpflichtungen gegenüber einem Land, einem Stück Boden auf sich nehmen.

Eine andere Zugehörigkeit gab es nicht, das blosse Verweilen auf einer würdigen Herkunft und Vergangenheit genügte nicht, um eines Mannes Leben zu fristen.[204]

Durch den Verlust des Familiengrundes wird für Francis aus Heimweh Heimatlosigkeit, «Verbannung». Dank dem Geld, das er in Südamerika gemacht hatte, konnte er ein Jahr lang ohne Ziel durch Europa ziehen, hier etwas Golf, da etwas Tennis spielen. Als Francis langsam das Geld auszugehen begann, kam er in das Bergdorf mit dem fiktiven, aber sehr bezeichnenden Namen Alptal. Wie er vorher Golf und Tennis spielte, unverbindlich und als Zeitvertreib für Begüterte, so lernt er hier Ski fahren.

Das war alles ganz glatt, äusserlich, unerheblich, ein vorläufiger Ausweg. Das berührte ihn in keiner Weise.[205]

Wichtig für das unbeschwerte und unverbindliche Leben als Feriengast in Alptal ist für Francis die Nähe zu einem Bahnhof.

Jeden Tag konnte er umkehren, packen, im kleinen Schlitten zur Station fahren; in wenigen Stunden erreichte der Express Zürich, München, Wien – in einer Nacht Berlin. Brausen der Grossstädte; immer waren es zuletzt die Bahnhöfe, an die man sich erinnerte, der Zeitungsstand, ein überheiztes Restaurant mit unaufhörlich schlagenden Türen, eine Telefonzelle. Grosse Halle, eisige Zugluft von den Bahnsteigen, kurze lebendige, menschenreiche, autohupende, asphaltdampfende Strasse. Brandung der ankommenden Züge, Nervosität der Uhrzeiger über sinnlos hohen Hallen-Eingängen.[206]

Alptal, das ist für Francis zuerst nur Teil eines modernen und mondänen Lebens, eines Lebensstils, den die Autorin Annemarie Schwarzenbach gut kannte und selbst pflegte.

---

202 *Flucht nach oben* S. 26.
203 Ebd. S. 165.
204 Ebd. S. 175.
205 Ebd. S. 16.
206 Ebd.

Mobilität und Geschwindigkeit als Lebensform

Grundlegend für diesen Lebensstil der begüterten Jugend war die Mobilität. Durch Klaus Manns Tagebücher oder die Briefe von Annemarie Schwarzenbach an Erika Mann lässt sich ein Eindruck dieses durch Mobilität geprägten Lebens gewinnen. Berlin, München, Zürich, zum Skifahren in die Alpen, zur Entspannung an die Côte d'Azur: Wie selbstverständlich, aber keinesfalls als Nebensache werden Reisen und rasch aufeinander folgende Ortswechsel festgehalten und mitgeteilt.

Was vor allem bei Schwarzenbach auffällt: Das Auto hat als Transportmittel die weit grössere Bedeutung als die Eisenbahn. Das Auto ist ihr als liebstes Vehikel richtiggehend ans Herz gewachsen.[207] In der Korrespondenz mit Erika Mann, die selbst erfolgreich Autorennen gefahren ist, werden Autos geradezu liebevoll erwähnt, wird nach deren Befinden gefragt und von Havarien berichtet, als wäre jemand ernsthaft krank. Am 4. April 1931 etwa schreibt Schwarzenbach an Erika Mann:

> Bist Du nun auch glücklich zu Hause gelandet, fühlt sich der Ford wohl in den Strassen Münchens u. Du in Deinem grossen, unbeschreiblich grossen Bett?[208]

Und im Sommer berichtet Schwarzenbach Folgendes an Erika Mann:

> Fredi [hat] meinen Victory richtig zu Schanden gefahren, der Wagen sieht aus wie man es sonst in amerikanischen Zeitungen zu sehen bekommt, das ist für mich sehr bitter. In 14 Tagen, heisst es, soll er wieder gangbar sein, aber wer weiss, die Mechaniker sind gar nicht optimistisch. Das müsste dem Ford passieren, ich denke oft u. mit wahrer Zärtlichkeit an ihn.[209]

Ein Auto ist nicht einfach ein «Auto» oder ein «Wagen», bei Schwarzenbach wie bei Klaus Mann wird ein Auto fast durchgehend mit dem Markennamen bezeichnet: als «Ford», «Victory» oder «Mercedes». Das Auto ist aber nicht nur in der Korrespondenz wichtig. Das Auto, die Autofahrt dient Schwarzenbach auch immer wieder als zentrales literarisches Motiv für Momente von Verlassenheit und Todesnähe.[210] In der *Pariser Novelle* von 1929 (oft auch als *Pariser Novelle II* bezeichnet) wird das besonders deutlich. Die Hauptfigur Ursula ist auf Verwandtenbesuch und verliebt sich in Jaqueline, worauf Ursula von ihrem Onkel noch spät am Abend zur Abreise gedrängt wird.

---

207 Vgl. dazu: Elio Pellin: «*Unter den zeitgenössischen Autoren bin ich ein Volvo 123 GT*». *Literatur und Limousinen*. In: Hans Ulrich Glarner, Beat Hächler und Sibylle Lichtensteiger(Hg.): *Autolust*. Baden: hier+jetzt, 2002, S. 18–25.

208 Fleischmann 1993, S. 49.

209 Unpublizierter Brief vom August 1931. Nachlass Erika Mann bei Monacensia. Literaturarchiv der Stadtbibliothek München. Kopien im Schweizerischen Literaturarchiv, SLA.

210 Vgl. Pellin 2002, S. 24.

Jaqueline begleitet mich hinaus. Es regnet. Ich beginne die Scheiben des Wagens zu schliessen. «Warte bitte einen Augenblick» sage ich. Denn jetzt ist Jaqueline noch da, und die Furcht, die Leere und die Enttäuschung können mir nichts anhaben. Aber Jaqueline schüttelt den Kopf ohne aufzusehen. «Entschuldige» sage ich. «Du willst nicht bleiben» – «Nein, gute Nacht Ursula.»
«Gut Nacht Jaqueline».
Jetzt ist nichts mehr da. Eine dunkle Strasse, mein Wagen, ich.
Grenzenlos leer ist die Nacht.[211]

In der *Lyrischen Novelle* zeigen sich in Autobildern nicht nur Verlassenheit und Einsamkeit, sondern auch Todesnähe und Todessehnsucht der Ich-Figur. Unübersehbar etwa an einer Stelle, in der von einer rasanten nächtlichen Autofahrt berichtet wird.

Sibylle war so rasch gefahren, wir hätten uns wahrscheinlich überschlagen, wenn wir gegen einen Randstein geprallt wären. Aber das war es ja nicht. Etwas anderes war viel schlimmer: Ich stellte fest, dass es mir gleichgültig gewesen wäre zu verunglücken.[212]

Roger Perret bringt im Nachwort zur *Lyrischen Novelle* auch die Art der Figurenporträts in Schwarzenbachs Texten mit dem Autofahren in Verbindung:

Es [das Auto, E.P.] ist das Symbol für die Unruhe, für die Werbe- und Befreiungsversuche der A.S. Und das besessene Autofahren zeigt bis in die Technik des Schreibens Folgen: Ihre oft undeutlich gezeichneten Figuren sind wie aus einem fahrenden Auto wahrgenommen.[213]

Die «Unruhe» und das «besessene Autofahren» ist aber nicht allein eine Frage von Schwarzenbachs persönlicher Befindlichkeit, die sich direkt in ihrem Schreiben niedergeschlagen haben könnte. Schnelle Bewegung und grosse Beweglichkeit sind in den 20er und 30er Jahren Teil des modernen Lebensstils: im Verkehr festzustellen in der zunehmenden Motorisierung und Individualisierung; im Film zeigte sich diese Entwicklung am deutlichsten 1927 im stilbildenden Montagefilm *Berlin. Die Sinfonie der Grosstadt* von Walter Ruttmann. Ruttmann montierte seine Dokumentaraufnahmen zu zuerst ruhigen, dann aber vor allem dynamischen Sequenzen, in denen sich die Kameraperspektive rasch und ständig ändert:

211 Annemarie Schwarzenbach: *Pariser Novelle (1929)*. In: *Jahrbuch zur Kultur und Literatur der Weimarer Republik*, 8/2003, S. 11–33, S. 33.
212 Annemarie Schwarzenbach: *Lyrische Novelle*. Ausgewählte Werke, Band 1. Hg. von Roger Perret. Basel: Lenos, 1988, S. 46.
213 Roger Perret: «*Ernst, Würde und Glück des Daseins*». Nachwort zu: Annemarie Schwarzenbach: *Lyrische Novelle*. Ausgewählte Werke, Band 1. Hg. von Roger Perret. Basel: Lenos, 1988, S. 99–146, S. 140.

Es ist 5 Uhr morgens, man sieht menschenleere Strassen, die sich erst langsam, dann schneller beleben. Den S-Bahn-Zügen entsteigen Menschen, die zur Arbeit eilen, Maschinen setzen in den Fabriken ein, Kinder gehen zur Schule, Briefträger schwärmen aus, Herrenreiter reiten aus, Massen demonstrieren, der Verkehr belebt sich. Ruttmann splittert Motive wie in einem Kaleidoskop: Mittagspause, Arbeiter essen, Tiere bei der Fütterung, Stehimbiss. Die Szenen vom Nachmittag gleiten über in den Feierabend: Menschen in Cafés, beim Sport und Freizeitbeschäftigungen, schliesslich das Nachtleben: Kino, Theater, Tanz, Kneipe.[214]

In der Fotografie wurde die neue Beweglichkeit und Geschwindigkeit sichtbar im zunehmenden Einfluss der Reportagefotografie, von der auch Annemarie Schwarzenbach als Fotografin sehr stark geprägt wurde.[215] Sehr viel dramatischer als in der Schweiz wurde die grosse Beweglichkeit, d.h. schnelle Veränderung, in Deutschland auch in der Politik durch die Turbulenzen der Weimarer Republik manifest, in der Wirtschaft mit der Hyperinflation.[216]
Vor der Popularisierung bzw. Dramatisierung hatten bereits Avantgardisten wie Blaise Cendrars und Robert Delauney die Beschleunigung des Lebens durch moderne Transport- und Kommunikationsmittel zum eigentlichen Kern neuer Kunst gemacht. Joachim Umlauf stellt für die Zeit nach 1830 eine Spannung zwischen Kunst und Technik fest, die von der künstlerischen Avantgarde kurz vor dem Ersten Weltkrieg produktiv umgedeutet und genutzt wurde:

Die Künste sind mit zwei Phänomenen konfrontiert, die nicht nur eine Revision der Themen und Inhalte nötig machen, sondern die konstruktiven Grundlagen der Kunst selbst erschüttern: dabei handelt es sich um die durch das moderne Transportwesen einsetzende Veränderung sinnlicher Wahrnehmung einerseits, und um die radikal-neuen Produktionsmittel der industriellen Herstellung andererseits. Eine scheinbar unüberbrückbare Kluft tut sich auf zwischen der Beschaulichkeit und der kontemplativen Haltung, mit der z.B. Lyrik produziert und rezipiert wird, und technischen Errungenschaften, wie der Eisenbahn, die das Gegenteil, nämlich Beschleunigung und Zeitersparnis, bezwecken. Zwar besteht zwischen der Technik der Geschwindigkeit und der kontemplativen Geisteshaltung kein Widerspruch an sich; Nachdenken, Diskutieren oder Lesen sind Tätigkeiten, die der Transport mit der Eisenbahn z.B., da das Individuum der aktiven Mitwirkung an der Fortbewe-

214 Peer Moritz: *Berlin. Die Sinfonie der Grossstadt.* In: *Metzler Film Lexikon.* Stuttgart, Weimar: Metzler, 1995, S. 64.
215 Vgl. dazu: Renée Reidler: *Die Bedeutung Annemarie Schwarzenbachs in der Literatur und Fotografie der 20er und 30er Jahre.* Magisterarbeit Universität Wien, 10. März 2000. Reproduktion Schweizerische Nationalbibliothek Bern, 2003, S. 8.
216 Die Wirtschaftskrise der 1930er Jahre traf auch Annemarie Schwarzenbach, deren persönliches Vermögen sich durch die wirtschaftlichen Schwierigkeiten des Schwarzenbach-Konzerns dramatisch verkleinerte. Vgl. Elio Pellin: *Ein Vermögen zerrinnt – Annemarie Schwarzenbach.* In: *Quarto,* Zeitschrift des Schweizerischen Literaturarchivs 20/2005: *brotlos?* S. 28–33.

gung enthoben ist, eher fördert. Es ist vielmehr auf der Ebene der Vermittlung und der Abbildungsmechnismen, wo die modernen Transportmittel und Maschinen den alten Begriff der Kontemplation, der Wesenheit der Dinge gezogenen Abstraktion gebunden war, ausser Kraft setzen. Nicht umsonst stehen im Zentrum der bildnerischen Interessen der frühen Avantgardebewegung *Bewegungsabläufe*, deren Zersplitterung – zum Beispiel in Gemälden italienischer Futuristen – gewissermassen den von der Technik ins alltägliche Leben getragenen Effekt wiederholen, da die Geschwindigkeit den einheitlich erfassenden Blick zunichte macht.[217]

Für Blaise Cendrars[218] sind Erzeugnisse der Technik mit der ursprünglich-wilden Natur verwandt. Die Technik, das Maschinenwesen lassen für ihn eine Spontaneität zu, dank der das verschüttete «Vitale» erlebt werden kann. Mit dem naiven Vergnügen, dem Erleben von Schnelligkeit, das Maschinen ermöglichen (in der Fortbewegung oder im Kino), ist der Zugang zur Welt nicht «besänftigt-zivilisiert», sondern «frenetisch» – «frenetisch» verstanden als Gegenbegriff zum «Normalen».[219] Deutlich illustriert wird dieses ‹frenetische› Erleben der durch eine Maschine vermittelten Geschwindigkeit in Cendrars *La Tour Eiffel Sidérale (Sternbild Eiffelturm)* von 1949. In den 20er Jahren war Cendrars als Abenteurer durch Brasilien gereist. Schon fast legendär ist seine Schilderung einer Fahrt durch den Urwald mit einem Sportwagen der Marke Alfa Romeo:

> Die Strasse hatte sich im Nu geleert, und das nützte ich aus, um auf den Gashebel zu treten und unter lautem Geknatter zur Stadt hinaus und über die wacklige Holzbrücke zu rasen. Siebenhundert Meter weiter oben bog ich am rechten Ufer in eine tiefe Schlucht ein und erklomm im Zickzack die mit tausendjährigen Baumstümpfen und vereinzelten halbverkohlten Riesenstämmen bestandenen Kurven, jeweils scharf vor dem Abgrund wendend, immer höher, mit übersetzter Geschwindigkeit, die Kurve auf zwei Rädern nehmend, dass es mich vom Sitz riss, in die Höhe schleuderte, wie in den Filmen mit Verfolgungsjagd, stampfend und rüttelnd, über Furchen und Schlaglöcher holpernd, während ich mich um mich selbst drehte und spiralförmig immer höher schraubte, mit einem Rad im Grabe, wie man bei uns sagt. Mein Motor erfüllte das Gebirge mit seinem ohrenzerreissenden Getöse,

---

217 Joachim Umlauf: *Mensch, Maschine und Natur in der frühen Avantgarde: Blaise Cendrars und Robert Delaunay*. Würzburg: Königshausen & Neumann, 1995, S. 5.

218 Blaise Cendrars (1887–1961) kam als Sohn eines Berner Oberländers und einer Zürcherin als Frédéric Louis Sauser in La Chaux-de-Fonds im Neuenburger Jura zur Welt. Im selben Jahr, einen Monat nach Cendrars, wurde ebenfalls in La Chaux-de-Fonds Charles Jeanneret geboren. Auch er wählte später ein Pseudonym. Als Le Corbusier liess er die von ihm entworfenen Häuser gerne mit Autos im Vordergrund ablichten (vgl. Peter Gössel, Gabriele Leuthäuser: *Architektur des 20. Jahrhunderts*. Köln: Benedikt Taschen Verlag, 1990, S. 169). 1878, neun Jahre vor Cendrars und Le Corbusier, wurde, auch in La Chaux-de-Fonds, Louis Chevrolet geboren. Er wanderte 1900 in die USA aus, wo er zuerst als Rennfahrer, dann als Autokonstrukteur bekannt wurde.

219 Umlauf 1995, S. 127 und S. 161.

das von den Felswänden der engen Schlucht betäubend widerhallte, und liess eine Schleppe Rizinusöl hinter sich, dessen Geruch mich ebenso berauschte wie die Melodie meiner sechs Zylinder, die meinen korkenzieherartigen Aufstieg weithin verkündete, und ich beschleunigte das Tempo immer noch und umraste mit knapper Not, so finster war die Nacht und so elend die Fahrbahn, im letzten Augenblick die Hindernisse: lose Blöcke, Baumstümpfe, entwurzelte Stämme, Erdtrichter, verfitztes Strauchwerk und Unterholz, Geröllströme. In den brüsken Kurven wurde ich beinahe fortgeschleudert, vom Sitz gerissen, und die Pneus, die Stossstangen, die Sprungfedern stöhnten, die Bremsen kreischten, die Räder hüpften und schleiften, als gälte es, die Zeit einzubringen, die ich heute nachmittag am gegenüberliegenden Berghang verloren hatte. So erklomm ich jetzt diese Seite, und je schneller ich fuhr, desto weniger Lust hatte ich, oben anzukommen. Die Zeit zählte nämlich nicht mehr in dieser wilden, nächtlichen Einsamkeit – auf halber Höhe hatte sich der Wald verdichtet, und unter den mächtigen Bäumen und den irreal hohen Laubwänden, die meine Scheinwerfer aus dem Dunkel hervorholten, wich die zähe, totale, heisse Nacht nur widerstrebend den Bohrlöchern der Scheinwerfer; wie ein Fell, das man betastet, um seine seidige Weichheit zu fühlen; und ich drückte mein glühendes Gesicht hinein und schloss die Augen [...].[220]

Cendrars Ich-Erzähler beschreibt und er-fährt in *Sternbild Eiffelturm* ein ganz anderes Südamerika als es Francis von Ruthern, der trotz Abenteuerlust vor allem Landwirt war, erlebt haben muss. Francis ist die Faszination der lenkbaren Maschine Auto fremd. Ihm ist es kein «Entschlüpfungsinstrument», keine «gutgefederte Entrinnungsmöglichkeit», wie Niklaus Meienberg das Auto später in seiner Erzählung *Memoiren eines Chauffeurs* nennen wird.[221] Ein Versprechen als «Entschlüpfungsinstrument» und «Entrinnungsmöglichkeit» ist das Auto auch der melancholischen Ich-Figur in Schwarzenbachs *Lyrischer Novelle*. Weniger als Vehikel für ‹frenetischen› Ich-Verlust wie bei Cendrars, sondern eher als Medium einer nicht minder euphorischen Erlösungsphantasie:

Ich empfand etwas Merkwürdiges. Es war, als verliere die Erde plötzlich ihre Anziehungskraft und lasse mich frei. Ich hielt das Steuer des Wagens fest, aber meine Füsse waren weit weg und ohne Halt, und ich selbst war leicht und leer und konnte sicher durch den Raum fliegen, und mein Atem war auch ganz leicht und beinahe überflüssig.[222]

Francis steht dieser Fluchtweg per Auto nicht offen. Damit wirkt er wie ein Fremdkörper in einer vom Traum der uneingeschränkten individuellen Mobilität durch das frei lenkbare Automobil euphorisierten Gesellschaft.

220 Blaise Cendrars: *Sternbild Eiffelturm*. Zürich: Arche, 1982, S. 34.
221 Niklaus Meienberg: *Reportagen*. Band 1. Zürich: Limmat, 2000, S. 364–388, S. 386.
222 *Lyrische Novelle* S. 87.

Heimat und die Mittel der Bewegung

Mit dem Automobil tritt am Anfang des 20. Jahrhunderts der Personenverkehr in eine neue Phase. Die schnelle Bewegung über grosse Distanzen wird individualisiert. Martin Scharfe hat in einer ethnologischen Untersuchung aufgezeigt, wie in den frühen Jahren der Motorisierung die freie Zirkulation der Individuen als Moment der fortschreitenden Gesellschaft galt und für die Empfindung von Freiheit stand – und noch immer steht.[223] Die grundlegende Differenz des Autos zu den älteren Massenverkehrsmitteln liegt in seiner individuellen Verfügbarkeit, Beweglichkeit und Lenkbarkeit:

> Dieser Aspekt des Automobilfahrens ist in der Frühzeit so aus- und eindrücklich dokumentiert, dass er sich zum *Struktur*aspekt der Zirkulation fügt wohl als wichtigster *Erfahrungs*aspekt.[224]

In den 30er Jahren war man noch weit weg von der Massenmotorisierung durch das Auto. Das Auto war immer noch ein recht exklusives Gerät. Und gerade in dieser Exklusivität, quasi als Versprechen und verlockende Aussicht, konnte es auch für die Zukunft, für Modernität stehen. Demgegenüber standen Eisenbahn und Dampfschiff für das Alte; für Beweglichkeit zwar, letztlich aber für die eingeschränkte und reglementierte. Wer mit der Eisenbahn reist, kann sich nur passiv und zu vorgegebenen Zeiten von einem festgelegten Punkt über ein unverrückbares Schienennetz, mit Fremden zusammen in einem Abteil eingeschlossen, zu einem anderen festgelegten Punkt bewegen lassen.[225]

Die Figur Francis reist – anders als die Autorin Schwarzenbach – vor allem mit der Eisenbahn oder mit dem Dampfschiff. Damit zeigt er auch in seinem mobilen Lebensstil noch Spuren der alten, etwas unmodern gewordenen Welt. So wird klar signalisiert, dass diese Art des Lebens keine Aussichten auf eine Zukunft haben kann. Und im Verhältnis zum Auto zeigt sich, wie Francis mit der modernen Welt, die sich «wie ein kalbernder Eisberg»[226] gewendet hatte, wenn möglich nicht zu eng in Kontakt kommen will.

> Eine Autofirma im Rheinland schrieb Francis einen abschlägigen Brief; er hatte sich vor Monaten als Vertreter gemeldet. Jetzt war er froh, dass sie ihm absagten, und legte den Brief weg.[227]

In einer gestrichenen Stelle im Manuskript ist von «zwei Absagen von Autofirmen» die Rede, bei denen sich Francis nicht nur «als Vertreter gemeldet»,

---

223 Martin Scharfe: *«Ungebundene Circulation der Individuen». Aspekte des Automobilfahrens in der Frühzeit*. In: Zeitschrift für Volkskunde. 86/1990. S. 216–243.

224 Scharfe 1990, S. 232.

225 Vgl. Wolfgang Schivelbusch: *Geschichte der Eisenbahnreise. Zur Industrialisierung von Raum und Zeit im 19. Jahrhundert.* Frankfurt am Main: Fischer, 2000, S. 71.

226 *Flucht nach oben* S. 89.

227 Ebd. S. 88.

sondern «als Vertreter vorgestellt hatte».[228] Damit wäre Francis schon einen Schritt weiter gegangen. Er hätte nicht nur aus der Distanz mit dem abstrakten Gedanken spielen können, «Vertreter» für eine Autofirma zu werden – ein Reisender, äusserst mobil und ein Heimatloser also, der sich nicht mit dem Boden entstammenden, sondern industriell gefertigten Produkten identifiziert –, er hätte tatsächlich über seine Zukunft verhandeln und dazu ins Rheinland fahren müssen; ins Rheinland, das mit seiner weit entwickelten Industrie im harten Kontrast zum landwirtschaftlich geprägten Osten steht, aus dem Francis stammt. Mit der Streichung des Hinweises, Francis sei zu Anstellungsverhandlungen ins Rheinland gefahren, entfernt Schwarzenbach ihre Hauptfigur von der Möglichkeit, ein modernes Leben nicht nur als vagen Plan ins Auge zu fassen, sondern wirklich Schritte zu einer Veränderung einzuleiten.

Die Erfahrung von Bewegung und individueller Lenkbarkeit von Fortbewegungsmitteln macht Francis nicht mit dem Auto, sondern im Sport: Nicht beim Tennis und Golf, bei denen die Fortbewegung kleinräumig oder langsam und auf einen eng umrissenen Ort beschränkt ist, sondern beim Skifahren.

«Die Schnelligkeit ist das wichtigste.»

«Was haben Sie davon, wenn es Sie am ersten Hindernis überschlägt?» fragte Wirz.

«Nicht so», erklärte Francis, «ich meine vielmehr: das Gefühl, dass der Mensch ohne Hilfe einer Maschine oder meinetwegen ohne Reittier auf seinen eigenen Füssen solche Schnelligkeiten erreicht…»[229]

Für die ihm wichtige Erfahrung von Geschwindigkeit, Schnelligkeit (und Beweglichkeit, mit der er Hindernissen ausweicht) will Francis keine Maschine wie das Auto zu Hilfe nehmen. Dass er gerade im Skifahren, als Skilehrer eine mögliche Zukunft für sich sieht, ist kein Zufall. Denn für diese Erfahrung von Lenkbarkeit und Geschwindigkeit ist er auf die Berge angewiesen. Das liegt ihm, dem heimatlosen ehemaligen Grossgrundbesitzer, näher als das Auto, das keinen Ort hat.

Das Auto erobert in jenen Jahren scheinbar allbeweglich die hintersten Ecken der Welt. Schwarzenbach selbst zum Beispiel wird 1939 auf einer abenteuerlichen Reise zusammen mit Ella Maillart auf teils für Autos als unpassierbar geltenden Pfaden durch Afghanistan und dann allein weiter nach Indien fahren.[230] Der ungarische Forscher, Flugzeug- und Autopionier Ladislaus E. Almásy durchfährt und vermisst mit dem Auto von der Mitte der 20er Jahre bis Ende

228 Manuskript S. 134.
229 *Flucht nach oben* S. 33.
230 Annemarie Schwarzenbach: *Alle Wege sind offen. Die Reise nach Afghanistan 1939/40.* Hg. von Roger Perret. Basel: Lenos, 2000. Ella Maillart: *Flüchtige Idylle. Zwei Frauen unterwegs nach Afghanistan.* Zürich: Efef, 1988; Neuauflage desselben Textes: *Der bittere Weg. Mit Annemarie Schwarzenbach unterwegs nach Afghanistan.* Basel: Lenos, 2001.

der 30er Jahre die Gebirge und Sandmeere der libyschen Wüste.[231] Und auch die winterlichen Alpen sind, wie Schwarzenbach in *Das Buch von der Schweiz* schildert, mit dem Auto bereits erschlossen:

> Man erreicht Arosa sehr angenehm von Chur aus mit der Chur-Arosabahn. Ein einfallsreicher Autofahrer hat es diesen Winter auch fertig gebracht, in seinem Wagen mit der Hilfe der Bobbahn bis Arosa zu gelangen.[232]

Die Erfahrung der Ortlosigkeit, des Heimwehs hat Francis bereits in Südamerika gemacht. Dass das Auto, das Fahrten in noch entlegenere Gebiete verspricht, nicht sein Vehikel ist, liegt auf der Hand. Sein Vehikel sind die Skier, mit denen er die Berghänge herunter fährt. Mit dieser Art der Bewegung verändert sich denn auch Francis' Verhältnis zum Bahnhof in Alptal, der ihm am Anfang als Tor zur Welt so wichtig war.

> Francis vergass ihn allmählich.
> Dafür lernte er Ski laufen […].[233]

Das Skifahren ist für Francis aber noch aus einem anderen Grund eine adäquate Bewegungspraxis, eine Art von Bewegung, in der er sich quasi ‹zu Hause› fühlen kann.

> Wenn die Tage hell waren, brachte man sie draussen zu, kostete es aus, mit dampfendem Leib, liess Schnee auf den heissen, nackten Armen schmelzen, war blind von der Fülle und Stärke des Lichts, war müde, dumpf-selig […].[234]

Dieses ‹Dumpf-Selige› hatte Francis in Südamerika nicht empfinden können, weil er dort, wie oben bereits gezeigt, von Heimweh, von «unmännlichen Schwächezuständen» heimgesucht wurde. Im Skifahren findet er eine Betätigung, die er diesen Heimsuchungen entgegenstellen kann.

> Sturm – eine Art Herausforderung aufzusteigen, die Kräfte zu erproben, durchzuhalten, zwischen Frieren und Hitze, am ganzen Körper nass und mit erstarrten Gliedern die Abfahrt durch den Nebel zu wagen, es sich etwas kosten lassen, einen hohen Einsatz, und zu gewinnen.[235]

Skifahren bietet so «männliche Herausforderungen», die Francis zuerst in Europa vermisst hatte. Golf, Tennis und das Herumreisen von einem mondänen Ort zum nächsten konnten die «Abenteuerlust, die schlecht verhehlte Freude

---

231 Vgl. Ladislaus E. Almásy: *Schwimmer in der Wüste. Auf der Suche nach der Oase Zarzura.* Innsbruck: Haymon, 1997.

232 Hans Rudolf Schmid, Annemarie Schwarzenbach: *Das Buch von der Schweiz. Ost und Süd.* Piper: München, 1932, S. 169.

233 *Flucht nach oben* S. 17.

234 Ebd. S. 21.

235 Ebd. S. 22.

und Gier, mit der sein Herz jeder Gefahr offenstand»,[236] nicht befriedigen. Das Skifahren, bei dem etwas gewagt werden muss, bei dem im Sturm, in der Kälte, im Nebel ein «hoher Einsatz» gefordert wird, bietet diese Möglichkeit zum «männlichen» Leben, und zwar auf unverrückbaren Bergen in Europa, das von Francis – wie oben gesehen – seinen «Tribut» forderte. Beim Skifahren kann Francis also die «männlichen Herausforderungen» annehmen, ohne befürchten zu müssen, von «unmännlichen Schwächezuständen» wie Heimweh heimgesucht zu werden.

Eine Herausforderung für Francis' Männlichkeitsgefühl ist Andreas Wirz. Wirz ist als eigentliche Gegenfigur zu Francis von Ruthern konzipiert.

Wütender und ungestümer Mann

Der Figur des Skilehrers Andreas Wirz werden die Eigenschaften «stark», «eigensinnig», «egoistisch», «gewalttätig» zugeordnet. Nicht trotzdem, sondern gerade deshalb gilt Wirz, der auch gern Lügengeschichten erzählt, als «männlich».[237] Unter anderem mit «schön» und «männlich» übersetzt die *Legenda aurea*[238] den Namen Andreas, wobei «männlich» direkt mit der Leidensfähigkeit im Martyrium in Verbindung gesetzt wird.

Mit seiner Art macht Wirz auf Francis Eindruck.

> [...] in mancher Weise gefiel ihm Wirz. Er hatte ein Schicksal, kein ruhmvolles, auch kein leichtes, aber wenigstens sah man ihm an: Der war gebeugt unter einer Last, der haftete, wurde nicht unwillkürlich getrieben, sondern nach dunklem Gesetz; man brauchte nur ihm nachzugehen [...].[239]

Einen guten Teil dieses Gefallens an Wirz mag die romantisch verklärende Sehnsucht des etwas orientierungslosen Oberschichtlers nach den vermeintlich handfesten und konkreten Problemen von jemandem aus der Unterschicht ausmachen. Francis beneidet Wirz aber auch um das «dunkle Gesetz», das ihn umtreibt; um die von Grübeleien und «Heimsuchungen» ungeschmälerte Männlichkeit. Die Erfahrung dieser Männlichkeit ist für Francis wie für Wirz beim Skifahren ähnlich und nur in der Intensität verschieden. Während Francis seinem Körper «Unmässiges»[240] zumutet, während seine Anstiege «wütend» und seine Abfahrten immer «rascher», «blind» und «krampfhaft gesteigert»[241] werden, wird es Wirz allein schon bei der Erinnerung an «seine ersten, wilden,

---

236 Ebd. S. 26.
237 Ebd. S. 52.
238 Jacobus de Voragine: *Legenda aurea*. Heidelberg: Lambert Schneider, 1975, S.14f.
239 *Flucht nach oben* S. 21.
240 Ebd. S. 25.
241 Ebd. S. 23f.

verzweifelten und trunkenen Abfahrten als Schüler in Innsbruck» «Rot vor den Augen».[242]

Den rauschhaften, ungebändigten Gefühlen beim Sport steht bei Francis wie bei Wirz die strenge und «männliche» Regelung der feineren Gefühle gegenüber. Zu Francis und seinen Gefühlen heisst es:

> Nie hatte sich Francis leidenschaftlich verliebt, sich mit Herz und Nervenkraft beteiligt. Sonst ziellos, grossmütig, der Verschwendung zugeneigt, ging er mit seinen Gefühlen sparsam um, sonderte sie streng von dem ‹eigentlichen› Leben ab, dem fortschreitenden, männlichen, welches zu Berauschungen führte und über sie hinweg zu Zielen grossartiger Ausmasse.[243]

Bei Wirz könnte man zuerst den Eindruck gewinnen, er gehe in seiner sehr ruppigen Art grosszügiger mit seinen Gefühlen um.

> Mit Frauen konnte man umspringen, wie man wollte, je unverblümter, desto lieber war es ihnen. Man musste sie jede Erregung, jeden Wunsch spüren lassen, ihnen auf den Leib rücken […].

So kann sich Wirz aber nur dort benehmen, wo er selbst emotional nicht gefordert ist – bei den Frauen. Wirz ist homosexuell und sein Verhältnis zum jungen Matthisch/Matthisel zeigt, dass auch er seine Gefühle, dort, wo sie ihm wichtig sind, rigid kontrollieren will.

> […] aber unter Männern herrschte Zurückhaltung, man schämte sich, seine Gefühle zu zeigen, ein Bub wie der Matthisch, siebzehnjährig, offenherzig, konnte leicht verstört werden, wenn man ihm allzu freundlich begegnete.[244]

Der offensichtliche Unterschied zwischen Francis von Ruthern und Andreas Wirz ist vor allem ihre Herkunft. Andreas Wirz stammt aus einer Innsbrucker Handwerkerfamilie, und der Unterschied zur Herkunft des Grossgrundbesitzer-Sohnes zeigt sich als Folge der unterschiedlichen sozialen Identitäten, im unterscheidbaren Habitus von Francis und von Wirz. Mit Hilfe von Pierre Bourdieus Habitus-Konzept lassen sich Schichtunterschiede und entsprechende Verhaltensweisen sehr fein analysieren. Mit Bourdieus Ansatz sind somit die Unterschiede zwischen Francis und Wirz ihrem Körper und dem Sport gegenüber detailliert herauszuarbeiten.

Der Habitus

Für die Identitätsbildung einer Person spielt der Körper eine wichtige Rolle; zum einen über die individuell empfundenen und reflektierten Körperbildgren-

---

242 Ebd. S. 34.
243 Ebd. S. 43.
244 Ebd. S. 37.

zen, die situativ mehr oder minder fest beziehungsweise durchlässig sind.[245] Zum andern spielt der Körper eine wichtige identitätsbildende Rolle im sozialen Kontakt. Identität kann – wie im letzten Kapitel genauer zu zeigen sein wird – als ein Prozess zwischen den entgegengesetzten Polen Einzigartigkeit und Zugehörigkeit zu einer Gruppe, zu einem Geschlecht, zu einer Generation verstanden werden.[246] Identität bildet sich demnach sowohl über Selbstwahrnehmung als auch über Gruppenidentität, soziale Rollen und über Distinktion zu anderen Gruppen und Rollen. Gemäss Tilman Habermas hat der Körper die Funktion, soziale Identität zu symbolisieren.[247] Etwas anders sieht das Pierre Bourdieu: Der Körper ist in dem von ihm beschriebenen Prozess der sozialen Identitätsbildung ebenfalls von grosser Bedeutung, aber nicht nur als Symbol, sondern quasi als Speichermedium für soziale Identität. Bourdieu spricht von «verleiblichten gesellschaftlichen Verhältnissen».[248] Im Körper werden willkürliche gesellschaftliche Unterscheidungen zum quasinatürlichen Faktum:

> Die Eigenschaften und Bewegungen des Körpers gesellschaftlich kennzeichnen heisst zugleich die grundlegendsten gesellschaftlichen Entscheidungen natürlich und den Leib mit seinen Eigenschaften und Ortsveränderungen zum analogen Operator machen, der alle möglichen praktischen Äquivalenzen zwischen den verschiedenen Teilungen der Sozialwelt herstellt, also der Teilung nach Geschlechtern, Altersklassen oder gesellschaftlichen Klassen, oder genauer nach Bedeutungen und Werten, die mit den Individuen assoziiert werden, die in den durch diese Teilungen determinierten Räumen praktisch äquivalente Plätze einnehmen.[249]

Diese «Verleiblichung» spielt sich ausserhalb des Vermögens der reflexiven Distanz ab: «Was der Leib gelernt hat, das besitzt man nicht wie ein wiederbetrachtbares Wissen, sondern das ist man.»[250] Damit ist das Verhältnis zum Körper eine «grundlegende Dimension des Habitus».[251]

245 Tilmann Habermas: *Geliebte Objekte. Symbole und Instrumente der Identitätsbildung.* Frankfurt am Main: Suhrkamp, 1999, S. 65–68.
246 Ebd. S. 23.
247 Ebd. S. 242f.
248 Pierre Bourdieu: *Sozialer Sinn. Kritik der theoretischen Vernunft.* Frankfurt am Main: Suhrkamp, 1987b, S. 131. Die Bezeichnung «Leib» findet sich nur in der deutschen Übersetzung. Bourdieu selbst spricht durchwegs von «corps» (Pierre Bourdieu: *Le sens pratique.* Paris: Les éditions de Minuit, 1980). Eine Unterscheidung zwischen Körper und Leib rechtfertigt sich bei Bourdieu selbst dann nicht, wenn für die Übersetzung, wie Gugutzer festgestellt hat, die Unterscheidung in einem «leibphänomenologischen Verständnis geschieht», das Gugutzer selbst vertritt. Robert Gugutzer: *Leib, Körper und Identität. Eine phänomenologisch-soziologische Untersuchung zur personalen Identität.* Wiesbaden: Westdeutscher Verlag, 2002, S. 109, Anm. 73.
249 Bourdieu 1987b, S. 131.
250 Ebd. S. 135.
251 Ebd. S. 134. Schwier stellt zu Recht fest, dass bei Bourdieu das Verhältnis zwischen sozialen Strukturen, Körper und Habitus nicht einfach statisch und ein für allemal gegeben ist: «Das Verhältnis von handelndem Subjekt und gesellschaftlichen Bedingungen, von individuellem

Bourdieu spricht dem Habitus einen doppelten Charakter zu:

Der Habitus ist *Erzeugungsprinzip* objektiv klassifizierbarer Formen von Praxis und *Klassifikationssystem* (principium divisionis) dieser Formen. In der Beziehung dieser beiden den Habitus definierenden Leistungen: der Hervorbringung klassifizierbarer Praxisformen und Werke zum einen, der Unterscheidung und Bewertung der Formen und Produkte (Geschmack) zum anderen, konstituiert sich die *repräsentierte soziale Welt*, mit anderen Worten *der Raum der Lebensstile*.[252]

Der Habitus ist somit ein den Existenzbedingungen entsprechendes System von Erzeugungsmustern sozialen Handelns, die von den anderen Akteuren im sozialen Raum als Lebensstil erkannt, interpretiert, bewertet und beurteilt werden.

Jede spezifische soziale Lage ist gleichermassen definiert durch ihre inneren Eigenschaften oder Merkmale wie ihre relationalen, die sich aus ihrer spezifischen Stellung im System der Existenzbedingungen herleiten, das zugleich ein *System von Differenzen*, von unterschiedlichen Positionen darstellt. Eine jede soziale Lage ist mithin bestimmt durch die Gesamtheit dessen, was sie nicht ist, insbesondere jedoch durch das ihr Gegensätzliche: Soziale Identität gewinnt Kontur und bestätigt sich in der Differenz. In den Dispositionen des Habitus ist somit die gesamte Struktur des Systems der Existenzbedingungen angelegt, so wie diese sich in der Erfahrung einer besonderen sozialen Lage mit einer bestimmten Position innerhalb dieser Struktur niederschlägt.[253]

Sein und objektivem Sinn ist grundsätzlich relational und dialektisch, auch wenn sich die Entwicklung von Subjektivität innerhalb objektiver Strukturen vollzieht und es im sozialen Leben tendenziell (oder sogar zumeist) zu einer Anpassung der Handlungspraktiken und Erwartungen an die vorgegebenen Chancen kommt. Die Habitusformen reproduzieren nicht zwangsläufig die sozialen Strukturen, die ihre Hervorbringung gesteuert haben. Die spielerische und kreative Dimension des Habitus verweist vielmehr auch auf seine Potentiale zur Veränderung der symbolischen Systeme und der sozialen Welt» (Schwier 2000, S. 25). Der Körper ist dabei zugleich «Ort sozialer Disziplinierung» und «Hort widerspenstiger Subjektivität» (Schwier 2000, S. 27). Das heisst zum einen: Innerhalb bestimmter Grenzen können alternative sportähnliche Bewegungspraktiken entwickelt werden; und zum anderen: Einzelne Bewegungspraktiken sind für unterschiedliche soziale Verwendungen offen. Für die vorliegende Untersuchung ist jedoch weniger von Bedeutung, dass laufend neue Bewegungspraktiken entwickelt werden können (Trendsportarten) oder dass Bewegungspraktiken zwischen den sozialen Schichten wechseln können (meist von oben nach unten, wie etwa beim Tennis oder Golf). Entscheidend für uns ist, dass die Aneignung von Bewegungspraktiken immer durch das vom Habitus einer sozialen Gruppe bestimmte Verhältnis zum Körper mitgeprägt ist.

252 Pierre Bourdieu: *Die feinen Unterschiede. Kritik der gesellschaftlichen Urteilskraft*. Frankfurt am Main: Suhrkamp, 1987a, S. 277.
253 Ebd. S. 279.

Diese Unterscheidungen und Positionierungen sind nur «höchst bruchstück-haft dem Bewusstsein zugänglich»[254] und werden tendenziell als natürlich auf-gefasst.[255]

Wirz und die Oberschicht

Die Herkunft von Wirz lässt sich nicht verleugnen. Sie ist in seinem Körper, seinen Bewegungen gespeichert. Er wird als «breitschultrig» und Mann mit «schönem Kraushaar» beschrieben, doch ebenso als «engstirnig» und als je-mand, der sich «mit gebeugtem Bauernschritt» bewegt. In der noblen Gesell-schaft seiner potenziellen Schülerinnen und Schüler versucht Skilehrer Wirz, der aus kleinen Verhältnissen kommt, eine möglichst gute Figur zu machen.

Im Schwarzsee-Hof hielt er sich gut, ging mit steifen Schultern und etwas verzerr-tem Lächeln umher, war von krampfhaft heiterer Höflichkeit [...].[256]

Die «steifen Schultern», das «verzerrte Lächeln», die «krampfhaft heitere Höf-lichkeit» sind klare Hinweise darauf, dass Wirz versucht, den Bewegungs- und Benimmcode der Oberschicht zu kopieren. Seinem Benehmen und seinen Be-wegungen fehlt jedoch die Selbstverständlichkeit. Wer sich «gut hält», bewegt und benimmt sich nicht so, wie er es gewohnt ist. Das macht ihn als jemanden erkennbar, der nicht eigentlich zu dieser Schicht gehört. Noch deutlicher zeigt sich das dort, wo Wirz die für eine Abendgesellschaft der Oberschicht korrekte Kleidung trägt.

Er war im Smoking, wirkte darin sonderbar verkleidet, die vorgebeugten Schultern schienen die Rückennähte der Jacke sprengen zu wollen.[257]

Wirz' Körper droht förmlich aus der Einengung des aufgesetzten Verhaltens auszubrechen. Wie man sich bei einer solchen Abendgesellschaft richtig ver-hält, zeigt Francis, der zusammen mit Wirz und anderen Bridge spielt: «Francis machte einen unbeteiligten Eindruck, aber auch er spielte gut [...].»[258] «Unbeteiligt» und fast beiläufig, aber doch konzentriert zu spielen, das ist die hohe Kunst bei einer solchen Gesellschaft. Bridge gehört, wie Roger Caillois feststellt, zu jenen Spielen, bei denen Glück («alea») und Geschick im Wett-kampf («agôn») miteinander verbunden sind:

---

254 Ebd. S. 283.
255 Ebd. S. 279.
256 *Flucht nach oben* S. 20.
257 Ebd. S. 29.
258 Ebd.

Der Zufall leitet die entsprechenden Handgriffe der Spieler, und diese bemühen sich alsdann, das Los, das ein blindes Schicksal ihnen zuteilt, nach Kräften auszubeuten.[259]

[B]eim Kartenspiel [verbürgt] der Sieg eine Überlegenheit, bei der sich die Gabe und die Gelehrsamkeit des Spielers mischen.[260]

Wenn also Francis zwar gut spielt, dabei aber einen «unbeteiligten Eindruck» macht, so zeigt er sich im Wettkampf mit der gut spielenden Gräfin Vidal und ihrem Sohn ebenbürtig und geschickter als Wirz, der das Spiel ‹nicht recht versteht›.[261] Francis unterstreicht aber auch das alea, das Glück der Erbschaft, der besseren Herkunft, dank der er – zumindest gibt das sein Habitus vor – nicht darauf angewiesen ist, seinen Lebensstandard durch Leistung und Geschick zu verbessern.[262] Ob gewollt oder nicht, kommentiert Francis mit dieser Betonung des alea die Situation von Wirz, der nur durch Leistung und Geschick weiterkommen kann:

Alea erscheint wie eine unverschämte und überlegene Verhöhnung jeder persönlichen Leistung.[263]

Dass wohl auch Francis einen Smoking trägt, ist so selbstverständlich, es muss – anders als bei Wirz – gar nicht erst erwähnt werden. Und während Wirz bei jedem Whisky nachrechnet, was er sich für dieses Geld leisten könnte, bestellt Francis, ohne einen Gedanken an den Preis zu verschwenden.[264] Das Geld geht ihm zwar langsam aber sicher aus, doch für ihn haben gewisse Dinge keinen Preis, sie gehören einfach zum ‹richtigen› d.h. luxuriösen Leben. Wo Geld selbstverständlich ist, wird nicht über Geld gesprochen – auch wenn eigentlich gar keines mehr da ist und dringend neue Einkünftsmöglichkeiten gefunden werden müssten. Als Francis auf der ziellosen Reise kreuz und quer durch Europa die Ersparnisse aus seinem Südamerika-Abenteuer zu einem grossen Teil verbraucht hat, ist es ihm unmöglich, sich mit seinesgleichen über mögliche neue Geldquellen zu unterhalten.

Kein Geld, kein Geld. Jetzt also galt es, etwas zu unternehmen, bevor das Geld aus Südamerika zu Ende war. Es galt, vor Ablauf des Termins – aber wem galt er etwas? Und er hatte auch seinen Stolz, macht sich weiss Gott nicht lächerlich vor den Leuten, reiste einfach ab.[265]

259 Caillois 1960, S. 25.
260 Ebd. S. 128.
261 Flucht nach oben S. 29
262 Caillois 1960, S. 129.
263 Ebd. S. 25.
264 Flucht nach oben S. 31.
265 Ebd. S. 15.

Wirz seinerseits ist bemüht, sich dem Leben der Oberschicht anzugleichen und sich von seiner Herkunft abzugrenzen. Er ist in der besseren Gesellschaft nicht nur «von krampfhaft heiterer Höflichkeit», er ist auch «misstrauisch gegen alle, die man als seine ‹Standesgenossen› hätte bezeichnen können».

> Er schämte sich seiner Herkunft, hasste die «Vornehmen» und dachte Tag und Nacht daran, zu werden wie sie.[266]

Eine gestrichene Passage an dieser Stelle im Manuskript deutet an, wie «die Vornehmen» Wirz den Klassenunterschied immer wieder spüren liessen, und wie gerade dadurch sein Ehrgeiz zum Aufstieg gewachsen war:

> Er schämte sich seiner Herkunft, sein Ehrgeiz war nach den […] durch Jahre hindurch gehäuften Kränkungen […] noch gewachsen.[267]

Inhaltlich ist diese gestrichene Version wohl ausführlicher und genauer. Im Vergleich zeigt sich aber, dass Schwarzenbach sich mit gutem Grund für die andere Version entschieden hat. In der viel knapperen Formulierung stehen das Schämen, der Hass auf die «Vornehmen» und «Tag und Nacht» daran zu denken, wie sie zu werden, in einer Aufzählung gleichwertig nebeneinander. So zeigt sich die ganze Zerrissenheit, die Widersprüchlichkeit der Figur des Wirz.

Gegenstand von Wirz' ganz besonderem Hass ist Francis, der durch seine Herkunft mit den ‹feinen Unterschieden›, durch die sich die Mitglieder der Oberschicht erkennbar machen und gegenseitig erkennen, bestens vertraut ist.

> Wirz hasste Francis, verriet sich lange nicht, erzählte es nur dem Matthisch: Der da ist mein Feind, der feine Mensch.[268]

Auch hier strich Schwarzenbach im Manuskript eine Variante:

> Der da ist mein Feind, der feine Mensch – u. seine Augen wurden grün.[269]

Grün werden hier die Augen wohl nicht nur aus Hass, sondern, analog der Redewendung, jemandem werde «gelb und grün vor Augen», aus Neid.[270] Aussagekräftig wäre diese Stelle so zweifellos gewesen. Dass bei einer Figur in einem Text Schwarzenbachs innere Vorgänge in körperlichen Veränderungen so gut wahrnehmbar sind, wäre aber eine bemerkenswerte Ausnahme. Meist sind Schwarzenbachs Figuren im Gegenteil darauf aus, Emotionen, die als unge-

---

266 Ebd. S. 20.
267 Manuskript S. 22.
268 *Flucht nach oben* S. 22.
269 Manuskript S. 26.
270 Vgl. *Das grosse Lexikon der sprichwörtlichen Redensarten*. Hg. von Lutz Röhrich. Band 1, Freiburg i.Br.: Herder, 1991, S. 589; Band 2 (1992), S. 1087.

hörig gelten könnten – etwa die Liebe zu Gleichgeschlechtlichen –, möglichst nicht sichtbar werden zu lassen.

Ein guter Teil seines Hasses auf den «feinen Menschen» rührt daher, dass auch Wirz merkt, wie er trotz allergrösster Mühe nicht als gleichwertig anerkannt wird – gerade deswegen, weil er sich Mühe geben muss, ähnlich zu sein wie jene, zu denen er gerne gehören würde.

> Er musste sich immerfort anstrengen, sich ihnen anpassen, auf ihre Worte und Meinungen lauern – hier im Schwarzsee-Hof war er der Unterlegene, und sie gaben sich nicht einmal Mühe, es zu verbergen.[271]

> [D]er Ärger übermannte ihn wieder. Musste er sich das bieten lassen? Smoking und Bridge und die stille Überlegenheit des Herrn von Ruthern, und Schweiss und Anstrengung und demütige Liebedienerei? Er fühlte sich allein und verraten. Immer hatte man ihn allein gelassen, immer mit Fremden, immer hatte man ihn als Aussenstehenden behandelt; wo waren die Leute, zu denen er wirklich gehörte? Ein Bruder, ein Kamerad, kurz einer, mit dem man Berge bestieg, Gemsen jagte und abends seinen Wein trank, ohne sich zu genieren, die Beine von sich zu strecken?[272]

Wirz hasst Francis aber noch aus einem anderen Grund. Beide sind ökonomisch in Not. Doch Francis stehen als Mitglied der besseren Gesellschaft jene Möglichkeiten offen, die sich Wirz verbaut hatte. Während Wirz wegen Betrügereien vom offiziellen Skischulbetrieb ausgeschlossen ist, wird Francis vom Skischulleiter Friedrich schnell akzeptiert und geradezu gedrängt, die Prüfung als Skilehrer abzulegen und bei ihm in die Skischule einzutreten. An diesem Punkt kann uns wiederum Pierre Bourdieu weiterhelfen. Bourdieu hat ein Konzept von Kapital entwickelt, das eng mit dem des Habitus verschränkt ist.

271 *Flucht nach oben* S. 34.
272 Ebd. S. 35.

Habitus und Kapital

> Kapital ist akkumulierte Arbeit, entweder in Form von Material oder in verinnerlichter, «inkorporierter» Form.[273]

Mit Kapital als verdinglichter oder lebendiger Arbeit können sich einzelne Aktoren oder Gruppen soziale Energie aneignen. Für diese Untersuchung interessant ist nun vor allem die «inkorporierte» Form von Kapital und sozialer Energie. Bourdieu unterschiedet drei Formen von Kapital: Das ökonomische Kapital, das kulturelle Kapital und das soziale Kapital.[274] Das ökonomische Kapital entspricht der gängigen Vorstellung von Kapital, d.h. es umfasst Geldbesitz und Eigentum. Das soziale Kapital umschreibt «Ressourcen, die auf der *Zugehörigkeit zu einer Gruppe* beruhen».[275] Es bezeichnet also aktuelle und potenzielle Ressourcen, die mit einem Netz von Beziehungen des gegenseitigen Kennens und Anerkennens verbunden sind. Das kulturelle Kapital schliesslich tritt in drei verschiedenen Formen auf: in objektiviertem Zustand, also in Form von Büchern, Bildern, Instrumenten etc., in institutionalisiertem Zustand, also in Form von Ausbildungstiteln, und – für uns besonders interessant – «in verinnerlichtem, *inkorporiertem Zustand*, in Form von dauerhaften Dispositionen des Organismus».[276]

Die Aneignung von kulturellem Kapital als Bildungskapital ist nur persönlich möglich. Es ist als Art, sich zu bewegen und zu benehmen, als Fähigkeit zu schreiben etc. körpergebunden und kann weder verschenkt, vererbt noch getauscht oder gekauft werden.

> Inkorporiertes Kapital ist ein Besitztum, das zu einem festen Bestandteil der «Person», zum Habitus geworden ist.[277]

Was aber natürlich nicht bedeutet, dass alle Aktoren unter den gleichen Bedingungen bei null anfangen, um über die investierte Zeit Bildung bzw. kulturelles Kapital zu erwerben. Die Möglichkeiten zum Erwerb von kulturellem Kapital sind auch abhängig vom kulturellen und ökonomischen Kapital, das in der Schicht und der Familie des Aktors zur Verfügung steht. Zudem ist das

---

273 Pierre Bourdieu: *Ökonomisches Kapital, kulturelles Kapital, soziales Kapital*. In: Reinhard Kreckel (Hg.): *Soziale Welt, Sonderband 2. Soziale Ungleichheiten*. Göttingen: Otto Schwarz, 1983, S. 183–198, S. 183.

274 Brandl-Bredenbeck stellt fest, Bourdieu habe immer wieder auch den Begriff des symbolischen Kapitals verwendet. Die Funktion dieses Kapitals bleibe aber uneindeutig. Hans Peter Brandl-Bredenbeck: *Sport und jugendliches Körperkapital. Eine kulturvergleichende Untersuchung am Beispiel Deutschlands und der USA*. Aachen: Meyer & Meyer, 1999, S. 44.

275 Bourdieu 1983, S. 190.

276 Ebd. S. 185.

277 Ebd. S. 187.

erworbene kulturelle Kapital immer gefärbt von der Sozialisation, d.h. in ihm zeigen sich Schicht und Herkunft eines Aktors.

> Verkörpertes Kulturkapital bleibt immer von den Umständen seiner ersten Aneignung geprägt. Sie hinterlassen mehr oder weniger sichtbare Spuren, z.B. die typische Sprechweise einer Klasse oder Region.[278]

Hans Peter Brandl-Bredenbeck fasst diese Inkorporierung von Kapital, das zum Habitus wird, so zusammen:

> Der Geschmack manifestiert sich nicht nur am eigenen Körper, sondern auch bei der Betrachtung und Dechiffrierung eines anderen Körpers. Der Körper ist Träger und Sender von Zeichen, die mit symbolischen Werten korrelieren.[279]

Mit der gesellschaftlichen Aufwertung des Körpers nicht zuletzt durch den Sport hat die Bedeutung des Körpers für die Akkumulation von Kapital so entscheidend zugenommen, dass Brandl-Bredenbeck neben dem ökonomischen, dem kulturellen und dem sozialen eine vierte Form des Kapitals einführt: das Körperkapital. Mit anderen Worten: In den Körper und in die Bildung des Körpers werden Zeit und Geld investiert, die sich in vergänglichem Körperkapital akkumulieren. Dieses Körperkapital lässt sich unter bestimmten Voraussetzungen in ökonomisches Kapital (Vorteile bei Stellenbewerbungen, Sieg bei der Tour de France), in soziales Kapital (Beziehungsnetz) oder in institutionalisiertes kulturelles Kapital (diplomierter Skilehrer) umsetzen.

Bourdieu selbst spricht, und auch das nur am Rand, von physischem oder körperlichem Kapital, das vor allem Jugendlichen aus den unteren Schichten Mittel zum sozialen Aufstieg sein kann,[280] sei es über eine Karriere im Sport oder eine Karriere als Model. Brandl-Bredenbeck bemerkt, dass dem Körper vor allem dort grosse Bedeutung als Speichermedium von Kapital zukommt, wo «feldspezifische Knappheit anderer Kapitalressourcen» besteht [281] – also in unteren Schichten und bei Jugendlichen, bei denen sich der Körper zudem als Kapitalspeicher anbietet, weil er noch relativ makellos, intakt und leistungsfähig sei.

Nutzung des männlichen Körperkapitals

Für Wirz wie für Francis ist genau dies festzustellen: Beide sind relativ jung und haben ökonomisch kaum mehr Perspektiven. Was ihnen bleibt, ist das durch Training und Übung in ihren Körpern gespeicherte Kapital zu nutzen. Das fällt Francis leichter, weil er neben körperlichem auch soziales Kapital abrufen

---

278 Ebd.
279 Brandl-Bredenbeck 1999, S. 44.
280 Pierre Bourdieu: *Historische und soziale Voraussetzungen modernen Sports*. In: Volker Caysa (Hg.): *Sportphilosophie*. Leipzig: Reclam, 1997, S. 101–127, S. 119.
281 Brandl-Bredenbeck 1999, S. 49.

kann. Nicht zuletzt wegen seiner Verbindungen in der Oberschicht sowie wegen seiner Fähigkeit, sich unter zahlungskräftigen Feriengästen ungezwungen zu bewegen (also seines Habitus), muss er für die Skischule in Alptal ein äusserst attraktiver Kandidat für einen Posten als Skilehrer sein.

Wirz dagegen hat durch seinen Habitus kein soziales Kapital zu bieten, dank dem er sein Körperkapital besser umsetzen könnte. Im Gegenteil. Wirz hatte sich konsequent fast alle Möglichkeiten zu einem Aufstieg verbaut. Er kokettiert gegenüber Matthisel damit, er sei als Bub ein armer Ziegenhirte gewesen.

> In Wahrheit hatte er in Innsbruck das Kollegium besucht, […] und nur seine fürchterliche Ungezogenheit hatte ihm eine angenehme Laufbahn und den Weg zum sogenannt Höheren versperrt. Sein Vater warf ihn aus dem Haus, als er sechzehn war […].[282]

Soziales Kapital in Form von Beziehungen oder familiären Verbindungen hat Wirz also sowenig wie kulturelles, das er sich durch Bildung am Kollegium in Innsbruck hätte aneignen können. So bleibt dem «Ungezogenen» (was hier wohl soviel heisst wie: Homosexuellen), der schon als Jugendlicher ein passionierter, wenn nicht gar fanatischer Skifahrer war, nur sein Körperkapital, das er nutzen kann. Er lässt sich einen Winter lang von einem «älteren Herrn, dem er gefiel», in eleganten Kurorten aushalten und «gratis zum vorzüglichen Sportsmann» ausbilden. Wirz verliess den Herrn, den er hasste, bald wieder, um seine Fertigkeiten als «vorzüglicher Sportsmann» anders zu nutzen. An der italienischen Grenze betätigte er sich als Schmuggler und Schieber, ohne sich je schnappen zu lassen. Mit dem Ruf, der ihm nach dieser Laufbahn anhaftet, hat er keine Chance auf eine reguläre Stelle als Skilehrer. Und so versucht er, «sich durch reiche Privatschüler den verschütteten Aufstieg noch zu erzwingen».[283]

Er legt seinen ganzen Ehrgeiz ins Training seiner Privatschülerin Adrienne von Vidal, einer Jugendfreundin von Francis. Er will die Gräfin, die fast noch eine Anfängerin ist, zum Sieg beim Abfahrtsrennen in Alptal führen, um dann mit ihr im nächsten Jahr zu den Rennen in die Schweiz zu fahren und sich dort in den Nobelskiorten als Trainer und Skilehrer feiern zu lassen.

Skifahren lernen möchte auch der junge Matthisel. Er arbeitet fast Tag und Nacht im Schwarzsee-Hof als Hausbursche, verliert aber nach einem Zwischenfall seine Stelle. Im Schwarzsee-Hof bricht mitten in der Nacht ein Wasserrohr.[284] Matthisel ist jedoch nicht zur Stelle, weil er mit Wirz zusammen getrunken, dann wie ein unschuldiger Bub in dessen Bett geschlafen hat.

Matthisel lässt sich zwar vom Skischulleiter Friedrich überreden, bei einem Skikurs mitzuhelfen. Doch auch Wirz hatte versprochen, ihm das Skifahren

---

282 *Flucht nach oben* S. 20.
283 Ebd. S. 21.
284 Ebd. S. 73–78.

beizubringen. Und von Wirz kommt er trotz des ehrlich und gut gemeinten Angebots von Friedrich nicht los.

> Wirz aber war die grosse Drohung, der rauhe Griff des Daseins, das ihn mit Abenteuer und süsser Sünde lockte und mit dumpfer Beklemmung an sich zog.[285]

Spätestens hier ist es nun entscheidend, dass der junge Bursche nicht den erwachsen klingenden Namen «Matthisch» trägt, sondern die Koseform «Matthisel». Dieser Unterschied ist zentral für das Verhältnis des Jungen zu Wirz. Die «süsse Sünde», mit der «der rauhe Griff des Daseins» via Wirz nach dem Buben langt, müsste sehr viel konkreter und als sexuelle Verlockung gelesen werden, würde er mit dem erwachsen, männlich klingenden Namen Matthisch, und nicht mit der sexuell indifferenteren Koseform «Matthisel» gerufen. Weshalb es auch in Wirz' Bett zu keiner sexuellen Annäherung der beiden kommt, erscheint mit dem Namen «Matthisel» weniger erklärungsbedürftig als mit «Matthisch».

Durch Wirz, von dem Matthisel glaubt, er sei sein Freund, den er nicht im Stich lassen dürfe, verspielt Matthisel seine Chance, als Mittelloser sein Körperkapital auf ehrenhafte und legale Weise in Friedrichs Skischule umzusetzen. Stattdessen lässt er sich von Wirz dazu überreden, auf den Skiern Schmuggelgut über die Grenze nach Italien zu bringen. Mit vierzig Kilogramm Last auf dem Rücken und mit schlechten Skiern ohne Stahlkanten macht sich Matthisel über vereiste Spuren auf den Weg. Im Nebel verirrt er sich, wird von einer Landjäger-Patrouille gestellt und erschossen.

Hier zeigt sich der Unterschied zwischen dem sozialen Kapital von Matthisel und jenem von Francis besonders deutlich. Auch Francis war einmal vorgeschlagen worden, als Schmuggler sein Geld zu verdienen. Der Vorschlag war aber nicht von Kleinschiebern und lokalen Schmugglern gekommen, sondern von «Fürst Tschirbanoff», der alle zwei Jahre einen «Greco» aus Spanien schmuggeln wollte und versprach, davon liesse sich «fürstlich leben».[286] Dass Francis den Vorschlag des Russen abgelehnt hatte, hat nicht nur damit zu tun, dass er den Bilderschmuggel als nicht gerade ehrenhaft ansah, sondern steht in direktem Zusammenhang mit der geplanten Durchführung des Schmuggels: Nicht etwa im Rucksack, auf Skiern oder zu Fuss, sondern im doppelten Boden eines *Autos*.[287]

Ganz anders als Francis versucht in Vicki Baums 1929 erschienenem, sehr erfolgreichem und 1932 in Hollywood verfilmtem Roman *Menschen im Hotel* der sportliche, elegante und mittellose Baron Freiherr von Gaigern, Verbrecherkarriere und sportliche Betätigung zu verbinden. Der gut trainierte von

---

285 Ebd. S. 84.
286 Ebd. S. 27.
287 Vgl. weiter oben, Abschnitt «Heimat und die Mittel der Bewegung».

Gaigern klettert in halsbrecherischen Touren an der Hotelfassade in andere Zimmer, um dort Perlenketten oder Brieftaschen zu stehlen.

«Jeder muss nach seiner Natur handeln», hatte Gaigern seinen Leuten zu erklären versucht, diesem kleinen Trupp gescheiterter Menschen, die er seit zweieinhalb Jahren am Rand der Meuterei hinbalancierte. «Ich fange nicht Wild in Fallen; ich fahre nicht auf Berge mit der Drahtseilbahn. Was ich mir nicht mit meinen Fäusten holen kann, das habe ich nicht, das spüre ich nicht.»

Es ist begreiflich, dass solche Reden eine Welt des Unverständnisses zwischen ihm und seinen Leuten auftaten. Das Wort Mut war ihnen nicht geläufig, obgleich sie alle eine genügende Portion davon besassen. Emmy […] hatte es einmal zu erklären versucht. «Er macht sich einen Sport daraus», sagte sie, sie war mit Gaigern sehr vertraut, und wahrscheinlich hatte sie recht. Jetzt jedenfalls, zehn Minuten vor halb elf Uhr, an der Fassade des Grand Hôtel hinkletternd, glich er durchaus einem Sportsmann, einem Touristen in einem schweren Kamin, einem Expeditionsleiter auf Vorstoss in gefährliche Gegend.[288]

Der Versuch, eine Verbrecherkarriere mit den Tugenden eines abenteuerlustigen Gentlemansportlers zu verbinden – und darin könnte von Gaigern durchaus das negative Vorbild für Francis von Ruthern sein –, scheitert aber gerade am Habitus des verarmten Barons. Weil er zu wenig ruchlos, zu wenig brutal vorgeht, hat er als Dieb keinen Erfolg und wird schliesslich vom biederen Textilfabrikanten Preysing im Dunkeln erschlagen.

Nutzung des weiblichen Körperkapitals

Die Figur der Esther von M. hat auf den ersten Blick wenig mit der Figurengruppe Wirz/Matthisel zu tun. Esther von M. ist reich, schön, umschwärmt und bewegt sich elegant unter den noblen, internationalen Gästen. Dass ihre Stellung bei den «feinen Menschen» aber nicht so fraglos akzeptiert wird, wie etwa jene der von altem Adel stammenden Adrienne von Vidal und Francis von Ruthern, wird schon sehr früh im Text angedeutet. Hier zeigt sich, wie fein und von aussen kaum wahrnehmbar die Unterschiede zwischen Gesellschaftsgruppen sein können, und wie fein, aber scharf die Grenzlinien entlang dieser Unterschiede gezogen werden. Aus der Perspektive Adrienne von Vidals wird Esther von M. abwertend als «jene kleine Dame Esther von M.» bezeichnet. Und ihrem Skilehrer Wirz «zuliebe» macht die Gräfin «kleine, kalte, höhnische Bemerkungen» über Esther von M. – eine besonders subtile Form von Distinktion, bedenkt man, dass Wirz ganz und gar nicht als gleichwertig behandelt wird, sondern nur knapp über dem Status eines Dienstboten angesiedelt ist. Noch schwerer wiegt jedoch, dass – wie in einer Klammerbemerkung einge-

---

288 Vicki Baum: *Menschen im Hotel*. Köln: Kiepenheuer & Witsch, 2005, S. 98.

fügt wird – von Vidal Esther von M. nie bei ihrem ganzen Namen nennt. Der Name, der in einer von Erbnachfolge und Stammbäumen geprägten Gesellschaftsschicht für die Stellung entscheidend sein kann, wird von Gräfin Vidal nicht nur geringschätzig behandelt, sondern ganz einfach ignoriert. Und das aus zwei Gründen: Zum einen ist Esther von M.s Name «von ihrem reichen Mann erworben», zum anderen sei es ein «jüdisch-neuadliger Name»,[289] der im ganzen Roman nie vollständig genannt wird. Genannt wird nur Esthers (biblisch-jüdischer) Vorname und die Abkürzung «von M.».

«Von ihrem reichen Mann erworben» kann hier – sicher nicht ganz unbeabsichtigt – auf verschiedene Weise verstanden werden. Bestimmt unterstellt man Esther von M.s reichem Mann in der guten Gesellschaft, den «neuadligen Namen» einst für eine gute Summe Geld erstanden zu haben. Möglicherweise meint Adrienne Vidal, von Ms. Namen als Fluchtnamen, als Namen erkennen zu können, mit dem ein Jude seinen stigmatisierenden Namen ersetzt hat.[290] Vidals konsequentes Abkürzen dieses Namens wäre dann in zweifacher Hinsicht infam. Zum einen, wie erwähnt, verweigert sie damit von M. die Anerkennung einer durch den Namen legitimierten Herkunft. Zum andern kopiert sie mit der Abkürzung des Familiennamens eine von Antisemiten beklagte Praxis,[291] mit der Juden im Geschäftsleben ihre stigmatisierenden Vornamen neutralisierten (zum Beispiel S. Fischer, S. Adam). Damit weist Vidal von M. keine für sie respektable, sondern eine stigmatisierende Herkunft zu.

Die Formulierung, Esthers Name sei «von ihrem reichen Mann erworben» ist aber auch so zu verstehen, dass Esther den Namen, den sie jetzt trägt, von ihrem reichen Mann erworben hat. Nicht mit Geld, das die aus einfachen Verhältnissen stammende Esther damals noch nicht hatte, sondern: mit ihrem Körperkapital, zu dem – das ist bei der Möglichkeit, von M.s Name sei ein markierter Fluchtname, von Bedeutung – auch ihre blonden Haare gehören.[292] Herr von

---

289 *Flucht nach oben* S. 35.

290 Vgl. Dietz Bering: *Der Name als Stigma. Antisemitismus im deutschen Alltag 1812–1932.* Stuttgart: Klett-Cotta, 1987. Im Zug der Emazipationsbewegungen nach der Aufklärung und der Französischen Revolution wurden die Juden in vielen Ländern mit Bürgerrechten und neuen Namen versehen. Bis dahin hatten Juden in Europa keine Familiennamen (Bering S. 43–45). Vgl. dazu auch Peter Stein: *Jüdische Genealogie.* In: *Familienforschung Schweiz, Jahrbuch 2001,* S. 125–147. Trotz oder gerade wegen dieser Assimilation durch die neuen Namen macht Bering eine Tradition aus: «[...] die versteckte Markierung der Juden zum Zwecke der Identifizierungssicherung [...].» (Bering S. 31). Auch wenn neu gewählte Familiennamen nicht wie etwa ‹Moses› eindeutig zuzuordnen waren, konnten sie als ‹jüdisch› gelesen werden und entsprechend markieren. «‹Jüdische Namen› verweist auf ein Syndrom von Vorurteilen, das zusammenfasste, was onomastisch als jüdisch *galt* – ohne Rücksicht darauf, wer den Namen trug oder woher er sprachlich kam.» (Bering S. 33).

291 Bering 1987, S. 137

292 *Flucht nach oben* S. 35.

M. hätte sich demnach nicht nur einen «neuadligen» Namen, sondern auch eine blonde, nicht den Stereotypen des Jüdischen entsprechende Frau «erworben». Konsequenter als Wirz, der nur einen Winter lang bei dem älteren Herren und «Wohltäter» blieb, nutzte Esther von M. das Kapital ihres Körpers. Wirz hatte sein sexuelles Körperkapital nicht voll investiert und den älteren Herren sehr schnell verlassen. Jetzt im Schwarzsee-Hof, als er seine letzte Chance zum Aufstieg sieht, hadert er – zumindest in einer gestrichenen Stelle des Manuskripts – mit Blick auf sein Geschlecht mit seinem Schicksal.

> Smoking und Bridge und die stille Überlegenheit des Herrn von Ruthern, und Schweiss und Anstrengung und demütige Liebedienerei? War das ehrlich, männlich […].[293]

Solche ‹männliche› Zweifel kamen Esther nicht. «Schritt für Schritt» hatte sie mit ihrem Kapital «erobert», was für den Aufstieg wichtig war und ihn zugleich symbolisierte: «Kleider, Autofahrten, Mittelmeer, Freunde, den ersten Drahthaarfox […], aber jetzt waren Scotch beliebter […]».[294] Wie dieses Erobern «Schritt für Schritt» zwar, aber keineswegs geradlinig verlief, wird in folgender Passage ersichtlich:

> Sechzehnjährig war sie zum erstenmal von ihrer kleinen Stadt nach Hamburg gefahren, von Hamburg nach Berlin. Dann nahm sie jemand nach Paris mit, sie musste Französisch lernen, bald darauf Englisch, sie fuhr nach England, wieder nach Paris, ihre grosse Zeit. Neunzehn Jahre alt war sie, als sie nach Berlin zurückkam. Und dazwischen die Seebäder und Gebirgsorte, die vielen vergessenen Namen! Wie oft allein im Schlafwagen, der feuchte, rauchige Geruch der schweren Leintücher, die blaue Leselampe. Nachts pflegten die Grenzbeamten an ihre Tür zu klopfen, sie schreckte hoch, sie entschuldigten sich, löschten das Licht. Esther schlief wieder ein, hörte draussen die Schritte der Männer, die morgens im Gang auf sie warteten. Frühe Landschaften durch beschlagene Fenster, fremd, flach, von durchsichtigem Nebel bedeckt. Gespräche im Speisewagen (Geruch von gebackenen Eiern), in Hotelhallen (die kreisende Drehtür vor den Augen), angelehnt an offene Schlafzimmertüren. Werben, antworten, leise, mit kalten Lippen. Erregung und streicheln heisser Hände, und endlich einschlafen in der Kühle des frischen Betts. Welcher Schrecken, am Morgen den ersten Blick zum Fenster hinaus zu tun: Fremde Mauern wachsen in die Höhe, fremde Gärten breiten sich aus, das Meer glänzt blau und silbrig, drüben raucht ein Berg, ein Boot fährt hinaus.[295]

Esthers früheres Leben erschient hier als Abfolge, Aneinanderreihung gleichwertiger – und deshalb im doppelten Sinn gleichgültiger – Ereignisse. Auffallend ist dabei vor allem die Formulierung «die vielen vergessenen Namen»,

---

293 Manuskript S. 46. Vgl. Druckfassung S. 35.
294 *Flucht nach oben* S. 142.
295 Ebd. S. 135.

die sich syntaktisch auf «Seebäder» und «Gebirgsorte» bezieht, inhaltlich aber auch für die Menschen in Esthers früherem Leben gelten kann. Das Ausrufezeichen, das nach «die vielen vergessenen Namen» immerhin Erstaunen markiert, kann den Personen in Esthers früherem Leben strenggenommen nicht gelten. Dass ihre Namen vergessen sind, ist demnach kein Grund erstaunt zu sein, sondern selbstverständlich. Sie werden im äussersten Fall ganz unspezifisch als «jemand» bezeichnet. Von diesen Menschen, die für Esthers Fortkommen nicht unwichtig gewesen sein müssen, bleiben nicht nur die Namen ungenannt (auch Esthers damaliger Name, der Name ihrer Familie wird nicht erwähnt); die Menschen, die Namen haben könnten, sind ebenfalls nicht präsent. Sie spielen als Personen in Esthers Geschichte keine Rolle. Nur die Grenzbeamten werden durch die Nennung ihrer Berufsbezeichnung – als Personen aber in ihren sozialen Rollen – schwach erkennbar. Von jenen aber, mit denen Esther persönlichen Kontakt hatte, sind kaum Schemen zu erkennen. Es werden nur ihre Schritte, ihr Werben (auf das Esther mit «kalten Lippen» antwortet), die Erregung und die «heissen Hände» genannt.

In diesem Leben scheint alles flüchtig zu sein. Als markante Ecksteine werden nicht Ereignisse geschildert, sondern Stationen einer jahrelangen Reise aufgezählt. Orte dieses Lebens sind der Schlafwagen, Hotelhallen oder der Speisewagen. Hier wird das Flüchtige besonders deutlich: Im Speisewagen, diesem rollenden Restaurant, wird nicht gegessen, sondern Konversation betrieben. Vom Essen, den gebackenen Eiern, wird nur – in einer Ellipse in Klammern eingefügt – der sehr flüchtige Geruch erwähnt.

Neben der Häufung des Adjektivs «fremd», das zweimal in direktem Zusammenhang mit einem «Schrecken» steht, deutet auch die «kreisende Drehtür» im Hotel darauf hin, wie unsicher die Position Esthers in dieser Gesellschaft ist. Zum einen ist die Drehtüre der Eingang in die Hotel*hallen*. Das sind nicht Räume im Innersten, sondern Publikumsräume mit halböffentlichem Charakter. Zum andern erlaubt die 1888 von Theophilus van Kannel patentierte Drehtüre (englisch: ‹Revolving Door›) ständige Bewegung, ohne dass ein Raum wirklich offen ist. Van Kannels Firma pries die Türe mit «always closed» an; die Drehtüre sollte verhindern, dass mit dem Luftzug, der in grossen Gebäuden immer herrscht, durch offene Türen Staub oder Unrat ins Innere gelangen.[296]

In Vicki Baums *Menschen im Hotel* ist die Drehtüre dem kriegsversehrten Doktor Otternschlag anders als Esther in *Flucht nach oben* nicht Bild für einen immer nur provisorischen Zugang, sondern sie steht im Gegenteil für die Hoffnung auf einen immer möglichen Abgang. Im Gespräch mit Baron von Gaigern stellt er die Drehtüre in den Zusammenhang einer weiter gefassten Mobilität:

---

296 Vgl.: www.gta.arch.ethz.ch/d/stalder/download/textmaterial/non-restricted/Drehtuer.pdf (12.6.2007); Cecil D. Elliott: *Technics and Architecture. The Development of Materials and Systems for Buildings.* Cambridge, Massachusetts: MIT Press, 1992, S. 304.

Setzen Sie sich mal in die Halle und schauen Sie die Drehtür eine Stunde lang an. Das geht wie verrückt. Rein, raus, rein, raus, rein, raus. Witzige Sache, so eine Drehtür. Manchmal kann man seekrank werden, wenn man lange hinsieht. Aber nun passen Sie einmal auf: Sie kommen beispielsweise durch die Drehtüre herein – da wollen Sie doch die Gewissheit haben, dass Sie auch wieder raus können durch die Drehtür! Dass Ihnen nicht vor der Nase zugesperrt wird und Sie gefangen sind im Grand Hôtel?

[…]

Die Drehtür muss offen bleiben. Der Ausgang muss jederzeit parat sein. Sterben muss man können, wann es einem passt. Wann man selber will.[297]

Die Schritte, mit denen Esther in diesem von Mobilität und Bewegung geprägten Milieu weiterkommt, sind aber nicht durchwegs ein Aufstieg.

Oder: ein breites Tal, grüne Wiesen, jenseits davon Berge, sie rücken näher, neigen ihre brüchigen alten Gipfel zusammen, bärtige Greise flüstern, und wieder Mauern, Absturz in enge, tiefe, belebte Strassen, und zurück in die Armut der Höfe, der dunklen, feuchten Hinterzimmer, Frühstück auf klebrigem Tablett, von einer schlampigen Wirtin ans Bett gebracht; im Hof werden Teppiche geklopft, die kurzen, trockenen Schläge dringen in frühe Dämmerträume, viel später erwachen, ach, verirrt, und bang zurückstreben in den Schlaf.[298]

Die Berge, die jenseits des breiten Tals und der grünen Wiesen näher rücken, die «ihre brüchigen alten Gipfel» zusammenneigen, und die in unmittelbarer syntaktischer Nähe stehenden flüsternden «bärtigen Greise» weisen darauf hin, dass es hauptsächlich ältere Herren sind, die Esthers Körperkapital fordern und belohnen. Und dass ihre Schönheit ihr Kapital ist, das ist Esther klar.

Einmal sagt jemand, hinter Esther stehend: «Es ist keine Schande, arm gewesen zu sein.» Sie lächelt gehorsam, jemand flüstert und neigt sich an ihr Ohr: «Schönheit – ein Kapital.» Sie antwortet mit kleinem abgebrochenem Lachen und besteht, im grauen Halbschlaf, mit eigensinnigem Stirnrunzeln darauf: «Jawohl, ich bin schön», und das rhythmische Rattern des Zuges wiegte sie.[299]

Esther weiss nicht nur, dass sie schön ist, dass diese Schönheit ihr Kapital ist; Esther kann sich überhaupt nur über ihre Schönheit und deren tatsächliche oder auch nur zu erwartende Wirkung auf ihr Umfeld wahrnehmen.

Fast war sie unbefangener, wenn sie ihre gewohnte Rolle für ein anonymes Publikum spielte, als wenn sie sich plötzlich allein fand, sich selbst überlassen. Und sogar

---

297 Baum 2005, S. 252.
298 *Flucht nach oben* S. 135.
299 Ebd. S. 136.

in ihrem Schlafzimmer brauchte sie Spiegel, um sich frei und sicher zu fühlen: dann war sie selbst Zuschauerin und kritische Bewunderin.[300]

Wie sich die junge Esther damit den fremden, männlichen Blick zum eigenen gemacht hat, zeigt eine gestrichene Stelle im Manuskript. Hier wird Esther zugestanden, was ihr in der Endversion des Romans versagt bleibt: Kümmerformen von Widerstand und Auflehnung gegen die Formung durch die Männer. Es ist kein Widerstand, der nach aussen sichtbar ist, sondern vielmehr ein innerer, ein Überdruss, ein kurzes Klagen im gedanklichen Selbstgespräch.

Ach Du lieber Gott, denkt sie, kindlich gedrängt, sie sollten mich jetzt in Ruhe lassen. Ich will nichts mehr lernen, nächstes Jahr werde ich volljährig, was soll das alles, sie nennen es allgemeine Bildung, Schönheit ein Kapital. Ich habe es auswendig gelernt, meine Herren, ich habe Ihre geschätzten Leitsätze in mich aufgenommen, mit schöner Ausschliesslichkeit habe ich sie befolgt, ach Du lieber Gott, ich bin es entsetzlich müde.[301]

In der überarbeiteten Fassung bleibt Esther nicht einmal mehr dieser Anflug von Auflehnung, nur das fatalistische «kleine abgebrochene Lachen», mit dem sie den Hinweis «Schönheit – ein Kapital» quittiert. Beide Varianten jedoch deuten das an, was Judith Butler bezeichnet als «Teil einer regulierenden Praxis, die die Körper herstellt, die sie beherrscht».[302] Andreas Wirz ist wohl fast grenzenlos ehrgeizig, dennoch vergleicht er sein Verhalten mit den unhinterfragten Normen dessen, was als «männlich» gilt. Den sozialen Aufstieg will er nicht mit dem Verlust seines sozialen Geschlechts bezahlen. Esther werden die (männlichen) Erwartungen an Frauen und ihre Körper nicht nur ins Ohr geflüstert, sondern als Teil der «allgemeinen Bildung» als zu schätzende Leitsätze zum auswendig Lernen doziert und bis zum Überdruss wiederholt: Die Frau hat Schönheit zu verkörpern und sie als Kapital verfügbar zu halten. Zum Verhältnis von Normen zum Körper heisst es entsprechend bei Butler:

[…] das «biologische Geschlecht» ist ein ideales Konstrukt, das mit der Zeit zwangsweise materialisiert wird. Es ist nicht eine schlichte Tatsache oder ein statischer Zustand eines Körpers, sondern ein Prozess, bei dem regulierende Normen das «biologische Geschlecht» materialisieren und diese Materialisierung durch eine erzwungene Wiederholung jener Normen erzielen. Dass diese ständige Wiederholung notwendig ist, zeigt, dass die Materialisierung nie ganz vollendet ist, dass die Körper sich nie völlig den Normen fügen, mit denen ihre Materialisierung erzwungen wird.[303]

300 Ebd. S. 141.
301 Manuskript S. 204.
302 Judith Butler: *Körper von Gewicht. Die diskursiven Grenzen des Geschlechts*. Frankfurt am Main: Suhrkamp, 1997, S. 21.
303 Ebd.

Mit den Worten Bourdieus heisst das, «die Eigenschaften und Bewegungen des Körpers gesellschaftlich kennzeichnen» und somit «die grundlegendsten gesellschaftlichen Entscheidungen natürlich und den Leib mit seinen Eigenschaften und Ortsveränderungen zum analogen Operator machen, der alle möglichen praktischen Äquivalenzen zwischen den verschiedenen Teilungen der Sozialwelt herstellt».[304] Und als eine dieser Teilungen der Sozialwelt nennt Bourdieu die Teilung nach Geschlechtern, die Esther von M. wie Andreas Wirz zu erfüllen versuchen. Diese Teilung nach Geschlechtern ist rigide und geht gemäss Butler so vor sich:

> Die Konstruktion des Geschlechts arbeitet mit den Mitteln des *Ausschlusses*, und zwar so, dass das Menschliche nicht nur in Absetzung gegenüber dem Unmenschlichen produziert wird, sondern durch eine Reihe von Verwerfungen, radikalen Auslöschungen, denen die Möglichkeit kultureller Artikulation regelrecht verwehrt wird.[305]

Esther macht ihr Geschlecht über positiv sanktioniertes heterosexuelles Verhalten eindeutig. Das kann dem homosexuellen Wirz nicht gelingen. Seine Heimat- und Ortlosigkeit ist somit nicht nur durch die Unmöglichkeit gegeben, sich den Habitus der Oberschicht ohne Anlass für Distinktion einzuverleiben. Obwohl Wirz als «männlich» gilt und obwohl er grosses Gewicht auf «männliches» Verhalten legt, bleibt in einer Gesellschaftsstruktur, die durch den Zwang zur Heterosexualität geprägt ist, sein Geschlecht uneindeutig, bleibt Wirz «ungezogen». Sabine Rohlf stellt in der Verbindung von Butlers theoretischem Ansatz und Schwarzenbachs Literatur folgerichtig fest:

> Bei dem Unvermögen oder der Weigerung, eine im Rahmen der heterosexistischen Ordnung vorgesehene sexuierte Position einzunehmen, das heisst, sich männlich oder weiblich zu identifizieren und eine entsprechende sexuelle Praxis zu unterhalten, droht gesellschaftliche Ächtung, Psychose und Nichtexistenz.[306]

Dieser Mechanismus zum Ausschluss des Nicht-Heterosexuellen ist in jener Zeit, als Schwarzenbach *Flucht nach oben* schreibt, am drastischsten in den Horrorfilmen Hollywoods dargestellt. Der aus England stammende und in Hollywood offen homosexuell lebende Regisseur James Whale etwa gab in *Frankenstein* (1931) dem von der Gesellschaft zurück- und ausgestossenen Monster sowie dessen Schöpfer, dem ausserhalb aller gesellschaftlich akzep-

304 Bourdieu 1997, S. 131.
305 Butler 1997, S. 30.
306 Sabine Rohlf: *Exil als Praxis – Heimatlosigkeit als Perspektive? Lektüre ausgewählter Exilromane von Frauen.* München: Edition Text + Kritik, 2002, S. 308.

tierten Normen agierenden Victor Frankenstein, erkennbar homosexuelle Konnotationen.[307]

Wie Wirz macht sich auch Francis gelegentlich Gedanken darüber, was in seinem Tun «männlich» und was «unmännlich» ist. Francis ist erkennbar heterosexuell. Wie viele von Schwarzenbachs zentralen Romanfiguren hat aber auch die Figur des Francis androgyne Züge – erkennbar bei ihm nicht im Verhalten, sondern in seinem Namen. Sein eindeutig männlicher deutscher Vorname Franz ist in der englischen Version seiner Mutter nur durch einen Buchstaben vom weiblichen Vornamen Frances zu unterscheiden.

Stereotype des jüdischen Körpers

Wie und unter welchen Umständen Esther von M. ihren Mann kennengelernt hat, wird nicht näher ausgeführt. Es heisst lediglich, sie hätte den «alten Herrn von M. geheiratet [...] und damit sein ganzes Geld»,[308] womit wohl alles Wichtige gesagt ist. Beigefügt wird nur noch, dass ihr ihre jungen Bekannten aus Berlin diese Heirat und die Tatsache, dass Esther nun reicher ist als sie, nicht übel nehmen. Das Verhältnis zu ihrem Mann wird jedoch eindeutig beschrieben. So hat sie zwar viele Freiheiten, reist häufig alleine und kann Geld ausgeben, soviel sie will. Aber wenn er sie irgendwohin beordert, die Rendite aus seiner Kapitalanlage einfordert, dann gibt es keinen Widerspruch. Der «alte Herr von M.» wird so beschrieben, dass sowohl die Art seiner Ansprüche deutlich wird wie auch seine Möglichkeiten, die Bedürfnisse seiner jungen Frau zu befriedigen.

Ein gutes Profil, nichts liess sich dagegen sagen, das Kinn zu weich, ein wenig aufgeschwemmt (sie erinnerte sich an das lockere grauweisse Fleisch), die Stirn dagegen weiss, gespannt, mit zartblauen Äderchen an den Schläfen, das dünne Haar stark gelichtet, darunter die fette weisse Schädelhaut. Welche Farbe hatte aber das Haar? Grau, rötlich, rötlich-blond konnte man es nennen, und nun mit unreinem Grau gemischt. Esther lachte wieder, betrachtete das Bild aufs neue: Den Mund hatte sie vergessen, mein Gott, was für ein unmännlicher Mund mit nassglänzenden, dicklichen Lippen, wie konnte er sie fest schliessen, sah immer aus wie zum Küssen bereit, kurz, ein geiler Mund. Esther erinnerte sich an etwas, wurde rot, lachte, schüttelte sich, lachte noch mehr, das Bild ihres fremden Gatten in der Hand (sie hatte bessere Geliebte gehabt, aber keinen reicheren), lachte Tränen – und liess die Hand sinken [...].[309]

307 Vgl. Harry M. Benshoff: *Monsters in the Closet. Homosexuality and the Horror Film*. Manchester, New York: Manchester University Press, 1997, S. 40–51.

308 *Flucht nach oben* S. 133.

309 Ebd. S. 137.

Hat man die Bemerkung Adrienne von Vidals noch präsent, von M. sei ein «jüdisch-neuadliger Name», so ist in der Beschreibung des «geilen» Mundes mit den «dicklichen», immer zum Küssen bereiten Lippen von Esthers Mann das antisemitische Stereotyp des lüsternen Juden auszumachen. Volle Lippen, vorstehender Mund, kleines Kinn gehören neben der Nase zum Arsenal der Körperstereotype, mit denen Juden abwertend als (helle) Afrikaner klassifiziert wurden.[310] Esthers Lachen und sich Schütteln, als sie rot werdend «an etwas anderes» denkt, weist darauf hin, dass ihr die Geilheit ihres Mannes nicht angenehm ist. Die Hand (in der sie das Foto hält), die sie sinken lässt, als sie «an etwas anderes» denkt, deutet – zusammen mit dem Hinweis, Esther habe schon bessere, aber keinen reicheren Liebhaber gehabt – auf die sexuelle Impotenz des «alten Herrn von M.».

Die biblische Ester

Dass Esther ihre Schönheit und ihre blonden Haaren, ihr Körperkapital als sexuelle Leistungen in die Ehe einzubringen hat, ihre sexuellen Bedürfnisse dabei aber weitgehend unbefriedigt bleiben, ist jedoch nicht der alleinige Grund, weshalb sie wohl reich und schön, aber unglücklich ist. Im Gegensatz zu Wirz hat sie durch Zurückstellen der eigenen Bedürfnisse den gesellschaftlichen Aufstieg zu einem grossen Teil und den ökonomischen vollends geschafft. In den gehobenen Kreisen, in denen sie nun verkehrt, nachdem sie Schritt für Schritt aufwärts gekommen war, fühlt sie sich immer noch fremd. Ihr Zimmer im Luxushotel kommt ihr vor wie ein «ödes Palastzimmer»[311] und das Leben in St. Andreas[312] – einem mondäneren Bergkurort als Alptal – ist ihr fad.

> [...] welch eintönige Ewigkeit! Ein wenig Ski laufen am Morgen (und sie machte doch keine Fortschritte), Lunch, Eisplatz, Tee, Bar, umziehen, Dinner, Bar, tanzen bis nach Mitternacht. Immer dasselbe, immer dieselben Leute![313]

Esthers Aufstieg durch Heirat und sexuelle Gefügigkeit ist weitgehend identisch mit jenem ihrer Namensgeberin im eponymen Buch Ester des Ersten Tes-

---

310 Sander L. Gilman: *Der ‹jüdische Körper›. Gedanken zum physischen Anderssein der Juden.* In: Julius H. Schoeps, Joachim Schlör (Hg.): *Antisemitismus. Vorurteile und Mythen.* München, Zürich: Piper, 1995, S. 167–179, S. 168.

311 *Flucht nach oben* S. 134.

312 Der Name dieses mondäneren Bergkurortes verweist weniger auf Sankt Andreas, den Apostel und leiblichen Bruder des Hl. Petrus, sondern eher auf den Hl. Andreas Corsini (1302–1373). Der spätere Bischof von Fiesole bewegte sich als Jugendlicher in schlechter Gesellschaft und führte ein ausschweifendes Leben. Das mag auch ein Hinweis auf den Namen von Andreas Wirz sein. In diesem Fall hätte Schwarzenbach Wirz' Namen mit perfider Ironie unterlegt. Dem Hl. Andreas Corsini wird nämlich unter anderem die Fähigkeit nachgesagt, «hasserfüllte Herzen zu versöhnen». Vgl. Albert Christian Sellner: *Immerwährender Heiligenkalender.* Frankfurt am Main: Eichborn, 1993, S. 48.

313 *Flucht nach oben* S. 133.

taments. Dass es sich hier nicht um eine zufällige Parallele handelt, zeigt ein Vergleich verschiedener Textschichten im Manuskript. In der mit breiter Feder und blauer Tinte geschriebenen Textschicht – höchstwahrscheinlich eine der untersten Schichten – heisst die schöne und elegante Frau noch Maud. In einem späteren Überarbeitungsgang wurde «Maud» gestrichen und mit schmalerer Feder oder Bleistift durch «Esther» ersetzt.[314] Die Lebensgeschichte Esthers muss jedoch bereits vor dieser Überarbeitung entworfen worden sein. Die Passage, in der ihr Weg nach Hamburg, Berlin, Paris, nach England und in die Seebäder und Gebirgsorte, das flüchtige Leben in Hotelhallen, Schlaf- und Speisewagen geschildert wird, ist zwar als spätere Textfassung zu erkennen.[315] Die unmittelbar daran anschliessenden Passagen, in denen vom drohenden Rückfall in die Armut und von der Schönheit als Kapital die Rede ist, stammen jedoch wieder aus der ältesten Textfassung, die mit breiter Feder geschrieben wurde und in der Esther noch Maud hiess.[316] Der Umstand, dass ein Teil von Esthers Aufstieg aus der ältesten Textfassung übernommen wurde, lässt den Schluss zu, dass Schwarzenbach die mögliche Nähe ihrer Figur zur biblischen Ester erst nach einer ersten Niederschrift wahrnahm und die intertextuelle Verbindung im späteren Verlauf des Schreibprozesses mit dem neuen Namen ihrer Figur unterstrich und deutlicher hervorhob.

Die schöne und anmutige Jüdin Ester war in den Palast[317] des Perserkönigs Artaxerxes geholt worden. Sie verschwieg ihre Abstammung und wurde einer zwölfmonatigen Schönheitspflege unterzogen, bevor sie zum König geführt wurde. Sie gewann die Gunst des Königs, und er machte sie zur Königin.[318] Die Esther in *Flucht nach oben* muss ihre Abstammung nicht mehr verheimlichen, obwohl, wie oben gezeigt, auch ihre Abstammung ihr versteckt als Makel angelastet wird. Die Art ihres Aufstiegs erscheint jedoch nicht mehr als segensreich wie im biblischen Text aus der Zeit um 300 v.Chr. – Ester hatte durch ihre Nähe zum König und mit klugem Verhalten eine Verschwörung aufdecken und die Juden in Persien vor der Vernichtung bewahren können.[319] Anders Schwarzenbachs Esther. Sie kann niemanden (auch Francis nicht) retten und wird zwar – von den Männern – umschwärmt und hofiert, von ihr heisst es aber: «[...] die meisten Leute sagen, dass Esther dumm sei.»[320]

314 Manuskript S. 92–94 und S. 97.
315 *Flucht nach oben* S. 135, Manuskript S. 201.
316 *Flucht nach oben* S. 135f., Manuskript S. 202ff.
317 Nicht zufällig ist es also ein «Palastzimmer», das Esther in Schwarzenbachs Roman in St. Andreas bewohnt. S. *Flucht nach oben* S. 134. Diese Stelle ist im Manuskript als eine der späteren Textfassungen erkennbar. Die mit schmaler Feder geschriebenen Passagen weisen bereits in der untersten Schicht den Namen Esther auf. Das «Palastzimmer» ist demnach als weitere Verdeutlichung eines bereits hergestellten Bezugs zu sehen. Vgl. Manuskript S. 200.
318 Das Buch Ester 2, 5–20.
319 Das Buch Ester, 3,1–9,32.
320 *Flucht nach oben* S. 93.

«Dumm» kann sie den «meisten Leuten» erscheinen, weil sie nach überkommenen Mustern (unglücklich) lebt. Francis erkennt jedoch, dass Esther nicht zu «dumm» ist, neueren Selbstentwürfen nachzuleben, sondern dass sie, kindlich-naiv, zu wenig dafür kämpft.

> Ich glaube, dass sie klug und gutherzig ist und dass ihr Mann sie schlecht behandelt. Ich glaube, dass sie das nicht verdient hat, kleine Esther, aber sie wehrt sich gar nicht, bittet nur die Engel, ihr das Leben zu erleichtern.[321]

Mit dieser duldenden, ergebenen und auf fremde Hilfe hoffenden Haltung steht die Figur der Esther in starkem Kontrast zum Bild der ‹Neuen Frau›, das sich in der Zeit von Esthers Aufstieg längst etabliert hatte.

Die ‹Neue Frau› und der Sport

Zu Beginn der 20er Jahre des 20. Jahrhunderts setzte sich ein Körperbild der modernen Frau durch, das stark mit den bis dahin gültigen Leitbildern des weiblichen Körpers kontrastierte: Knabenhaft, schlank, beweglich, geschmeidig und sportlich trainiert sollte die Frau sein; leicht, dünn und kurz ihre Kleidung, zu einem Bubikopf frisiert ihre Haare.

Die Lebensreformbewegung hatte schon seit dem 19. Jahrhundert gesundes Essen, Bewegung und durchlässige, lockere Kleidung für Männer wie für Frauen gefordert. Etwa in «Lichtluftbädern» erfuhr diese Bewegung nach dem Ersten Weltkrieg einen eigentlichen Boom.[322] Der unversehrte, gesunde Körper überlagerte damit – in den vom Krieg betroffenen Ländern – im öffentlichen Bild den Körper des versehrten Kriegsheimkehrers.[323] Das neue Bild der Frau hängt aber noch mehr als mit der Lebensreformbewegung mit der Verbreitung des Sports als Zeichen moderner Lebensart zusammen. Nach dem Zusammenbruch der alten aristokratisch Ordnungen bot sich der Sport, das moderne, beschleunigte Leben als Gegenentwurf an.

Welche Rolle der Sport als Manifestation des Modernen und Neuen in jenen Jahren etwa in Berlin spielte, wo Schwarzenbach einen guten Teil von *Flucht nach oben* schrieb, verdeutlicht die Geschichte der Familie Adam. Fritz Adam hatte das Sport- und Modegeschäft, das er von seinem Vater Saul Adam übernommen hatte, mit gezieltem Marketing als Ort für das Neue und Moderne positioniert. Fritz Adam war selbst nicht nur Sportsmann und einer der ersten

---

321 Ebd.
322 Andreas Schwab: *Natürliche Bewegung versus Schönheitswahn. Fitnesskritik von 1900 bis in die Gegenwart.* In: Andreas Schwab, Ronny Trachsel (Hg.): *Fitness. Schönheit kommt von aussen.* Bern: Palma 3, 2003, S. 102–119, S. 113.
323 Ronny Trachsel: *Fitness und Körperkult. Entwicklung des Körperbewusstseins im 20. Jahrhundert.* In: Schwab, Trachsel 2003, S. 13–34, S. 16.

Flieger Berlins, er kleidete etwa auch Fritz von Opel[324] 1928 für seine Fahrt im Raketenauto «RAK 2» ein, stattete 1921 Friedrich Wilhelm Murnaus Kriminalfilm *Schloss Vogelöd* und in der Folge Ski- und Bergfilme von Arnold Fanck und Günther Plüschow aus.[325] Und, was die Verbindung von Moderne und Sport besonders deutlich macht: Fritz Adam liess Ludwig Mies van der Rohe einen Neubau für das Sport- und Modehaus S.Adam an der Ecke Leipziger Strasse/Friedrichstrasse planen. Van der Rohe schrieb Adam am 2. Juli 1928 zum verglasten Stahlskelettbau, der nie verwirklicht werden sollte: «Ihr Haus muss den Charakter Ihres Geschäftes tragen und zu Segelbooten und zu Automobilen passen oder anders ausgedrückt, zur modernen Zeit und zu Menschen, die sie verkörpern.»[326]

Wie sehr sich die Aufgeschlossenen – Frauen wie Männer – im Berlin der 20er und frühen 30er Jahre Mühe gaben, die moderne Zeit zu *verkörpern*, also tatsächlich mit dem Körper sichtbar zu machen, das lässt sich mit einer Stelle aus Klaus Manns Roman *Treffpunkt im Unendlichen*[327] illustrieren. Im 1932 erstmals erschienenen Roman lässt Mann eine seiner Hauptfiguren, die Schauspielerin Sonja, mit ihrem privaten Sportlehrer ein zweistündiges Programm mit Gymnastik und Sportmassage absolvieren. Sportlehrer Hugo Müller – der Name spielt an auf Jens P. Müller, dessen Trainingssystem, das «Müllern», in den ersten Jahrzehnten des 20. Jahrhunderts ausserordentlich populär war[328] – ist ein vielbeschäftigter Mann, er hat «ziemlich viel Kunden, manchmal täglich vier oder fünf; und bei jedem blieb er zwei Stunden».[329] Bereits der Anfang der Müller-Episode zeigt, wie sehr sich das von der Schauspielerin Sonja erarbeitete und demonstrierte Frauen-Körperbild vom traditionellen unterscheidet.

Hugo Müller war ein knochiger Geselle, aufgeräumt und energisch, mit dem zugleich frischen und ausgemergelten Gesicht des Sportsmanns. «Wie geht's Gnädige?» fragte er händereibend und zog sich schon das Jackett aus. – «Famos, Hugo», sagte Sonja, die im Trainingsanzug dastand, pagenschlank im schwarzen

324 Annemarie Schwarzenbach wird 1940 Fritz von Opel und seine Frau Margot ins Exil nach New York begleiten. Die Beziehung zwischen Margot von Opel und Annemarie Schwarzenbach endet jedoch in einer Katastrophe. Nach einem tätlichen Angriff auf Margot von Opel und Selbstmordversuchen wird Schwarzenbach zwangspsychiatrisiert – eine traumatische Erfahrung, die sie in ihrem Romantyposkript *Das Wunder des Baumes* verarbeiten wird. Vgl. Areti Georgiadou: *«Das Leben zerfetzt sich mir in tausend Stücke».* Annemarie Schwarzenbach. Eine Biographie. Frankfurt am Main, New York: Campus, 1995, S. 195–210.

325 Alexander Smoltczyk: *James Bond, Berlin, Hollywood. Die Welten des Ken Adam.* Berlin: Nicolai, 2002, S. 37–45.

326 Zitiert nach: Smoltczyk 2002, S. 43.

327 Klaus Mann: *Treffpunkt im Unendlichen.* Hg. und mit einem Nachwort von Fredric Kroll. München: Edition Spangenberg, 1992.

328 Maren Möhring: *Das Müllern. Systematisches Fitness-Training zu Beginn des 20. Jahrhunderts.* In: Schwab und Trachsel 2003, S. 73–85.

329 Mann 1992, S. 134.

Seidenhöschen. Ungeduldig wie ein Pferd, das es nicht erwarten kann, loszugehen, spielte sie mit dem Expander.[330]

Sonja trägt zum Training nicht das Turntrikot, das sich in der Mitte der 1920er Jahre gegen Turnrock und Kniehose durchgesetzt hatte.[331] Sonja trägt einen Trainingsanzug, zu dem ein «schwarzes Seidenhöschen» gehört. Mit diesem Sportkleidungsstück relativiert Sonja die Umdeutung des wenig verhüllten oder nackten Körpers der Frau. Um sich dem Verdacht des Unsittlichen und Unzüchtigen zu entziehen, hatte die frühe Sportbewegung den entblössten, sich bewegenden Körper zum unerotischen erklären müssen.[332] In Sonjas Sportkleidung zeigt sich die Ambivalenz des neuen weiblichen Sportkörpers. Als burschikoser und androgyner Körper fehlten ihm die erotischen Signale der viktorianischen und wilhelminischen Zeit. Gerade aber in dieser Sportlichkeit gewann der Körper der aktiven und modernen Frau, die Sonja «pagenschlank» repräsentiert, wieder modische – und erotische – Attraktivität.

«Unruhig wie ein Pferd, das es nicht erwarten kann, loszugehen», zeigt die Schauspielerin den Drang zu körperlicher Aktivität, die manche und manchen fürchten liess, eine Frau könne dadurch ihre Gebärfähigkeit aufs Spiel setzen, sexuell stimuliert werden und dadurch Schaden nehmen.[333] Den Frauen, die nicht oder nicht nur als Mutter wahrgenommen werden wollten, bot das sportliche neue Leben Gelegenheit, die Fortschritte ihrer Emanzipation sichtbar zu machen. Ansätze dazu gab es bereits seit dem Ende des 19. Jahrhunderts. Das

---

330 Ebd. S. 130.
331 Vgl. Gundula Wolter: *Hosen, weiblich. Kulturgeschichte der Frauenhose.* Marbug: Jonas, 1994, S. 133f. Daniela Mauch: *Zur Ausdifferenzierung der Sportmode – eine systemtheoretische Untersuchung.* Hohengehren: Schneider, 2005, S. 64f. und S. 77f. Während Wolter anhand der Geschichte der Frauenhose auch ein «Stück Emanzipationsgeschichte» (Wolter 1994, S. 8.) nachzeichnen will, gelten in Mauchs streng systemtheoretisch geleiteter Untersuchung alle Faktoren, die nicht unmittelbar Teil der Ausdifferenzierung des Teilsystems Sportmode sind, als «externe Systemeinflüsse» (Mauch 2005, S. 64). Mauchs Untersuchung macht damit den teleologischen Aspekt von Luhmanns Theorie sozialer Systeme deutlich. Dem Teilsystem Sportmode scheint demnach die Entwicklung zum Praktischen und Funktionalen inhärent. Externe Systemeinflüsse verlangsamen oder beschleunigen diese Ausdifferenzierung lediglich. Nur ungenügend erklären lassen sich damit jedoch Entwicklungen wie zum Beispiel jene der vom SATUS vorgeschriebenen Frauenturnkleider. Die SATUS-Frauen trugen in den 1930er Jahren dieselbe Sportkleidung wie die Männer: kurze schwarze Hosen und weisse Leibchen. Im Zug der Revision des Frauenbildes im Sinn der Geistigen Landesverteidigung wurde die Kleiderordnung geändert, Frauen hatten in einem blauen Gymnastikrock zu turnen (Vgl. Karl Schwaar: *Isolation und Integration. Arbeiterkulturbewegung und Arbeiterbewegungskultur in der Schweiz 1920–1960.* Basel, Frankfurt am Main: Helbing & Lichtenhahn, 1993, S. 84f. und 151.)
332 Vgl. Müller 2004, S. 85–104.
333 Vgl. Gudrun Maierhof, Katinka Schröder: *Sie radeln wie ein Mann, Madame.* Zürich: Unionsverlag, 1998, S. 37–47; sowie Thomas W. Laqueur: *Solitary Sex. A Cultural History of Masturbation.* New York: Zone Books, 2003, S. 50 und S. 201f.

Fahrrad – damals nur für Begüterte erschwinglich – war ein wichtiges Vehikel für die Emanzipation. Auf dem Rad entzogen sich Frauen der strikten Kontrolle männlicher Familienmitglieder oder ihrer Anstandsdamen; sie konnten sich frei und schnell im öffentlichen Raum bewegen, und vor allem befreite sie die praktische, modisch-moderne Radlerinnenkleidung von Korsetten und bauschigen Röcken.[334]

Eine wichtige Rolle für das neue Bild der sportlichen, aktiven Frau spielten die Frauencolleges in den USA und in England. Dort gehörte wie in den Männercolleges die körperliche Betätigung zur Ausbildung.[335] Beschränkte sich die Körperpraxis als Krankheitsprävention und Ausgleich zur geistigen Bildung zuerst aufs Spazieren, so wurden von den Mädchen und jungen Frauen gegen Ende des 19. Jahrhunderts an den Privatschulen zunehmend auch Sportarten wie Tennis oder Fussball gepflegt.

Das Bild der modernen, sportlichen Frau war – zumindest in den oberen Schichten – abrufbar. Breit wirksam wurde es aber erst nach dem Ersten Weltkrieg, in den 20er Jahren. Die weibliche Sportlichkeit wurde zur Metapher des modernen Lebens. Das ‹Sportgirl› war der Typus Frau, der dieses Leben verkörperte. Bei Klaus Mann etwa wird die Schauspielerin Sonja folgendermassen als Kontrastfigur zu den Frauen- wie Männertypen der gehobenen Gesellschaft beschrieben:

> Sonja, zugleich burschikos und verschleiert, hielt Einzug in der grossen, goldbraun getäfelten Diele, wo Frau Julia Bayer empfing. Ohne dass sie es wollte oder nur bemerkte, wurde Sonja nun doch ein wenig beeindruckt von all diesen gestärkten Hemdbrüsten, den schimmernden Dekolletés. Die Folge war, dass sie sich nicht mehr völlig natürlich gab. Sie überakzentuierte, sie stilisierte den Typ, als der sie eingeführt war, den man von ihr erwartete. Diesen Typ konnte man als eine Mischung aus sachlichem Sportgirl mit Garçonneeinschlag und gotischer Madonna definieren; zugleich unnahbar und kess, melancholisch und aufgeräumt, körperlich trainiert, doch empfindlich. So war sie «notiert»; und einer allgemeinen Zwangsvorstellung unterliegend, verhielt sie sich zunächst genau so, wie man es bei ihr voraussetzte.[336]

Thomas Mann scheint das Phänomen der sportlichen Frau ebenfalls mit Interesse registriert und die Faszination an diesem neuen Gegenbild zum herkömmlichen Frauentyp geteilt zu haben. Er scheut jedoch den modischen Anglizismus ‹Sportgirl› und nennt diese sportlichen jungen Frauen stattdessen «Sportmädel»,[337] eine Bezeichnung, die weit braver, solider und weniger mo-

---

334 Vgl. Maierhof und Schröder 1998, S. 57–74.
335 Fischer 1999, S. 48.
336 Mann 1992, S. 43.
337 Diese Bezeichnung taucht auch in Titeln trivialer deutscher Sportromane auf: Paul Hains *Das Sportmädel* (1929) oder Heinö Rikarts *Helga das Sportmädel* (1933). Vgl. Bibliographie

dern klingt. Am 18. März 1933 notiert er in der Lenzerheide (Graubünden), wo Klaus und Erika Mann Ski fahren und wo auch Annemarie Schwarzenbach zu einem Überraschungsbesuch schnell vorbeikommt:

> Nachher geraucht u. geplaudert in Gegenwart zweier Sportmädel, von denen die Eine drollig, jungenhaft und fast anziehend trotz dick verschwollener u. bepuderter Oberlippe.[338]

Als Symbol des modernen Lebens einerseits und der Errungenschaften der emanzipatorischen Bewegungen seit dem 19. Jahrhundert andererseits entwikkelte sich das Körperbild der ‹Neuen Frau› vom «utopischen Grundgedanken» zum «verbindlichen Klischee».[339]

> Aus einem utopischen emanzipatorischen Entwurf war ein festgelegtes ikonographisches System geworden, das zum Massenphänomen und Leitbild der Bildmedien werden sollte.[340]

Die Diskussion über politische Rechte der Frauen, über sexuelle Selbstbestimmung oder wirtschaftliche Unabhängigkeit wurde zwar geführt, in den zunehmend medialisierten Gesellschaften der 20er Jahre war aber am stärksten die Visualisierung und Verkörperung der ‹Neuen Frau› wirksam.[341]

> Sportlerinnen, Filmschauspielerinnen, Künstlerinnen aber auch Revuegirls und Mannequins wurden von Medien und Gesellschaft zu Vor- und Traumbildern stilisiert, denen die ‹normalen› Frauen nacheiferten.[342]

Gewichtige Kritik an diesem neuen Bild der Frau kam in der Schweiz von Maria Waser. Maria Waser (1878–1939) war in den ersten Jahrzehnten des 20. Jahrhunderts eine prominente Figur des Kulturlebens. Als Redaktorin der renommierten Kulturzeitschrift «Die Schweiz» hatte ihr Wort vor allem in der Literaturszene grosses Gewicht. Ihre Romane und Erzählungen verkauften sich gut und wurden in der Schweiz und in Deutschland breit rezipiert. Nach dem Zweiten Weltkrieg geriet sie in Vergessenheit, aber in den Jahrzehnten davor war sie nicht nur mit ihren Büchern, Artikeln und Essays in der Öffentlichkeit präsent, sondern auch mit Medienberichten, die wir heute als Home-Stories bezeichnen würden. Sie zeigte sich gerne zu Hause mit ihren Kindern, und das sicher mit Bedacht. Sie kämpfte zwar für die Aufwertung der Frau in der Gesellschaft, machte sich fürs Stimm- und Wahlrecht stark; ihr Frauenbild

bei Fischer 1999, S. 287, 291.

338 Thomas Mann: *Tagebücher 1933–1934*. Frankfurt am Main: S. Fischer, 1977, S. 8.

339 Gesa Kessemeier: *Sportlich, sachlich, männlich. Das Bild der ‹Neuen Frau› in den Zwanziger Jahren. Zur Konstruktion geschlechtsspezifischer Körperbilder in der Mode der Jahre 1920 bis 1929*. Dortmund: Edition Ebersbach, 2000, S. 27.

340 Ebd. S. 28.

341 Ebd. S. 32.

342 Ebd. S. 38.

unterschied sich aber fundamental von dem der ‹Neuen Frau›. In ihrer Rede
Die Sendung der Frau,[343] die sie 1928 an der 1. Schweizerischen Ausstellung für
Frauenarbeit in Bern hielt, meinte sie mit Blick auf die ‹Neuen Frauen›:
> [A]ch, unsere kurzhaarigen Jünglingsmädchen, das ist doch nur ein amüsantes,
> reizvolles Nachspielchen zu jener Tragödie der Vermännlichung.[344]

Die «Tragödie der Vermännlichung» ist gemäss Maria Waser eine unmittelbare
Folge der Entfremdung der Frau. Diese Entfremdung beschreibt sie so:
> Mit dem Augenblick, wo das Frauenwerk anfing, aus dem Hause wegzusterben,
> wo Gewerbe und Industrie den Hausfleiss an sich zogen, wo Schule und politisches
> Parteigetriebe Kinder und Gatten der Familie zu entziehen begannen, begann auch
> die Selbstentfremdung, die Entwertung der Frau. Denn ob sie nun im klein und
> eng gewordenen Haushalt selbst eng und kleinlich wurde, ob sie beim Geldver-
> dienen dem Hause entfremdet ward oder ob das Los der verwöhnten Frau sie traf,
> Schmuckstück des eleganten Hauses zu sein, Spielzeug des Mannes oder auch Spie-
> lerin mit seinem Schicksal – Entwertung, Selbstentfremdung war es auf jeden Fall;
> denn in jedem Fall war der weitverzweigte, frucht- und schattenspendende Baum
> ihres Frauentums zum armen einseitigen Spalierbäumlein verkümmert, und was
> der Unselbständigen Form und Richtung aufzwang, das war nicht eigener Wille
> und Trieb.[345]

Im Kampf gegen die ‹Einengung› und ‹Herabminderung› seien die Frauen einem Irrtum verfallen und hätten den Weg der ‹Vermännlichung› gewählt, und
das sei wahrscheinlich so auch nötig gewesen, denn
> einmal musste es erfahren und bewiesen werden, dass das Gehirn geschlechtslos
> ist, dass die Leistung des Menschen, zumal auf den höchsten Gebieten, nicht durch
> sein Geschlecht bestimmt wird, sondern durch seine geistige Veranlagung und Kul-
> tur.[346]

Das sei eine wichtige, aber keine gute Zeit gewesen, fügt Waser an. Doch nun,
1928, sieht Maria Waser eine bessere Zeit kommen, eine Zeit, in der die Frau
wieder – wie die Bernische (Gross-)Bäuerin, die Waser als Urbild der nicht entfremdeten Frau dient – den «Heimfleiss» an sich zieht, sich ihr «ursprüngliches
Frauenwerk» «zu eigen macht», um «in der grossen Gemeinschaft des Volkes
jene Stelle sich zu erwerben, die ihr einst im Hause zukam».[347] Damit nähert
sich die Frau auch wieder ihrer «Bestimmung», die für Waser nicht darin be-

---

343 In: Ricarda Gerosa (Hg.): *Wo ich am ganz Grossen Lust empfinde. Texte von Maria Waser.*
 Bern, Wettingen: Efef, 2004, S. 104–122.
344 Ebd. S. 111.
345 Ebd. S. 108.
346 Ebd. S. 110.
347 Ebd. S. 112.

steht, sich männlich zu kleiden, männlich zu bewegen, Sport zu treiben, Autos zu fahren etc. sondern:

> Die Bestimmung der Frau – einerlei, ob sie nun wirklich Mutter ist oder nicht; denn hier entscheidet seelische Veranlagung von Urzeiten her – der eigentliche Wesenskern der Frau ist ihre Mütterlichkeit.[348]

Gräfin Vidal, ein ‹Sportgirl›?

Adrienne Vidal zeigt sich in *Flucht nach oben* nicht nur als modern, weil sie als Frau ausgiebig Sport treibt, auch in der Wahl ihrer bevorzugten Sportart ist sie auf der Höhe ihrer Zeit. Die Gräfin Vidal trainiert, um an einem Abfahrtsrennen in Alptal teilnehmen zu können. Das ist deshalb bemerkenswert, weil die alpinen Skidisziplinen Abfahrt und Slalom Anfang der 30er Jahre noch sehr jung sind. Der Internationale Skiverband FIS hatte Abfahrt und Slalom an der XI. Delegiertenversammlung in Oslo im Februar 1930 in sein Programm aufgenommen. Bis dahin galt das Abfahren als Teil des Ski-*Laufens*. Für die Traditionalisten vornehmlich aus den skandinavischen Ländern war das Herunterfahren allein, gar das Herumkurven um Slalomstangen, eine widernatürliche Form des Skifahrens. Erst nachdem die skandinavischen Länder den Widerstand gegen die neuen alpinen Disziplinen aufgegeben hatten, konnte die FIS neben Langlauf, Stafetten und Skispringen auch Abfahrt und Slalom in ihren Wettkampfkatalog aufnehmen.[349] Ein Jahr nach der Delegiertenversammlung von Oslo fanden in Mürren, im Berner Oberland, die ersten Alpinen Skiweltmeisterschaften mit den Disziplinen Slalom und Abfahrt statt – für Frauen wie für Männer.

Adrienne Vidal gehört also zu einer der Pionierinnen einer neuen und bald boomenden Sportart. Damit unterscheidet sie sich wesentlich von anderen Skitouristinnen, die wohl mehr am gesellschaftlichen und modischen Aspekt des Wintersports interessiert waren. Auch wenn es Vidal kein grundlegendes Bedürfnis ist, es fällt ihr leicht, sich von den Touristinnen und Modesportlerinnen zu distanzieren:

> [...] ihm [ihrem Trainer Andreas Wirz, E.P.] zuliebe war Adrienne feindlich gegen alle feinen, zarten, albernen Frauen, die sich sportlicher gebärdeten, als ihnen zumute war, und die Skilehrer bewunderten wie Filmstars und Stierkämpfer.[350]

Dass diese «feinen, zarten, albernen Frauen», denen als ideales und modisches Körperbild die knabenhaft schmale Linie vorschwebte, wenig Interesse am ak-

---

348 Ebd. S. 114.
349 www.fis-ski.com/insidefis/fishistory.html (23.4.2004). Max Triet (Hg.): *Wintersport in der Schweiz.* Ausstellung des schweizerischen Sportmuseums. Basel 1983, S. 5.
350 *Flucht nach oben* S. 35.

tiven Wettkampfsport haben konnten, das wird offensichtlich, wenn eine von Gräfin Vidals viel schnelleren Konkurrentinnen im Abfahrtsrennen beschrieben wird.

> Sie fuhren gut, tief in den Knien, eine hatte flatternde Zöpfe, lächerlich sah das aus! Aber sie stand es durch, hatte Säulen statt Beine [...].[351]

Aber nicht nur weil sie (erfolglos) versucht, Skifahren als Wettkampfsport zu betreiben, unterscheidet sich Vidal wesentlich von den «feinen, zarten, albernen Frauen», die sich in den Bergen vor allem die damals noch als gesund geltende Bräune holten. Das Vermögen zu körperlicher Aktivität ist ihr die Versicherung, nicht krank zu sein.

Mit Adrienne Vidal zeigt sich, wie das Bild der ‹Neuen Frau›, der starken und selbständigen Frau zum Beginn der 30er Jahre, als die braunen Trupps schon siegessicher durch die Städte marschieren, brüchig wird. Im Gegensatz zu den nur am modischen Bild interessierten Frauen zeigte Vidal früher nicht nur die äusseren Attribute der ‹Neuen Frau› (gross, schön, gesund), sondern führte tatsächlich ein emanzipiertes und unabhängiges Leben.

> Nie war sie krank, nie brauchte sie einen Rat, nie liess sie es zu, dass sich jemand um sie kümmerte und sich in ihre Angelegenheiten mischte. Sie heiratete und erzwang die Scheidung, erzog ihren Sohn, lebte, wie sie wollte.[352]

Doch dieses Leben ist für Adrienne Vidal vorbei. Vor ihrem Aufenthalt in Alptal war sie sechs Monate in Davos.[353] Nicht zum Skifahren, sondern – so wird angedeutet – mit Tuberkulose in einer Liegekur. Das Symbol für ein modernes Leben, der aktive, gesunde Körper – im Namen Vidal klingt bitter-ironisch ‹vital› an – ist so gefährdet wie die Mobilität, die zu diesem Leben gehört.

> Adrienne dachte an ihren Sohn, und manchmal an die sechs Monate, ausgestreckt auf ihrem Bett in Davos, die weissen Berge vor ihrem Blick, und das fürchterliche Preisgegebensein an den schwachen Körper.
> Sie fürchtete sich davor, wieder krank zu werden. Noch hatte sie Glück gehabt, noch durfte sie leben, aber als Gefangene: Die Städte hielt sie nicht aus, die Ebene nicht, den Nebel nicht.[354]

Das Leben als aktive Skifahrerin lässt Vidal die Gefährdung ihres Körpers vergessen. Sie, die wegen der Gefahr eines Rückfalls in den Bergen bleiben muss, meint im Skifahren einen Ersatz für ihr früheres, aktives Leben gefunden zu haben.

351 Ebd. S. 182.
352 Ebd. S. 47.
353 Ebd. S. 32.
354 Ebd. S. 51.

[S]ie lebte ja, und lebte leidenschaftlich gern: Alles in ihrer jetzigen Umgebung erhöhte ihre Daseinslust, Ski laufen war so gut wie reiten, oder beinahe so gut, und
jetzt wusste sie schon, dass ‹Berge› mehr sind als eine schöne und heroische Landschaft, dass sie Kräfte ausströmen, Kräfte im Menschen freisetzen [...].[355]

Die Anstrengung belebte sie, schuf Erregungen neuer Art. Nein, sie war nicht
krank. Sie würde täglich gesünder werden, sie lief mit Männern, hart auf hart, liess
sich hart anfassen. Sie war glücklich.[356]

Der Schein des durch harten Sport gehärteten Körpers ist trügerisch. Adrienne
Vidal mutet sich zuviel zu.
   Das Training bekommt ihr nicht, sie ist jetzt abends so müde, hat vielleicht auch
   wieder Fieber. Aber sie misst nicht. Sie fürchtet Davos – dorthin will sie keinesfalls
   zurück, nicht unter Kranken leben, nicht die berühmte Heilluft atmen, nicht der
   Suggestion der tausend Hoffnungen erliegen.[357]

Gerade weil ihre Gesundheit wieder in Gefahr ist, weil sie sich wieder krank
fühlt, wird das Abfahrtsrennen für Vidal umso wichtiger. Sie kann sich einen
gesunden Körper nicht anders als aktiv vorstellen.
   Sie wusste: Wenn ich erlahme und nachgiebig werde, geht es bergab. Jenes span-
   nungslose Ausruhen war Gift für ihren Körper, lähmte ihn, setzte alle Funktionen
   herab. Dann erst bin ich krank, wiederholte sie für sich [...].[358]

Jetzt griff sie nach allem, was sie fesseln, am Leben erhalten konnte, und jede Erregung war ihr recht. Nur nicht untauglich werden, nicht wieder Davos und Liegekur, nicht wieder fühlen, wie alles zurückgeht, sogar die Muskeln – mit Entsetzen
erinnerte sie sich an die Monate passiver Hingabe an die Krankheit.[359]

Sie weiss aber, dass sie sich mit dem Training als Spitzensportlerin zuviel zumutet. Nicht zuletzt aus Verantwortungsgefühl, Liebe zu ihrem Sohn, den sie
allein, ohne männlichen Ernährer und Erzieher aufgezogen hat, und mit der
Aussicht, zusammen mit Francis in den Bergen bleiben zu können, will sie ihre
Körperpraxis ändern.
   Das Rennen noch, es lässt sich nicht mehr vermeiden, und dann langsamer, syste-
   matischer arbeiten, nicht bis zur Erschöpfung, nicht ehrgeizig, sondern um gesund
   zu bleiben.[360]

355 Ebd. S. 52.
356 Ebd. S. 53.
357 Ebd. S. 86.
358 Ebd. S. 178.
359 Ebd. S. 179.
360 Ebd. S. 180.

Undurchdringliche Schichtung

Die Figuren in *Flucht nach oben* sind allesamt Aussenstehende, Heimatlose und allein – das zentrale Thema, das sich quer durch Schwarzenbachs fiktionales Werk zieht. Besonders an Schwarzenbachs Ski-Roman ist nun, dass die Figuren sich durchgehend im Verhältnis zu ihrem Körper und dessen gezieltem Einsatz einen gesellschaftlichen und ökonomischen Ort suchen und aufgrund ihres jeweiligen Habitus Erfolg haben oder scheitern müssen.

Die Figuren lassen sich in zwei Gruppen unterteilen. Da sind zum einen die Hauptfigur Francis sowie Adrienne von Vidal und ihr Sohn Klaus. Die zweite Figurengruppe besteht aus Andreas Wirz und dem jungen Matthisel. Esther von M. ist reich und bewegt sich gekonnt in den Kreisen der feinen Menschen. Wie oben gezeigt, ist ihr der Aufstieg bis zu einem gewissen Grad gelungen, nicht jedoch, sich in ihrer neuen Umgebung glücklich, wohl und heimisch zu fühlen und als gleichwertig akzeptiert zu werden. Sie bewegt sich als Figur zwischen der Gruppe der Ober- und jener der Unterschicht.

Dass überhaupt zwei nach Schicht getrennte Figurengruppen in einem ihrer Prosatexte vorkommen, ist für die Autorin Annemarie Schwarzenbach Anfang der 30er Jahre nicht selbstverständlich. In seiner Kritik zu Schwarzenbachs *Lyrischer Novelle* (1933) hatte ihr Klaus Mann vorgehalten:

> Eine andere Eigenschaft des Buches, die mich etwas stört, ist seine fast penetrante Atmosphäre von sozialer Sorglosigkeit, die auf manche gerade anziehend wirken mag. Alle haben sie ihre Autos, essen in netten Restaurants und verkehren in der englischen Botschaft. Das spricht freilich an sich noch nicht gegen die Stärke ihrer Gefühle, die trotzdem tödlich sein kann. Mir ist aber der Leser vorstellbar, der durch so viel feines Leben enerviert, etwa sagte: Junger Herr – wenn du nicht so sorglos auf dem materiellen Gebiet wärest, würdest du über deine Herzenssorgen wesentlich leichter hinwegkommen. Nichts entwertet einen grossen Schmerz so leicht, als wenn man ihm einen gar zu luxuriösen Rahmen gibt.[361]

Dem Roman *Flucht nach oben* kann man nun gewiss nicht den Vorwurf machen, der Rahmen entwerte den «grossen Schmerz» der Figuren, weil er zu luxuriös sei. Die Probleme, vor denen Francis steht, sind durchaus von recht handfester, ökonomischer Art und in den frühen 1930er Jahren weit verbreitet. So bedrohlich wie für Matthisel oder Wirz werden sie jedoch nie. Das Problem, ein Auskommen zu finden, löst sich für Francis fast nebenbei und selbstverständlich. Für ihn weit existentieller ist es, nach dem Verlust des Grundeigentums und dem damit verbundenen sozialen Zusammenhang eine neue soziale und geografische Heimat zu finden. Wie gezeigt spielt für die neue geografische Heimat, die Francis in den Bergen findet, die Körperpraxis des Skifahrens

---

361 National-Zeitung vom 14. Mai 1933; Klaus Mann: *Zwei kleine Bücher.* In: ders.: *Zahnärzte und Künstler. Aufsätze, Reden, Kritiken 1933–1936.* Hg. von Uwe Naumann und Michael Töteberg. Reinbek: Rowohlt, 1993, S. 31–34, S. 33.

eine wichtige Rolle. Die neue, alte soziale Heimat, die Francis findet, hängt eng mit der Nähe zu Adrienne von Vidal zusammen.

> Also, das hier oben zählt nicht? Ist nicht leben, sondern warten, Interimszeit? Und ich halte es aus, wochen-, monatelang! Er fühlte gleich: Das stand in einem dunklen Zusammenhang mit Adrienne Vidal. Kein Missverständnis (er lachte sich aus), er blieb nicht ihretwegen, war nicht verliebt in sie. Vielmehr hielten sie sich gegenseitig fest, lauerten aufeinander, auf etwas Gemeinsames, wussten aber nicht, worin es sich verbarg. Früher war das so einfach: gleicher Kreis, seit Jahrhunderten in der gleichen Provinz ansässig, Gutsbesitzer – man hätte heiraten können. Aber das galt nicht mehr […].[362]

Liebe ist für Francis nicht der Fluchtpunkt seiner Probleme, kein möglicher Ausweg aus seiner Krise. Das zeigt sich in seinem Verhältnis zu Esther. Zwischen Francis und Esther entwickelt sich eine Affäre, die Francis aber nicht aus seiner existentiellen Verlorenheit befreien kann.

> Als er sich umwandte, sass Esther aufrecht im Bett und sah ihn an. Da dachte er an seinen verirrten Schutzengel, und Traurigkeit schnürte ihm die Kehle zu. Nein, du bist es nicht, dachte er, ging zu ihr und streichelte sie. Du bist es nicht, fremdes Engelsgesicht.[363]

Konnte die biblische Ester den Juden in Persien noch «Schutzengel», Beschützerin sein, so kann Esther Francis nicht beschützen. Sie ist ihm ein «fremdes Engelsgesicht».

Francis Schutzengel ist Adrienne Vidal. Wie es der jahrhundertealten Praxis ihrer Familien entspricht, ist die Verbindung der beiden nicht gerade von Leidenschaft geprägt. Schlafzimmerszenen wie mit Esther gibt es mit Adrienne Vidal nicht, nur die formelhaften Riten zweier aus alten Familien Stammender, die sich zu einem Sicherheits- und Zweckbündnis zusammenschliessen («Vielmehr hielten sie sich gegenseitig fest»). Francis und Adrienne verhalten sich auch an ihrem neuen Ort in den Bergen wie zwei Mitglieder alter Landadelsfamilien, für die gleiche Schicht und der gleiche Landkreis ausreichende Gründe zur Verbindung sind. Die Stelle, in der Francis und Adrienne ihren Zusammenschluss besiegeln, könnte nicht deutlicher sein. Francis ist eben von Berlin zurückgekehrt, wo er die Angelegenheiten um den verlorenen Familienbesitz endgültig geklärt hat. Er trifft Adrienne beim Frühstück.

> Sie sass da und rauchte und sah ihn gar nicht. Er freute sich unbeschreiblich. Sie bestellte Kaffee für ihn.
>
> «Ich hab schon zweimal …», wandte er ein.
>
> «Du kannst auch dreimal trinken», sagte sie. Der Kaffee war schwarz und dick und roch stark. Nirgends gab es so guten Kaffee. Die Milch schäumte.

362 *Flucht nach oben* S. 50.
363 Ebd. S. 101.

Er trank in grossen Schlucken. Sie sass ihm gegenüber, drückte ihre Zigarette aus und stützte die Arme auf. Sie waren sich überhaupt nicht fremd.

«Bist du nicht erstaunt, dass ich wiederkomme?» frage er.

«Was solltest du schon in Berlin», antwortete sie. «Nein, nein, es war höchste Zeit für dich zurückzukommen.»

Er ass und trank, langte mit dem Messer in die Butterschale. Es war alles selbstverständlich.[364]

Zentral scheint hier zu sein, dass sie sich «überhaupt nicht fremd» sind und «alles selbstverständlich» ist. Das ist in einer Situation der Verlorenheit der grössere Trost als alle raffinierte Leidenschaft, mit der Esther nicht hatte ankommen können gegen das, was Adrienne an familiärer Vertrautheit und Versicherung zu bieten hat. Francis «freut sich unbeschreiblich» sie wiederzusehen. «Sie bestellte Kaffee» und danach wird darüber disputiert, wer den Jungen ins Internat bringt.

Damit gelingt es Francis und Adrienne, einen Teil ihres alten Lebens trotz körperlicher Versehrtheit und ökonomischem Abstieg ins Bergdorf Alptal zu retten. Francis' Bruder Carl Eduard, der Adrienne eigentlich viel näher gestanden hatte als Francis, war diese Verbindung nicht gelungen. Als ehemaliger Offizier des deutschen Heers und als Reiter war er zu sehr in der alten Welt verwurzelt. Das wird im Unterschied deutlich, den Francis zwischen sich und seinem Bruder ausmacht.

[I]ch mache es nicht anders als er; nicht anders als du, Carl Eduard, gehe ich an die Dinge heran, nur dass ich Ski laufe, oben, und den Städten entfliehe, ich laufe Ski [...].[365]

Skifahren, eine moderne, männlich-abenteuerliche Bewegungsform mit lenkbaren Geräten, in den Bergen, wo Adrienne in Zukunft leben muss: Das ist offensichtlich der wichtigste Unterschied, den Francis zwischen sich und seinem Bruder feststellen kann. Carl Eduard schafft es denn auch nicht bis hinauf zu Adrienne in die Berge. Noch in Innsbruck stirbt er im Spital, einige Tage nachdem er sich in die Lunge geschossen hatte. Er stirbt an einer kaputten Lunge, ein Schicksal, das im Tal auch Adrienne drohen würde. Doch im Gegensatz zu Carl Eduard ist sie schon seit einiger Zeit in den Bergen. Und vor allem: Wie Francis fährt auch sie dort Ski – was für sie, wie bereits zitiert, «beinahe so gut» ist wie reiten,[366] jene fast aussterbende Bewegungspraxis des Landadels und Carl Eduards.

Francis und Adrienne ist es geglückt, in den Bergen eine Schrumpfform ihrer alten Welt zu schaffen. Die einzigen Figuren, denen es gelungen ist, ihre

364 Ebd. S. 200.
365 Ebd. S. 129.
366 Ebd. S. 52.

Einsamkeit und Verlorenheit zu mildern, sind somit die beiden Adligen, die Teile der alten Strukturen ins neue Leben hinüberretten können. Damit zeigen sich die Grenzen zwischen den Schichten, die im Habitus manifest werden, als praktisch undurchlässig. In Schwarzenbachs letztem Prosatext, dem unveröffentlichten *Das Wunder des Baums* findet sich eine Stelle, die diese Undurchdringlichkeit der Schichtgrenzen geradezu paradigmatisch festhält. Die Hauptfigur Marc erinnert sich an eine Episode aus der Kindheit auf dem Familiensitz.

Eines Nachmittags hatte man ihm und seinen Geschwistern erklärt, ein «Malerstreik» sei ausgebrochen, und man hatte ihnen verboten, den Garten des Stadthauses zu verlassen. An die Gitterstäbe des Einfahrtstores gedrückt, hatten sie die Strasse betrachtet, welche «Parkring» hiess und wie ausgestorben war, denn alle guten Leute hatten sich in ihre Gärten geflüchtet, und einige hatten sogar die Fensterläden ihrer Häuser geschlossen wie vor einem Gewitter. Dann war oben, in der letzten Kurve der leeren Strasse, ein Mann aufgetaucht, der ein weisses Übergewand trug, wie der Maler, der sonst mit seinen roten und grünen Farbtöpfen gekommen war, um die Eisengitter zu streichen, der mit den Kindern gescherzt und sie mit seinem tropfenden Pinsel bedroht hatte, während er eine grosse Schale goldbraunen Milchkaffee aus der Küche trank. Aber obwohl die Kinder dem Mann in der leeren Strasse zuerst angstvoll verstohlene Zeichen machten, schien er sie nicht zu erkennen. Er lief langsam, und eigenartig schwankend, die Strasse hinab und hatte einen schmutzigen Verband um die Stirn gewickelt. Als er am Gartentor vorbeikam, und die Kinder sein fremdes, erschreckend bleiches Gesicht unter der blutigen Binde sehen konnten, begriffen sie in ihrer dumpfen Panik, dass ihre Eltern Recht gehabt hatten, ihnen die Strasse des «Streikers» zu verbieten, der ein Revolutionär, und ein Feind und Mörder war...[367]

Aus der Kinderperspektive wird hier die faktische und von der Oberschicht gewollte Undurchdringlichkeit der Schichtgrenzen geschildert. Der Maler und Arbeiter scherzt zwar mit den Kindern herum, es ist jedoch ein Spiel, bei dem er die Kleinen «mit seinem tropfenden Pinsel bedroht». Den Kindern, die – wie Schwarzenbach – behütet mit Privatlehrerinnen und Privatlehrern, mit gepflegtem Musizieren, Reiten, kleinen Nachmittagstees und grossen Empfängen aufwuchsen, ist schon das blosse Arbeitsgerät eine Bedrohung. Tritt der Maler/Arbeiter in einem anderen Verhältnis als dem des Auftragsempfängers auf, dann ist er ein «Revolutionär, und ein Feind und Mörder». Dann ziehen sich «alle guten Leute» hinter die Gitter um ihre Gärten zurück, manche schliessen gar die Fensterläden, um nichts von den Zumutungen und Anmassungen der Unterschicht in ihr eigenes Leben dringen zu lassen. Die faktische Undurchdringlichkeit der Schichtgrenzen wird in diesen Bildern von

367 Schweizerisches Literaturarchiv, SLA, Nachlass Annemarie Schwarzenbach: *Das Wunder des Baums* (Romantyposkript), S. 38.

Eisengittern und geschlossenen Fensterläden deutlich. In *Flucht nach oben*, so lässt sich abschliessend feststellen, finden sich für die Undurchdringlichkeit der Schichtgrenzen keine derart konkreten Bilder. Diese Undurchdringlichkeit ist dennoch prägend für den ganzen Roman. Der Sport, das Skifahren wird als einzige Möglichkeit der ‹Flucht nach oben› – im geografischen wie im sozialen Sinn – dargestellt. Diese ‹Flucht› gelingt jedoch nur den beiden Oberschichtfiguren. Sie integrieren die neue sportliche Körperpraxis – als Ersatz fürs herrschaftliche Reiten – so in ihren Habitus, dass sie an einem neuen Ort ihre bisherige Lebensweise in nur leichter Modifikation weiterführen können. Den Unterschichtfiguren, die sich mit der sportlichen Körperpraxis den sozialen Aufstieg versprechen, ist die ‹Flucht nach oben› versperrt. Andreas Wirz gelingt es nicht, den Sport und seinen Habitus so zu verbinden, dass er aus seinem Körperkapital soziales und (legales) ökonomisches Kapital gewinnen könnte. Matthisel kompromittiert sein Körperkapital bereits dadurch, dass er Wirz als Lehrer wählt. Eine ‹ehrenhafte› Umsetzung dieses Kapitals, also sozialer Aufstieg, ist so bereits zum Vornherein verunmöglicht.

Die Berge sind in *Flucht nach oben* wohl der Gegenpol zur Stadt (Berlin), jedoch nicht im Sinn der Heimatliteratur, die das Unverdorbene dem Dekadenten gegenüberstellen wollte. Die Berge sind nur für jene ein Refugium, die über genügend soziales oder ökonomisches Kapital verfügen, die Berge mit ihrer Körperpraxis zu einer Alternative einerseits zum Leben auf dem Familiengut wie andererseits zum urbanen Leben zu machen.

Walther Kauer: Abseitsfalle

Erfolgreicher Arbeiter im Buchgeschäft
Walther Kauer (1935–1987) schrieb Kolumnen, Reportagen, Hörspiele, Theaterstücke und Romane. Vergleichbar mit Arthur «Turi» Honegger und Walter Matthias Diggelmann verarbeitete er in einigen seiner zentralen Texte eine Kindheit, die geprägt war von materieller Not und der Abwesenheit des Vaters. Diese Kindheit war Kauer Antrieb für gesellschaftskritisches und sozialpolitisch engagiertes Schreiben, mit dem er Partei nehmen wollte für die Unterprivilegierten, vor allem für die Arbeiter. Die Frauen und deren Emanzipation sind in dieses Engagement nicht einbezogen. Und obwohl Gastarbeiter der Unterschicht zu jenen Unterprivilegierten gezählt werden, denen Kauers Parteinahme gilt, ist sein Schreiben, wie später gezeigt wird, nicht frei von xenophoben Elementen.
Kauers Romanerstling *Grüner Strom und schwarze Erde* war 1968 als erste und letzte Publikation des Genossenschaftsverlags Progressive Schriftsteller und Leser Zürich erschienen. Der an der Genossenschaft beteiligte Verleger und Autor Silvio Riccardo Baviera berichtet, Kauers Erstling sei «ein Erfolg» gewesen.[368] Der Durchbruch gelang Kauer mit *Grüner Strom und schwarze Erde* aber nicht. Im *Kritischen Lexikon zur Gegenwartsliteratur*[369] ist dieser Roman nicht vermerkt. Christoph Bircher erwähnt den Erstling zwar, jedoch mit dem Hinweis, er sei «der Lesergemeinde Kauers höchstwahrscheinlich unbekannt».[370] Und in der Liste der Sekundärliteratur verzeichnet Bircher – im Gegensatz zu den anderen Romanen Kauers – auch keine Rezensionen von *Grüner Strom und schwarze Erde*.
Erst mit einem Umweg über das Ausland fand Kauer in der Schweiz grössere Anerkennung. Der Roman *Schachteltraum* erschien 1974 zuerst in der DDR, im Berliner Verlag Volk und Welt, und machte Kauer schliesslich auch in der Schweiz bekannt und zu einer markanten Figur des Literaturbetriebes. 1978, zwei Jahre nachdem Benziger Kauers erfolgreichen Roman *Spätholz* herausgebracht hatte, nahm dieser Schweizer Verlag auch *Schachteltraum* mit einer Lizenzausgabe in sein Programm auf.

368 Fredi Lerch: *Muellers Weg ins Paradies: Nonkonformismus im Bern der sechziger Jahre.* Zürich: Rotpunktverlag, 2001, S. 601.
369 *Kritisches Lexikon zur deutschen Gegenwartsliteratur.* Hg. von Heinz Ludwig Arnold. München: edition text+kritik, 1978ff.
370 Christoph Bircher: *Der Erzähler Walther Kauer. Eine Gratwanderung in einer gastlosen Welt.* Zürich: Studentendruckerei, 1989, S. 148.

Nach eigenen Angaben soll Kauer von seinen Romanen nie weniger als 30 000 Stück verkauft haben[371] – für einen Autor aus der Schweiz wäre das eine ausserordentlich hohe Zahl. Ein Buch, von dem in der Deutschschweiz 10 000 Exemplare verkauft werden, gilt als Bestseller.[372] Höhere Auflagen sind nur über einen Erfolg auf dem deutschen Markt zu erreichen. Wie alle Aussagen Kauers über sich selbst ist auch die Angabe über seine Verkaufszahlen mit Vorbehalt zu geniessen. Die Neigung, die eigene Biographie fabulierend anzureichern, ist unverkennbar. Fredi Lerch nennt Kauer nicht ohne Grund eine «schillernde Gestalt» und zählt im Ganzen vier Kauers, denen «oft fast nur das Geburtsdatum gemeinsam war».[373] Als gesichert kann gelten, dass Kauer als Arbeiterkind in Bern aufwuchs, die Ehe der Eltern 1948 geschieden wurde, Kauer eine Lehre als Gemeindeschreiber und später als Gärtner begann. 1967 arbeitete Kauer in einem antroposophisch geführten Behindertenheim in der Nähe von Aberdeen. Auch Aufenthalte in Berlin sind verbürgt. Ob Kauer dort aber tatsächlich an der Freien Universität Germanistik und Soziologie studiert hat, ist allerdings fraglich.[374]

In einem seiner letzten Texte[375] – das Manuskript hatte er am Tag vor seinem tödlichen Unfall auf der Redaktion der Berner Zeitung abgeliefert – rechnet Kauer mit Buchauflagen weit unter 30 000 Stück. Für seine Antwort auf die Frage «Was verdienen Autoren in der Schweiz?» geht er «subjektiv» von 5 000 verkauften Exemplaren pro Titel aus und fügt an: «Nicht jeder Schweizer Autor verkauft 5 000 Bücher, ein paar wenige verkaufen freilich mehr.» Zu denen zählt sich Kauer 1987 nicht. Er errechnet für sich mit 5 000 verkauften Büchern über zwei Jahre sowie den Einkünften aus Hörspielverträgen und von Lesungen ein Jahreseinkommen von 20 000 Franken. Zweifellos gehörte Kauer in seinen letzten Jahren nicht zu den Grossverdienern der Schweizer Literaturszene. In den 1970er Jahren aber war er ein viel beachteter Autor, dessen Bücher sich überdurchschnittlich gut verkauften. Seine frühen Romane hatten mit ihrem gesellschaftskritischen Ton im deutschsprachigen Literaturbetrieb immerhin soviel Gewicht, dass nicht nur die linke und linksliberale Presse, sondern auch ausgesprochen bürgerliche Titel wie die Frankfurter Allgemeine Zeitung oder die Neue Zürcher Zeitung auf Kauers Publikationen mit Rezensionen reagieren mussten.[376]

371 Vgl. Benita Cantieni: *Schweizer Schriftsteller persönlich. Interviews.* Zürich: Ex Libris, 1985, S. 74.
372 Vgl. *brotlos? Vom Schreiben und vom Geld.* Eine Ausstellung des Schweizerischen Literaturarchivs. 25. Februar bis 22. Mai 2005.
373 Lerch 2001, S. 156.
374 Bircher 1989, S. 218ff. sowie Lerch 2001, S. 157.
375 Walther Kauer: *Es kostet viel Kraft, den Schein zu wahren.* In: Berner Zeitung vom 29. April 1987.
376 Vgl. *Kritisches Lexikon zur deutschen Gegenwartsliteratur.* Walther Kauer, Seiten C und D.

Der Roman *Schachteltraum* ist Kauers formal ambitioniertestes Werk. Wie Christoph Bircher berichtet, ist die komplexe Form des Romans Resultat einer intensiven Zusammenarbeit Kauers mit dem Lektorat des Verlags Volk und Welt. In einer Form von «Entwicklungslektorat» habe ein Lektorenteam den Autor in Berlin betreut. Was Kauer tagsüber geschrieben habe, sei am Abend gemeinsam besprochen, analysiert und weiterentwickelt worden.[377]

Diese Form des Schaffens kam Kauers Naturell sehr entgegen, die Geschichten im Dialog entwickeln, überprüfen und neu erzählen. Der Erzähler Kauer hatte Mühe mit dem solipsistischen Vorgang des Schreibens.[378]

Gemäss Bircher hatte Kauer Schwierigkeiten, Erzählkonzepte zu entwerfen und einen Erzählplan durchzuhalten. Kauers Stärke habe darin gelegen, einzelne Episoden gekonnt und kraftvoll zu erzählen.[379] Aus diesem episodischen Erzählen ist in *Schachteltraum* ein fast unüberschaubares Geflecht von Rahmenerzählung, Rückwendungen, Aufzeichnungen, Erinnerungen entstanden, mit dem Kauer die schwere Jugend einer autobiographisch gefärbten Figur mit der Geschichte der Schweiz zwischen 1930 und 1970 verbindet, die er aus der Perspektive der Arbeiterbewegung aufarbeitet. Damit steht *Schachteltraum* in der Tradition früher Schweizer Arbeiterromane wie Jakob Bührers *Man kann nicht...* von 1932 oder Elisabeth Gerters *Die Sticker* von 1938.
Kauer selbst gibt von der Zusammenarbeit mit dem Lektorat von Volk und Welt allerdings ein anderes Bild als Bircher. In einem Interview mit der Zürcher Studentenzeitung das konzept schildert Kauer die Umstände und das Zustandekommen dieser Zusammenarbeit.

Du bist mit dem «Schachteltraum»-Manuskript direkt in die DDR gegangen?
Das war ein reiner Zufall. Aber das glaubt mir eben keiner. Die ersten 70 Seiten lagen bei Benziger zur Lektüre. [...]
Ich kam aber in meiner Arbeit nicht mehr voran. Da gab ich das Manuskript Marcel Brun (Jean Villain). Zufälligerweise wohnt er in Ost-Berlin. Mitten in der Nacht bekam ich ein Telegramm: Vertrag perfekt. Bei Benziger waren sie natürlich stocksauer. Aber als unbekannter Autor ist man schon allein finanziell darauf angewiesen, dass man einen Vertrag hat.

Wie war die Zusammenarbeit mit dem Verlag Volk und Welt (DDR). Haben dich die Leute bei der Arbeit unterstützt?
Ja, finanziell. Aber nicht bei der schriftstellerischen Arbeit.[380]

---

377 Bircher 1989, S. 149. Eine Quelle gibt Bircher, der für seine Dissertation viele Interviews geführt hat, dafür nicht an.
378 Ebd.
379 Ebd. S. 206.
380 Liselotte (Lotta) Suter und Rudolf Küng: *Polterer im Literaturgeschäft*. In: *das konzept*, 12/1976, S. 3.

Diese Aussage Kauers steht nicht nur im Widerspruch zu Birchers Berichten, sondern auch zu den Implikationen seiner kurz darauf folgenden Aussage über die Zusammenarbeit mit dem Benziger Verlag.

War die Zusammenarbeit mit Benziger ähnlich oder gleich wie mit Volk und Welt?
Wo denkt ihr hin. Ich tippe mein Manuskript hier in die Maschine. Und genau so wird es gedruckt. Das ist das ganze Lektorat.[381]

Die Typoskripte Kauers, die im Archiv des Benziger Verlags im Schweizerischen Literaturarchiv erhalten sind, relativieren diese Aussage Kauers allerdings. Vom Roman *Spätholz*[382] sind im Benziger Archiv mehrere Fassungen erhalten, auch Fassungen mit dem frühen Titel *Jahrringe*. Das lässt darauf schliessen, dass der Verlag schon früh die Entwicklung des Texts zumindest beobachtend begleitet hat. Spätestens aber bei der «Fassung Sommer 1975» von *Spätholz* sind die Eingriffe des Lektorats erkennbar. Die mit Bleistift ausgeführten Änderungsvorschläge umfassen Streichungen – vor allem von Füllwörtern, aber auch von ganzen Abschnitten –, Umstellungen im Satzbau, Neuformulierungen von Sätzen oder Abschnitten sowie Kommentare wie «zu umständlich». Die Eingriffe des Lektorats betreffen weder die Grundstruktur des Textes noch erwecken sie den Eindruck, sprachliche Defizite des Autors hätten ausgeglichen werden müssen. Die Vorschläge des Lektorats sind zwar zahlreich, gehen aber nicht über das hinaus, was ein aufmerksames und seriöses Lektorat beim Feinschliff eines Textes zur Publikation zu leisten hat. Dass die Texte bei Benziger «genau so» gedruckt würden, wie Kauer sie in die Maschine getippt habe, ist dann aber doch eine sehr kühne Zuspitzung.

Mit dem «wo denkt ihr hin» scheint Kauer im Interview mit das konzept jedoch auf einen entscheidenden Unterschied in der Zusammenarbeit mit Volk und Welt und mit Benziger hinweisen zu wollen. Wenn bei Benziger seine Typoskripte tatsächlich ohne Eingriffe des Lektorats gedruckt worden wären, dann müsste das heissen, bei Volk und Welt habe das Lektorat im Gegensatz zu jenem bei Benziger intensiv am Text mitgearbeitet.

Rote Fahne und rote Karte

Mit seinem vierten Roman *Abseitsfalle* (1977) lehnte sich Kauer sowohl in der Form wie inhaltlich an *Schachteltraum* an. Auch in *Abseitsfalle* verbindet er das Schicksal eines Arbeiterkindes mit der Geschichte der Schweizer Arbeiterbewegung zwischen den 1930er und den 1970er Jahren. Diese Geschichte wird aber in *Abseitsfalle* weit weniger detailliert ausgeführt als in *Schachteltraum*, und die Form ist mit lediglich zwei Erzählebenen in *Abseitsfalle* einfacher.

381 Ebd.
382 Erste Auflage: Einsiedeln: Benziger, 1976.

Schachteltraum wie *Abseitsfalle* nennt Kauer «ein Fresko»,[383] was soviel bedeuten soll wie: Beide Romane bieten eher einen Überblick über eine historische Entwicklung als den Blick auf ein Detail. Die historische Entwicklung, die er mit *Abseitsfalle* zeigen will, umreisst Kauer so:

> Der nächste Roman ist wieder ein Fresko. Er heisst «Abseitsfalle». Es ist eine romanhaft aufgearbeitete Geschichte der Schweizer Arbeitersportbewegung. Ich gehe der soziologischen Tatsache nach, weshalb [sic] in der Schweiz die Fussballvereine ausgerechnet dort gegründet worden sind, wo die geisttötendste Industrie angesiedelt war: St.Gallen, Grenchen, Solothurn, Biel, La Chaux-de-Fonds usw. Ich habe selbst zwanzig Jahre Nationalliga-Fussball gespielt. Ich weiss, wovon ich rede.
> Ich will das Phänomen untersuchen, wie es dem Kapitalismus gelang, die Arbeiter von der roten Fahne weg und hinter eine grünweisse oder eine blauweisse oder eine gelbschwarze zu bringen.
>
> *Ein ausserordentlich schwieriges Thema. Alle linken Gruppierungen versuchen ja schon seit langem, das Phänomen zu erklären, dass in der Schweiz die Arbeiterschaft wenig Interesse an der roten Fahne hat.*
> Zu einer Demonstration für soziale Rechte bringt man ja kaum ein Bein auf die Strasse. Aber für ein Fussballspiel marschieren Tausende und aber Tausende [sic] und ziehen noch blaurote Hütchen an.[384]

Dass Kauer tatsächlich «selbst zwanzig Jahre Nationalliga-Fussball gespielt» hat, ist eher unwahrscheinlich. «Nationalliga-Fussball», das waren zur Aktivzeit Kauers die beiden höchsten Spielklassen im Schweizer Fussball. Schwer vorstellbar, dass jemand zur Ausbildung oder als Tagelöhner so oft im Ausland war und sich trotzdem 20 Jahre als Spieler in einer der beiden obersten Ligen halten konnte. Eine 20 Jahre dauernde Karriere als Spitzenfussballer lässt sich mit keiner von Kauers Biographien vereinbaren. Wahrscheinlicher ist, dass Kauer einige Zeit in einer regionalen Liga Fussball gespielt hat.

Euphorisch kann man die Rezensionen von *Abseitsfalle* nicht nennen. Hermann Burger etwa hielt fest, er sei enttäuscht von diesem Buch,

> das den krampfhaften Versuch darstellt, Klassenkampf und Knochenkampf auf dem grünen Rasen unter einen Hut zu bringen; weil keine der beiden ineinander montierten Welten stimmt, weder die Fussballwelt noch die Arbeiterwelt.[385]

Burger urteilt, *Abseitsfalle* sei inhaltlich wie sprachlich ungenau und trivial. Burger spricht sogar von dem Finale eines «Heftchen-Romans, der, mit Ausnahme einiger Jugendepisoden, nie über das Niveau schlecht imitierter Realität

---

383 Suter und Küng 1976, S. 4.
384 Ebd.
385 Hermann Burger: *Triviale Imitation trivialer Wirklichkeit*. In: Aargauer Tagblatt vom 5. November 1977. Kopie im Nachlass Walther Kauer, SLA.

hinauskommt».[386] Das Urteil über *Abseitsfalle* wurde auch in der zeitlichen Distanz nicht revidiert. Der Basler Lenos Verlag, der Kauers Romane seit 2002 als Taschenbücher neu herausgibt, wollte *Abseitsfalle* zuerst nicht in die Reihe aufnehmen.[387] Im Mai 2006, gerade richtig zur Endrunde der Fussball-WM in Deutschland, erschien *Abseitsfalle* bei Lenos dann aber doch noch in einem Reprint.

Als Untersuchungsgegenstand interessant ist dieser Roman Kauers deshalb, weil er ein damals weit verbreitetes Unbehagen am Sport als Geschäft und die Diskussion um den Sport als Mittel des Herrschaftserhalts zwar stark vereinfacht, aber exemplarisch aufzeigt. *Abseitsfalle* entlarvt nicht nur «zeitgenössische Diskurselemente durch *Wiedereinspeisung älterer Konzepte* als kontingente Konstrukte»,[388] indem er den ‹solidarischen› Arbeitersport dem ‹ausbeuterischen› Spitzensport entgegenstellt; der Roman reflektiert auch die Verdrängung des einen Sportkonzepts durch das andere als Teil der gesellschaftlichen Entwicklung im Klassenkampf.

Zentrale Figur von *Abseitsfalle* ist der Arbeitersohn Jörg Meister. Meister ist, wie ein «Prolog» vorweg nimmt, ein grosser Fussballer. Ein Prolog im eigentlichen Sinn, eine Vorrede ist dieser Anfang von *Abseitsfalle* nicht, sondern vielmehr eine Vorwegnahme des Handlungshöhepunkts, mit dem das dramatische Muster für Meisters Scheitern vorgegeben wird.

> Jörg hörte bloss ein trockenes, hässliches Geräusch. Es klang, als hätte jemand einen dürren Ast über seinem Knie entzweigebrochen. Der blonde Stürmer im roten Trikot, der eben noch Jörg bedrängt hatte, sackte zusammen. Auf seinen weissen Stulpen breiteten sich rote Flecken aus, wie Tinte auf einem Löschblatt.[389]

Die Spieler der gegnerischen Mannschaft bedrängen Meister, einer versetzt ihm einen Tritt in die Nierengegend. Die Zuschauer pfeifen und buhen Meister aus, der Schiedsrichter zeigt ihm die rote Karte. Diese rote Karte ist der Höhe- und Schlusspunkt einer Häufung der Farbe Rot im «Prolog». Der «blonde Stürmer im roten Trikot», auf dessen weissen Stulpen sich nach Meisters grobem Foul «rote Flecken aus[breiteten], wie Tinte auf einem Löschblatt», die Spieler «im roten Trikot», die ‹Roten›, die Meister bedrängen, und schliesslich die zweimal genannte rote Karte, die der Schiedsrichter unter dem tosenden Applaus des Publikums mit hoch erhobener Hand und sich mehrmals «wie eine Ballerina»[390] um die eigene Achse drehend zeigt, machen bereits hier deutlich, dass

386 Ebd.
387 Telefonische Auskunft des Verlags vom 14. Januar 2005.
388 Michael Gamper: *Literatur, Sport, Medium. Diskurstheoretische Überlegungen zu einem vertrackten Verhältnis.* In: *SportZeiten*, 1/ 2003: *Sport und Literatur*, S. 41–52, S. 46.
389 Walther Kauer: *Abseitsfalle.* Zürich und Köln: Benziger, 1977, S. 5.
390 *Abseitsfalle* S. 6.

Meister nicht nur von diesem wichtigen Fussballspiel ausgeschlossen werden wird. Rot, die von Kauer im Interview mit das konzept politisch eindeutig besetzte Farbe, die Farbe der Fahne, hinter der sich die Arbeiter stark und solidarisch vereinen könnten, wird hier sarkastisch zur Farbe des endgültigen Auschlusses und Scheiterns eines isolierten und entfremdeten Arbeitersohnes. Mit einem «trockenen, hässlichen Geräusch», das prominent am Anfang des «Prologs» und des Romans steht, zerbricht mehr als Schien- und Wadenbein eines gegnerischen Stürmers. Und der bildliche Vergleich, mit dem dieses Geräusch beschrieben wird, deutet bereits den Ablauf des Scheiterns an. Der Ast, der bricht, ist «dürr», also bereits abgestorben, brüchig. Und er bricht, weil ihn «jemand» über dem Knie – willentlich und gezielt – zerbricht.

Das Final des Schweizer Fussballcups wird traditionell entweder am Oster- oder am Pfingstmontag gespielt. Dass wichtige Fussballspiele an hohen christlichen Feiertagen stattfinden, ist nicht aussergewöhnlich. In den rasch wachsenden englischen Grossstädten des 19. Jahrhunderts war es üblich, Fussballpartien an traditionellen Festtagen auszutragen. So wurde nicht nur am Neujahrstag gespielt, sondern auch am Weihnachtsmorgen oder am Tag danach, dem «Boxing Day», also dem Stephanstag. Fabian Brändle und Christian Koller sprechen in diesem Zusammenhang von «vormodernen Repertoires sozialer Orte und Rituale», deren sich die nicht selten vom Land zugewanderte Grossstadtbevölkerung bediente, um ihre Gemeinschaft sichtbar zu machen und zu erneuern.[391] Zu diesen «vormodernen Repertoires» gehören auch das Kirchenjahr und die Tradition, an Feiertagen zusammen zu kommen. In einer zunehmend säkularen Gesellschaft sind kirchliche Feiertage vor allem arbeitsfreie Tage und bieten nicht zuletzt die Möglichkeit, bei Tageslicht Sport treiben oder Sportveranstaltungen verfolgen zu können. Als «Profanreligion» mit «unzähligen, festgeschriebenen Riten und Zeremonien, klare[n] und eindeutige[n] Unterscheidungen zwischen Gut und Böse»[392] füllt der Fussball die Leerstellen einer durch religiöse Tradition geprägten, aber säkularisierten modernen Gesellschaft. Die Analogien des Fussballjahrs zum christlichen Kalender, den Brändle und Koller feststellen, überraschen in diesem Zusammenhang nicht.

> Der Osterzyklus als Höhepunkt des christlichen Festjahres kann unseres Erachtens durchaus mit der sich zuspitzenden Intensität am Ende einer Saison verglichen werden, wenn jeweils Absteiger und Meister ermittelt wurden, sich der lange sehnlichst erwartete Cupfinal endlich näherte.[393]

Ostern, an denen das entscheidende Spiel in *Abseitsfalle* stattfindet, ist für Jörg Meister aber weder ein Ritual, das Gemeinschaft erneuert, noch Möglichkeit

---

391 Fabian Brändle und Christian Koller: *Goal! Kultur- und Sozialgeschichte des modernen Fussballs*. Zürich: Orell Füssli, 2002, S. 57.
392 Brändle, Koller 2002, S. 60.
393 Ebd.

zur Wiederauferstehung. Der «blonde Stürmer», dessen «weisse Stulpen» sich mit Blut rot verfärben, kann zwar als Verweis aufs Oster- bzw. Passalamm[394] gelesen werden. Für Meister bleibt es aber auch an Ostern Karfreitag. Wie Jesus am Karfreitag wird er öffentlich verurteilt – durch den Schiedsrichter mit der roten Karte; und wie Jesus am Karfreitag wird er verspottet – mit dem Pfeifkonzert, das zuerst anschwillt, dann in «tosenden Beifall»[395] übergeht, als der Schiedsrichter die rote Karte zückt.

Die Tage um das Cupfinale bilden die Rahmenerzählung von *Abseitsfalle*. Es ist das Spiel, das über die Zukunft des Fussballers Meister, dessen Karriere den Zenit schon überschritten hat, entscheiden wird. Diese Rahmenerzählung wird regelmässig durch Einschübe unterbrochen, in denen von Meisters Kindheit in einem Arbeiterviertel und von seinem gesellschaftlichen und sportlichen Aufstieg als Fussballer erzählt wird.

Das Scheitern des Arbeitersohnes Meister hat in der Logik Kauers und seines Romans zuallererst mit dem Antagonismus der Klassen im Klassenkampf bzw. mit der ungleich verteilten Gewalt über die Produktionsmittel zu tun. Der populäre Fussball ist aus dieser Perspektive Teil des Klassenkampfes. Spieler wie Jörg Meister sind Fussball spielende Arbeiter-Sklaven, deren Arbeitskraft ausgebeutet wird und die weggeworfen werden, wenn sie nicht mehr genügend produktiv sind.

Arbeiteridylle vs. Fussballwelt

Das Verhältnis der beiden zeitlich und örtlich klar getrennten Sphären des Romans ist antipodisch angelegt. Die Arbeiterwelt, in der Jörgs Kindheit spielt, zeigt sich idyllisch; die Fussballwelt, in der sich der reifere Jörg Meister behaupten muss, wirkt unmenschlich und zerstörerisch.

Die Tauben fliegen den Arbeitern, ihren Frauen und Kindern im Quartier, das den sprechenden Namen «Blumenau» trägt, nicht ins Maul. Doch wer recht zupackt und sich zu helfen weiss, kann es sich nett einrichten:

> Hinter dem Arbeiterhäuschen an der Gladiolenstrasse wucherten und blühten Mutters Dahlien und die violetten Herbstastern, und an Nachbar Müngers Aprikosenspalier hingen die kleinen Aprikosen noch genau so grün und steinhart wie immer.[396]

---

394 Das jüdische Passafest geht auf ein Hirtenfest zurück, bei dem ein junges männliches Lamm geopfert wurde. Lamm ist eine der zentralen Speisen des Passafestes. Das Passafest ist eng verbunden mit dem christlichen Osterfest, zu dessen traditionellen Speisen ebenfalls Lamm gehört. Vgl. Karl-Heinrich Bieritz: *Das Kirchenjahr. Feste, Gedenk- und Feiertage in Geschichte und Gegenwart.* München: Beck, 1987/1991, S. 40–44.

395 *Abseitsfalle* S. 6.

396 Ebd. S. 17.

Wer zuviel will (Nachbar Münger war lange Kommunist, bevor er Sozialdemokrat wurde), bemüht sich vergeblich; aber mit dem Sinn für das Adäquate lässt sich auch mit bescheidenen Mitteln etwas ausrichten:

> Alles in diesen Arbeiterhäusern war billig und einfach gebaut, aber Jörgs Mutter verstand es, die Küche mit einem buntkarrierten Vorhang und einem sauberen Tischtuch wohnlich erscheinen zu lassen. Stets standen Blumen auf dem Tisch. Bunte Sommersträusse im Sommer, dunkel und schwer riechende Astern im Herbst, Strohblumen im Winter.[397]

Neben Blumen, die sich im Garten, auf dem Tisch oder als Teile der Strassennamen im Zusammenhang mit der Familie Meister finden, unterstreichen Geruch oder Geschmack von grösstenteils selbst produzierten, gesuchten und verarbeiteten Lebensmitteln die häusliche Idylle. In der Küche duftet es nach Kaffee und auf dem Estrich hängen lange Schnüre, an denen die selbstgezogenen Kräuter zum Trocknen hängen (S. 20). Pilze werden im Omelettenteig gebraten – «ein würziger Duft verbreitete sich in der Küche» (S. 45) –, die Pilze werden getrocknet oder gekocht mit einem Sud aus Zwiebeln und Gewürzkräutern nicht in moderne Einmachgläser abgefüllt, sondern in einen bewährten Steinguttopf (S. 46). Die Tomaten aus dem eigenen Garten sind «voll ausgereift und fruchtig» (S. 60). Der Garten ist überhaupt zentral für das Leben der Familie Meister. Vater Paul Meister war eine Zeitlang arbeitslos gewesen. Damals hatte die Familie vom Garten und davon gelebt, was – wie Heidelbeeren oder Pilze – im Wald zu finden und auf dem Markt zu verkaufen war (S. 47). Während die Eltern säen, pflanzen, ernten und jäten, sitzen die noch kleinen Kinder nackt unter dem Apfelbaum im Gras, Kaninchen hoppeln um sie herum und in der Ecke des Gartens gackern Hühner (S. 64 und S. 21).

Mit dieser Garten- und Hausidylle sind die Meisters jedoch längst nicht mehr typisch fürs Quartier, sondern letzte Vertreter einer Arbeiterkultur, die sich mit dem nationalen Schulterschluss kurz vor dem Zweiten Weltkrieg und dem wirtschaftlichen Aufschwung danach aufzulösen begann.

> Kaum einer zog noch Gemüse in seinem Garten. In vielen Gärten an den Blumenstrassen sah es wahrhaft paradiesisch aus, aber eher so, wie das Paradies *vor* dem ersten Schöpfungstag ausgesehen haben muss.[398]

Die Formulierung «das Paradies *vor* dem ersten Schöpfungstag» vermengt zwei im Bibeltext durch eine offensichtliche Bruchstelle getrennte Schöpfungsdarstellungen miteinander: Jene der Schöpfung in sieben Tagen (Genesis 1,1–2,4a) mit jener der Schöpfung, bei der Gott im Osten den Garten Eden anlegt, in den er den Menschen setzt (Genesis 2,4b–25). Beiden Darstellungen ist gemein, dass es Pflanzen vor dem ersten Schöpfungsakt noch nicht gibt. In Genesis

---

397 Ebd. S. 67.
398 Ebd. S. 63.

1,1–2,4a schafft Gott die Pflanzen am dritten Tag. Erst am sechsten Tag schafft er den Menschen, dem er alle Pflanzen der Erde übergibt. In den Tagen zwischen der Erschaffung der Pflanzen und der Erschaffung des Menschen sind die Pflanzen gewachsen, ohne dem Menschen als Nahrung zu dienen, ohne von ihm als Nahrungsspender kultiviert worden zu sein. Indem diese Tage des unkultivierten Pflanzenwuchses vorverlegt werden, wird in *Abseitsfalle* aus der Feststellung des unkontrollierten Wachsenlassens der Pflanzen in den Arbeitergärten ein Werturteil, denn ganz zuerst – allerdings am, nicht vor dem ersten Schöpfungstag – war die Erde «wüst und wirr».[399]

Auch in der zweiten Schöpfungsdarstellung verstreicht eine gewisse Zeit zwischen der Schaffung der Pflanzen – hier: im Garten Eden – und dem Moment, in dem Gott den Menschen in dieses Paradies setzt mit dem Auftrag, den Garten zu bebauen und zu hüten (Genesis 2,8–2,15). Aber auch hier liegt die Spanne zwischen der Schaffung der Pflanzen und dem Moment, in dem der Mensch die Pflanzen kultiviert, nach dem ersten Akt der Schöpfung.

Das «Paradies *vor* dem ersten Schöpfungstag» scheint als Bild zu stehen für «wüste» und «wirre» Gärten, ist aber in Bezug auf die biblischen Schöpfungsgeschichten schief.

Die Welt des Profifussballs, in der sich der erwachsene Jörg Meister bewegt, ist im starken Kontrast zur Arbeiterfamilienidylle angelegt. Das Quartier, in dem der erwachsene Meister mit der von ihm entfremdeten Frau Eliane wohnt, hat keinen Namen. Eine «Eigentumswohnung am Stadtrand»[400] wird erwähnt, womit angedeutet wird, Meisters Wohnung befinde sich in einer für die 1960er und 70er Jahre modernen, anonymen Siedlung für Bessergestellte. Darauf weist auch der Umstand hin, dass Meisters Frau Eliane von der «grossen Halle» der Wohnung aus mit ihm telefoniert – ein augenfälliger Gegensatz zum «Arbeiterhäuschen» mit den karierten Vorhängen, den Blumen auf dem Tisch und den duftenden Kräutern auf dem Estrich. Die Gerüche in der neuen Wohnung werden nicht geschildert, nur ihr Fehlen wird indirekt erwähnt:

> Unvorstellbar auch, dass Eliane mit erhitztem Gesicht in der Küche gestanden und für eine ganze Familie Kartoffelsuppe gekocht hätte, mit dreizehn Kräutern drin, wie sich das für eine Kartoffelsuppe gehörte und wie das seine Mutter gemacht hatte.[401]

Jörg Meister hält sich denn auch in der ganzen erzählten Zeit von gegen dreissig Jahren nie in dieser Wohnung auf. Weder seine Frau noch den Ort vermisst er im Trainingslager vor dem wichtigen Match. Das steht in direktem Zusammen-

399 Genesis 1,2 zit. nach *Die Bibel*. Einheitsübersetzung. Hg. im Auftrag der Bischöfe Deutschlands, Österreichs, der Schweiz etc. Stuttgart: Katholisches Bibelwerk, 1991, S. 17.
400 *Abseitsfalle* S. 115.
401 Ebd. S. 116.

hang damit, was an diesem Ort fehlt, was ihm dort «unvorstellbar» vorkommt: Eine Frau, die zupackt, mit «erhitztem Gesicht» in der Küche arbeitet. Nicht nur für sie und ihn, sondern für «eine ganze Familie», und zwar etwas Einfaches, dessen Zutaten aus dem Boden (Kartoffelsuppe) kommen; und etwas, das ebenso einfach wie wohlschmeckend ist: «mit dreizehn Kräutern drin», die man im Garten selbst gezogen und auf dem Dachboden zum Trocknen aufgehängt hat. Zu einer «Eigentumswohnung am Stadtrand» gehört aber kein Garten, in dem man Kartoffeln und Kräuter anpflanzt. Eine Eigentumswohnung in einem «Hochhaus»[402] hat kaum direkten Zugang zu Grund und Boden. Hier riecht es nicht nach selbstgezogenen und selbstverarbeiteten Lebensmitteln.

Frauen, Zigaretten, erotische Versprechen
Der Geruch von Zigarettenrauch wird weder für die moderne Wohnung Meisters noch für den Ort seiner Kindheit erwähnt, obwohl seine Frau wie seine Mutter Raucherinnen sind. Das ist vor allem für den Ort der Kindheit bemerkenswert. Gerüche von Lebensmitteln werden geschildert, nicht aber der Rauch, der in der Arbeiterwohnung gehangen haben muss. Jörgs Mutter Anna Meister rauchte «schwarze» Zigaretten, die ihr «ständig im Mundwinkel klebte[n]».[403] Obwohl das Ehepaar Meister nach traditioneller Rollenverteilung lebt – Anna Meister ist Mutter und Hausfrau, die nie im öffentlichen Raum auftritt –, ist Anna Meister nicht nur eine Frau, die als Arbeiterfrau zupackt und männlich konnotierte Fertigkeiten hat wie das Pfeifen durch die Finger,[404] sie zeigt sich mit dem Rauchen auch selbstbewusst. Ob Anna Meister bereits vor dem Zweiten Weltkrieg oder erst kurz danach raucht, ist nicht genau auszumachen. Auf jeden Fall raucht sie, noch bevor die Filterzigarette in der Schweiz ein für Frauen wie für Männer akzeptiertes Attribut eines für breite Schichten modernen Lebensstils ist.[405] Anna Meister gehört zu einer Generation von Frauen, für die die Zigarette eine ungewöhnliche Emanzipation anzeigt. Sie raucht filterlose Zigaretten, raucht also ohne Verfälschung durch ein Medium und ohne Distanz zum Tabak. Ihre «Parisienne rund» sind «schwarze» Zigaretten, gerollt also aus dem dunklen und stärkeren Maryland-Tabak. Die «schwarzen» Zigaretten stehen im Zusammenhang mit der Frage des ‹kapitalistischen› oder ‹linken› Sports als Homonym in Verbindung zu den schwarzen Hosen der SATUS-Turner, mit denen sich die linken Sportlerinnen und Sportler äusserlich von den ganz in Weiss gekleideten bürgerlichen Turnern abhoben.

402 Ebd. S. 188.
403 Ebd. S. 115/116.
404 Ebd. S. 115.
405 Vgl. Sabine Brändli: *«Sie rauchen wie ein Mann, Madame». Zur Ikonographie der rauchenden Frau im 19. und 20. Jahrhundert.* In: Thomas Hengartner und Christoph Maria Merki: *Tabakfragen. Rauchen aus kulturwissenschaftlicher Sicht.* Zürich: Chronos, 1996, S. 83–109.

Anna Meisters Rauchen ist auf zweifache Art direkt mit der Fabrikarbeit verbunden. Zum einen raucht sie «wie ein Schlot»;[406] zum andern raucht sie «Parisienne rund», die der Fabrikarbeit näher stehen als andere Zigaretten. «Rund»
hiessen diese Zigaretten, weil ihre Verpackung zylinderförmig war. Bei der F.J.
Burrus & Cie in Boncourt im Schweizer Jura, wo die «Parisienne rund» hergestellt wurde, verpackten Arbeiterinnen die Zigaretten von Hand mit einem
Blatt Aluminiumfolie und einer Banderole. Zwanzig Zigaretten wurden mit
einem Holzring oder Holzzylinder gefasst, in die ebenfalls zu einem Zylinder
gerollten Verpackungsblätter eingeführt, der Zylinder abgezogen, die Verpak-
kung von Hand verleimt und gefaltet. Die Verpackungsmaschinen, mit denen
eckige Zigarettenpakete hergestellt wurden, verdrängten aber nach und nach
die Arbeiterinnen, die im Akkord die Parisiennes in Handarbeit verpackten. Anna Meister zeigt also, indem sie «Parisienne rund» raucht, ihre Nähe
zur manuellen Fabrikarbeit. In seiner Festschrift zum 150jährigen Bestehen
der F.J.Burrus & Cie bemerkt Maurice Zermatten, die «Parisienne rund» sei
bis 1926 von Hand verpackt worden.[407] Trotzdem ist es möglich, dass Anna
Meister noch in den 40er oder 50er Jahren «Parisienne rund» geraucht hat.
Wie Jean-Bernard Vauclair, Fabrikleiter der ehemaligen Burrus – heute Bri-
tish American Tobacco Switzerland – in Boncourt, sich erinnert, wurde der
Mechaniker Marcel Juillerat einst beauftragt, eine Verpackungsmaschine so zu
modifizieren, «que les paquets ‹soient aussi mal emballés qu' à la main› donc
ronds».[408] Dank dieser umgebauten Verpackungsmaschine hätten, so Vauclair,
Raucherinnen und Raucher lange im Glauben gelassen werden können, ihre
«Parisienne rund» würden immer noch von Hand verpackt. Der Verrat an der
Arbeiterklasse, den die «Parisienne rund» rauchende Anna Meister – wie noch
zu sehen sein wird – dem professionell Fussball spielenden Sohn vorwirft, ist
aus dieser Perspektive der Verrat an einer Arbeiterklasse, die bereits unterge-
gangen ist und nur noch als Illusion besteht.
Bei Meisters Frau Eliane ist die Zigarette einerseits ein Verweis auf eine ‹Amerikanisierung› des Lebensstils, die etwa Frauenmagazine ab Ende der 1940er
Jahre propagierten.[409] Mit dem langen Zigarettenmundstück aus Bernstein oder
Meerschaum[410] allerdings stellt sie sich weniger in ein Umfeld der modernen
amerikanischen Hausfrau als vielmehr in die Tradition der selbstbewussten
Garçonne der 20er Jahre. Dazu passt auch ihr ehemaliger Beruf als Mannequin,
das neben der Schauspielerin und dem Sportgirl[411] als häufigste Vertreterin der

406 *Abseitsfalle* S. 69.
407 Maurice Zermatten: *F.J.Burrus & Cie Boncourt. 1814–1964. 150 ans au service des fumeurs.*
     Ohne Ort, 1964. o.p., Abschnitt «Nouvelle parenthèse sur les cigarettes».
408 Jean-Bernard Vauclair auf Anfrage in seiner Antwort per Mail vom 18. März 2005.
409 Brändli 1996, S. 106.
410 *Abseitsfalle* S. 116.
411 Aktiv Sport treiben weder Jörg Meisters Mutter, seine Frau Eliane noch die anderen Frauen-
     figuren in *Abseitsfalle*. Aktiver Fussball ist in Kauers Roman reine Männersache. Im Gegen-

‹Neuen Frau› in den 20er Jahren gilt. Das lange Mundstück, mit dem sie raucht, ist ebenfalls ein Attribut der ‹Neuen Frau› und steht in einem ikonischen Abbildungsverhältnis zur schmalen Silhouette, die sie als Mannequin haben muss. Im Gegensatz zu Anna Meister, der die filterlose Zigarette «ständig im Mundwinkel klebt», signalisiert Eliane mit dem Rauchutensil aus Meerschaum oder Bernstein jene Distanziertheit, die sie auch als Frau zeigt, die nicht schwitzt, immer «aseptisch, kühl und sauber»[412] ist. Über den Laufsteg war sie geglitten,

> als habe sie soeben mitsamt den ihr auf die Haut gewachsenen Kleidern in einem klimatisierten Raumschiff von einem fremden Planeten kommend direkt auf dem Laufsteg aufgesetzt.[413]

Bei Eliane verweist die Art des Rauchens aber nicht nur auf einen modernen, emanzipierten Lebensstil, sondern trägt auch das alte Stereotyp der rauchenden Frau als Verführerin oder Prostituierten[414] weiter. Als «Flittchen» beschimpft Jörg Meister seine Frau, die bei einem Empfang mit Grüninger von der «Reservemannschaft» flirtet.[415] Eliane wird nach der Trennung von Jörg Meister von Rocky Tschannens Frau nicht nur als «Hure» beschimpft, sondern von Tschannen tatsächlich «unten an der Ecke» gesehen.[416]

Gegenfigur zu Eliane ist Trudi, die gute, treue Seele aus dem Arbeiterviertel. Bei ihrer Familie findet der Jungprofi Unterschlupf, nachdem ihn der Vater aus dem Haus gejagt hat. Trudi «mit weit geöffneten Tränenaugen»[417] nimmt ihn wieder auf, als der Fussballprofi Jörg Meister am Ende ist. Und sie kümmert sich um ihn, wenn er sich als erfolgloser Vertreter von Möbelpolitur betrunken hat. Im Verhältnis zur Figur der Eliane, bei der «flirten» und «Flittchen» nicht nur dem Schriftbild nach ähnlich sind, sondern inhaltlich nahe zusammen gerückt werden, zeigt sich bei Trudi das Spiel mit erotischen Versprechen als nicht selbst gewählt und deshalb positiv konnotiert. Zusammen mit Dorle gehört Trudi schon als Kind zur weiteren Gruppe der Fussball spielenden Arbeiterbuben um Jörg Meister. Die Arbeiterkinder können sich keinen richti-

satz zum Männerfussball gehörte die Schweiz beim Frauenfussball nicht zu den Pionierländern. Immerhin nahm der Schweizerische Fussballverband (SFV) 1970 die Schweizerische Damenfussballliga (SDFL) in seine Strukturen auf und gestattete einen regulären Meisterschaftsbetrieb. Noch in den 1960er Jahren mussten talentierte Spielerinnen wie Cathy Moser oder Madeleine «Mado» Boll ohne Lizenz des Fussballverbands sich irgendwie selbst organisieren oder in den italienischen Frauenligen spielen. Vgl. dazu Marianne Meier: *«Zarte Füsschen am harten Leder» Frauenfussball in der Schweiz 1970–1999.* Frauenfeld: Huber, 2004.

412 *Abseitsfalle* S. 116.
413 Ebd.
414 Vgl. Brändli 1996, S. 101.
415 *Abseitsfalle* S. 200.
416 Ebd. S. 207.
417 Ebd. S. 205.

gen Lederball leisten und beschliessen deshalb, den Jungen aus einem Quartier der Bessergestellten einen Ball abzuluchsen. Der Plan der Arbeiterbuben ist es, den anderen «gewisse Dinge» anzubieten, auf die sie «schon lange scharf» sind, und ihnen bei dieser Gelegenheit einen Lederball zu klauen.[418] Die beiden Mädchen weisen den Vorschlag zwar zuerst empört zurück, mit den andern Jungen im Wald zu «stinkfingern» – ein Ausdruck, der weniger ein Hinweis auf mangelnde Körperhygiene als auf die zu jener Zeit geltende Moral ist, die ‹fummeln› als etwas Schmutziges denunzierte. Die Empörung von Trudi und Dorle zeigt sich dann aber nicht in erster Linie als moralisch motiviert. Die Jungen aus dem anderen Quartiert nämlich wüssten «nicht einmal, wo hinten und vorne ist».[419] Vor allem aber scheinen die Mädchen schlechte Erfahrungen mit den Folgen gemacht zu haben:

> Und wir kommen womöglich vor die Schulkommission, weil die dann behaupten, wie auch schon, wir hätten angefangen![420]

Trudi und Dorle sind aber schliesslich bereit, für einen Lederball – mit dem nur die Buben kicken werden – das Spiel mit den erotischen Versprechungen mitzumachen und zumindest so zu tun, als würden sie nach einem Fussballspiel mit den Jungen aus dem anderen Quartier «in den Wald» gehen und dort «die Hosen herunterlassen».[421] Weder die Einwilligung, beim Spiel mit den erotischen Versprechungen mitzumachen, noch die Andeutungen der Mädchen, dass sie Erfahrung mit dem «Stinkfingern» haben könnten, macht sie für Jörg Meister zu «Flittchen». Im Unterschied zu Eliane, die das Spiel mit sexuellen Andeutungen zum eigenen Vorteil einsetzt – was bei Kauer eindeutig negativ konnotiert ist –, sind Trudi und Dorle Teil der verschworenen Gemeinschaft der Arbeiterkinder. Weil sie nach dem Plan der Arbeiterbuben handeln, verhelfen sie ihnen nicht nur zu einem, sondern gleich zu zwei Lederbällen. Mit den erotischen Versprechungen zeigen sie sich also quasi mit den jungen Fussballspielern solidarisch – was bei Kauer eindeutig positiv konnotiert ist. Trudi und Dorle reihen sich – zugespitzt formuliert – mit ihrer Kooperationsbereitschaft ein in die historische Bewegung des Klassenkampfs, indem sie dem Plan der Jungen folgen und das Stereotyp der sexuell freizügigeren Arbeiterfrau taktisch nutzen, um die Besitzenden zu enteignen. Damit ist in Kauers ideologischer Struktur von Gut und Böse ihr Verhalten nicht nur legitimiert, sondern nötig, während bei der Figur der Eliane das taktische Vorgehen «kühl» und «berechnend»[422] ist.

---

418 Ebd. S. 151.
419 Ebd.
420 Ebd. S. 152.
421 Ebd. S. 159.
422 Ebd. S. 115.

Rocky, Abeiter-Fussballer mit Appetit

Intensive Gerüche gibt es zwar auch in Meisters Leben als Fussballer, es sind aber ganz andere als jene der Kindheit. «[N]ach Schweiss, nach bittersaurem Männerschweiss»[423] riecht es im Trainingskeller der Mannschaft. Was Meister im Trainingslager jedoch isst oder trinkt, wird ohne Beschreibung von Geruch oder Geschmack genannt. Die Frühstückseier zum Beispiel werden nicht über ihren Geschmack, Geruch, ihre Konsistenz oder Temperatur beschrieben, sondern als «geköpft».[424] Bei der einzigen freien Mahlzeit greift nur der ehemalige Bauarbeiter Rocky Tschannen unbekümmert zu. Bemerkenswert an dieser Figur ist die Kombination des typisch schweizerischen Familiennamens Tschannen mit dem Vornamen Rocky. Nur einmal wird im Text Tschannens eigentlicher Vorname genannt: Peter.[425]

Rocky, diese amerikanisierte Form des italienischen Vornamens Rocco,[426] erinnert nicht nur ans englische ‹Rock› – die direkte Übersetzung von Peter (von lat. petra, petrae: Felsen) –, sondern steht in einem kulturellen Feld, in dem dieser Name für den Aufstieg eines Mannes aus der Unterschicht steht: Der Vorname Rocky ist eng mit realen und fiktiven Figuren verbunden, die sich mit Sport und zäh kämpfend nach oben arbeiten. Der legendäre Boxer Rocky Marciano stammte aus einer Arbeiter- und Immigrantenfamilie. Marciano war zuerst Arbeiter in einer Schuhfabrik, nach seinem Kriegsdienst wurde er Boxer und gewann alle seine 49 Profikämpfe, 43 davon durch K.O.; 1952 wurde er Weltmeister im Schwergewicht. Er verteidigte den Titel sechsmal und trat nach dem letzten Kampf 1955 unbesiegt zurück.[427]

Paul Newman spielte in Robert Wises Spielfilm *Somebody up there likes me* 1956 die Figur des Rocky Graciano, in dessen Geschichte einige Grundzüge aus Rocky Marcianos Biographie zu erkennen sind. Eine weitere Rocky-Figur spielte Sylvester Stallone 1976 in John G. Avildsens *Rocky*. Rocky Balboa ist eine widerspenstige Figur, die sich nicht von den Sportfunktionären und Geschäftemachern im Box-Business verheizen lässt. Gedacht nur als ‹Fallobst› – wie man die leichten Gegner für Aufbaukämpfe der Champions im Boxjargon nennt –, soll er dem Clan um Boxweltmeister Apollo Creed zwischen den wichtigen Kämpfen einfach zu raschem Geld verhelfen. Doch der Underdog Rocky schert sich nicht um die Pläne jener, die im Boxgeschäft die Fäden ziehen, er fightet zäh und wird tatsächlich Weltmeister.

Ob Kauer den Film *Rocky* vor Abschluss seines Manuskripts noch hat zur Kenntnis nehmen können, lässt sich nicht mehr rekonstruieren. Unabhängig

---

423 Ebd. S. 8.
424 Ebd. S. 37.
425 Ebd. S. 13.
426 Rocco heisst der Protagonist in Kauers *Spätholz*, ein Tessiner Bergbauer, der seinen Nussbaum zäh gegen den reichen Fabrikanten und Villenbesitzer Korten verteidigen will.
427 www.rockymarciano.com/story.htm (29.1.2005)

davon aber steht der Name Rocky für eine selbstbewusste, zäh kämpfende, unbesiegbare Figur. Nicht unterzukriegen und unbesiegbar wirkt auch Tschannen. Auf dem Spielfeld schirmt er Meister von den gegnerischen Angreifern ab, und er lässt sich weder vom Trainer noch von der Vereinsleitung einschüchtern. Er hat das selbstbewusste Auftreten eines gewerkschaftlich organisierten Bauarbeiters. Auch wie und was Tschannen beim freien Frühstück isst, zeigt den Habitus des Arbeiters, den er als Profifussballer selbstbewusst herausstreicht. Er «futterte das Zeug in sich hinein» und «trank kübelweise Kaffee dazu».[428] Die Bezeichnung «das Zeug» für die Brötchen und den Käse in Verbindung mit dem Verb «futtern» zeigt an, dass es auf die Qualität nicht so sehr ankommt wie auf eine (für die Erhaltung der Körperkraft) genügende Menge. Ein Verhaltensmuster, das, wie Pierre Bourdieu feststellt, für die Arbeiter, für ihr Selbstverständnis und ihre gesellschaftliche Position, essentiell ist:

> [D]ie Bauern- ebenso wie die Arbeiterklasse hängen von einer Arbeitskraft ab, die die Gesetze der kulturellen Reproduktion und des Arbeitsmarkts mehr als bei irgendeiner anderen Klasse auf Muskelkraft reduzieren; die Arbeiterklasse, über nichts als ihre Arbeitskraft verfügend, hat anderen Klassen ausser dem Entzug dieser Kraft nichts entgegenzusetzen als ihre Kampfkraft, die von der körperlichen Kraft und dem physischen Mut jedes einzelnen und von der Anzahl aller abhängig ist [...].[429]

Auch mit dem, was er trinkt, markiert Tschannen seinen Arbeiterhabitus. Kaffee galt im frühen 19. Jahrhundert als besonders geeignet für die Arbeiter, weil Kaffee das Hungergefühl nimmt und man deshalb davon ausging, er sei nahrhaft und helfe, Nahrung besser zu nutzen und zu verdauen.[430] Für Arbeiterinnen und Arbeiter war Kaffee deshalb bald ein Hauptnahrungsmittel. Die Ernährungswissenschaft stellte zwar bereits in den 1870er Jahren fest, dass Kaffee keine nährenden Substanzen enthalte und deshalb eher schwäche als stärke. Doch diese Erkenntnisse veränderten das Konsumverhalten wenn überhaupt nur sehr langsam.

Damit, dass Tschannen die Empfehlung des Trainer-Assistenten ignoriert, gut nährende Ovomaltine statt Kaffee zu trinken, beruft er sich also auf ein für Arbeiter althergebrachtes Konsumverhalten. Unterstrichen wird sein Arbeiterhabitus zudem durch das Adverb «kübelweise». Mit Pflaster- und Mörtelkübeln muss es Tschannen auf dem Bau zu tun gehabt haben. Bevor in der Bauwirtschaft mit Fertigprodukten gearbeitet wurde, waren «Schaufel» und «Kübel» Masseinheiten für das eigenhändige Mischen von Mörtel. «Kübelweise» ist

---

428 *Abseitsfalle* S. 37.
429 Bourdieu 1987a, S. 600.
430 Markus Binder: *Kaffee als Energydrink im 19. Jahrhundert.* In: Roman Rossfeld (Hg.): *Genuss und Nüchternheit. Geschichte des Kaffees in der Schweiz vom 18. Jahrhundert bis zur Gegenwart.* Baden: hier+jetzt, 2002, S. 207–225, S. 212ff.

zwar kein ausgesprochener Helvetismus, in der Deutschschweizer Umgangssprache und vor allem der Sprache auf dem Bau gibt es aber kein Synonym wie etwa «eimerweise». Kauer, der das Standarddeutsch beherrschte, setzt «kübelweise» hier also gezielt als soziolektalen Ausdruck.

Durch seine Art zu frühstücken behauptet sich Tschannen im Fussballgeschäft als unverdorbener und standhafter Arbeiter, der «ungerührt» isst und sich nicht um «missbilligende Bemerkungen» des Trainer-Assistenten kümmert. Bei Bourdieu lautet die entsprechende Stelle:

> Die elementarsten Grundlagen der Identität und Einheit der Klasse, die im *Unbewussten* verankert sind, würden in der Tat in Mitleidenschaft gezogen, wenn an diesem entscheidenden Punkt, nämlich der Beziehung zum Körper, die Unterdrückten sich selbst als Klasse nur noch mit den Augen der Herrschenden wahrnähmen.[431]

Im Kontrast zu Tschannen steht deshalb nicht zufällig der Fabrikbesitzer und Klubpräsident Fischli. Am Abend vor dem freien Frühstück trifft er sich mit dem Trainer und dem Hilfstrainer. Bei dieser Gelegenheit trinkt er nicht «kübelweise Kaffee», sondern hat ein Whiskyglas vor sich, aus dem er «einen Schluck» nimmt.[432] Damit ist Fischli als moderner Manager gekennzeichnet, der Whisky trinkt, weil er in den USA studiert hat. Fischli trinkt aber nicht nur Whisky, er raucht auch seine «unvermeidlichen Zigarren».[433] Die Zigarre als älteres Attribut des Kapitalisten-Stereotyps[434] zeigt zusammen mit Fischlis Getränk die Verbindung neuer und alter Geschäftsführungsmethoden, eine Kontinuität im Wechsel gewissermassen.

Lebensmittel sind im Gegensatz zu Meisters Kindheit im Arbeiterhäuschen in der Fussballwelt nichts, was sinnliche Erlebnisse evoziert. Wie das Training und die strikten Ruhezeiten, sind – abgesehen vom freien Frühstück – auch Vorschriften zum Essen Teil des Fussballerlebens. Tschannen spricht in diesem Zusammenhang abschätzig vom «Diätfimmel» des Trainers Lattmann.[435] Was

431 Bourdieu 1987a, S. 601.
432 *Abseitsfalle* S. 23.
433 Ebd. S. 81.
434 Die Zigarre wurde zu Beginn des 19. Jahrhunderts noch mit progressiven, demokratischen Kräften oder der «militanten Avantgarde der Arbeiterbewegung» in Verbindung gesetzt. Im Verlauf des Jahrhunderts aber wurde sie zum Statussymbol für den kapitalistischen Unternehmer. Siehe Wolfgang Schivelbusch: *Das Paradies, der Geschmack und die Vernunft. Eine Geschichte der Genussmittel.* Frankfurt am Main: Fischer, 1990, S. 141.
435 Ob der Name des Trainers und Fabrikanten-Büttels Lattmann eine Spitze Kauers gegen den Autor und Politiker Dieter Lattmann ist, lässt sich aus dem Text und dem Nachlass nicht eruieren. Dieter Lattmann (*1926): Autor, 1969–1974 erster Bundesvorsitzender des Verbandes Deutscher Schriftsteller, 1972–1980 als Sozialdemokrat Mitglied des deutschen Bundestages. Vgl. Heinz Ludwig Arnold (Hrsg.): *Kritisches Lexikon zur deutschen Gegenwartsliteratur.* Dieter Lattmann, S. 1. In diesem Zusammenhang brisant wäre dann die Stelle im «Epilog», wo Jörg Meister sagt: «Lattmann, dieser Hund, ist abgekratzt. Geschieht ihm recht», *Abseitsfalle* S. 206.

schmeckt (gebratene Hühnerbeine oder einige Flaschen Bier, die aber ebenfalls ohne Hinweise auf Geschmack und Geruch erwähnt werden), muss aufs Zimmer geschmuggelt werden.[436] Die Vorgabe der Ruhezeiten und die Kontrolle der Nahrung im Trainingsbetrieb verweisen auf ein Konzept des Körpers als Maschine, das auf die Entdeckung der thermodynamischen Hauptsätze im 19. Jahrhundert zurückgeht. Vor allem der erste Hauptsatz, der Energieerhaltungssatz, gemäss dem einer Maschine für eine bestimmte Arbeit entsprechend Energie zugeführt werden muss, war für das neue Bild des menschlichen Körpers prägend.

Der Körper als Maschine

Die Versuche, die Leistungsfähigkeit des Körpers durch Training und spezielle Ernährung zu verbessern, reichen in die Anfänge des modernen Sports zurück. Boxer, Radfahrer und Läufer, die für Geld bei populären Veranstaltungen auftraten, galten den aristokratischen Sportlern bis weit ins 20. Jahrhundert als Monstrosität und hatten in den Augen der Gentleman-Sportler um den Begründer der modernen Olympischen Spiele, Baron Pierre de Coubertin, den Status einer Zirkusattraktion. Die Art jedoch, wie die frühen Profisportler ihren Körper in Form brachten, wurde bereits vor Mitte des 19. Jahrhunderts von den Hygienikern aufgenommen und als Möglichkeit der Verbesserung des Körpers und seiner Leistungen propagiert.[437] In diesem Zusammenhang interessant sind die Untersuchungen, mit denen sich Physiologen in der zweiten Hälfte des 19. Jahrhunderts beschäftigten. Sie versuchten eine Fülle von menschlichen und tierischen Fähigkeiten wie Intelligenz, Emotion und körperliche Leistung unter verschiedenen Bedingungen zu vermessen. Als Fluchtpunkt dieser Forschung zeichneten sich, wie John Hoberman bemerkt, «die standardisierte Gesamtheit der Leistungsnormen und potentielle Strategien zur Erweiterung ihrer Grenzen» ab.[438] Wie Maria Osietzki zeigt, galt es um die Mitte des 19. Jahrhunderts unter Physiologen wie Hermann Helmholtz oder Carl Ludwig als Zeichen von Wissenschaftlichkeit,

> wenn Analogien zwischen Mensch und Maschine gefunden wurden. Das Knochengerüst entlang der Hebelgesetze zu erklären, die Funktion des Auges in den Begriffen des Fernrohrs zu beschreiben, die Nerven elektrischer Erregung gleichzusetzen

---

436 *Abseitsfalle* S. 14.
437 Vgl. Philipp Sarasin: *Reizbare Maschinen. Eine Geschichte des Körpers 1756–1914*. Frankfurt am Main: Suhrkamp, 2001, S. 324ff. Wie Sarasin darstellt, übernahmen französische und deutsche Hygieniker seit 1823 Anleitungen dazu, wie durch Bäder, stark fleischhaltige Nahrung und ausgedehnte Übungen in guter Höhenluft bis dahin als unerreichbar geltende Leistungen möglich waren. Der Terminus «Training» wurde dabei vom Profisport aufs Alltagsleben übertragen und im Sinn der «perfectabilité», der Verbesserung des Körpers, gedeutet.
438 Hoberman 1994, S. 78ff.

oder den Muskel als gespannte Feder zu begreifen: damit schloss die Physiologie an Grundkonzepte der Physik an.[439]

Von grosser Bedeutung in der Verwissenschaftlichung des Köperbildes ist die Entdeckung der Thermodynamik, vor allem des ersten Hauptsatzes der Thermodynamik. Gemäss diesem Hauptsatz kann eine Maschine nur dann Bewegung entwickeln, wenn ihr eine entsprechende Menge an Energie/Wärme zugeführt wird. Eine Maschine, die sich allein aus sich selbst bewegt, ein Perpetuum mobile, ist somit praktisch wie theoretisch unmöglich.

Die Analogie, die in der Folge dieser Entdeckung zwischen Dampfmaschine und menschlichem Körper gezogen wurde, unterscheidet sich fundamental von den philosophischen Modellen des Körpers als Maschine und Automat, die bis dahin kursierten.[440] Denn der Körper konnte nicht mehr als Maschine gesehen werden, die von Gott als höchstem Mechaniker und antreibender Kraft bewegt wird. Der Körper war nun ein Gegenstand, den man selbst mit der optimalen Zufuhr von Energie steuern und verbessern konnte. Damit rückten die Funktionsprinzipien des Muskels und vor allem die Stoffwechselvorgänge des Organismus ins Zentrum des Interesses. Die Nahrungsaufnahme wurde vor dem Hintergrund des ersten Hauptsatzes der Thermodynamik als Energiezufuhr verstanden.

Solche Vorgänge einer wissenschaftlichen Deutung zugänglich zu machen schürte die Hoffnung, über die Aufnahme von Nahrung – oder auch von Medikamenten – die Funktionen des Organismus gezielt manipulieren zu können.[441]

Vor allem der Chemiker Justus Liebig versuchte durch die Verbesserung der Nahrung den Wirkungsgrad des menschlichen Körpers und die Leistungsfähigkeit des Menschen zu erhöhen. Sein berühmtes Fleischextrakt ist ein Resultat dieser Bemühungen, mit einfachen Mitteln ein Maximum an Kraft erreichen zu können.

Die Funktionsweise des Körpers unterscheidet sich aber in einem entscheidenden Punkt von jener der Dampfmaschine: Der menschliche Körper ermüdet früher oder später. So erstaunt es nicht, dass die Ermüdung in den 60er und 70er Jahren des 19. Jahrhunderts zu einem bevorzugten Forschungsgegenstand der Physiologen wurde. Schnell war offensichtlich, dass die Ermüdung sich

---

439 Maria Osietzki: *Körpermaschinen und Dampfmaschinen. Vom Wandel der Physiologie und des Körpers unter dem Einfluss von Industrialisierung und Thermodynamik.* In: Philipp Sarasin und Jakob Tanner (Hg.): *Physiologie und industrielle Gesellschaft. Studien zur Verwissenschaftlichung des Körpers im 19. und 20. Jahrhundert.* Frankfurt am Main: Suhrkamp, 1998, S. 313–346, S. 314.

440 Vgl. dazu: Alex Sutter: *Göttliche Maschinen. Die Automaten für Lebendiges bei Descartes, Leibniz, La Mettrie und Kant.* Frankfurt am Main: Athenäum, 1988.

441 Osietzki 1998, S. 319

nicht entlang klar definierter Grenzen entwickelte. Und das war, wie Anson Rabinbach feststellt, Grund zur Hoffnung:

> Die wissenschaftliche Entdeckung der Ermüdung wird [...] gerade durch die Dehnbarkeit der Norm charakterisiert, durch die Hoffnung, vielleicht sogar die Utopie, die Fähigkeit des Körpers zur Arbeitsleistung erweitern zu können.[442]

Versuche mit Impfstoffen gegen Ermüdung schlugen zwar fehl. Die Physiologin Josefa Joteyko konnte an der Universität Brüssel um die Jahrhundertwende mit ihren Messungen jedoch nachweisen, dass Erholungspausen einen direkten Einfluss auf die mögliche Arbeitsmenge eines Muskels hatten.[443] Untersuchungen wie jene von Joteyko dienten schliesslich Anfang des 20. Jahrhunderts als wissenschaftlicher Boden für die Auseinandersetzung um Arbeitszeitregelungen, um die Kontrolle der Arbeitszeit und die Länge der Erholungsphasen.

Die Analogie oder gar Identität von menschlichem Körper und Dampfmaschine bzw. Motor brachte die Menschen jedoch bald in Verlegenheit. Ihre Leistungen gerieten im Vergleich zu den Maschinen ins Hintertreffen. Eugen König spricht in Anlehnung an Günther Anders' Hauptwerk *Die Antiquiertheit des Menschen* von der «Scham vor der beschämend hohen Qualität der von Menschen selbst gemachten Dinge»:

> In seiner fleischlichen Tölpelhaftigkeit, in seiner kreatürlichen Ungenauigkeit vor den Augen der perfekten Apparaturen stehen zu müssen, ist dem modernen Menschen unerträglich. Sein Grundmakel ist seine Herkunft. Er schämt sich, geworden statt gemacht zu sein.[444]

Anders hatte ein zunehmendes Gefälle zwischen dem Menschen und dessen Produkten festgestellt. Die menschlichen Vorstellungen können mit dem Potenzial dieser Produkte nicht mehr mithalten. Der Mensch verschwindet hinter dem Triumph des Technischen und entwickelt daraus eine «prometheische Scham». Aus dieser Scham heraus, so folgert König, versucht sich der Mensch mit den Möglichkeiten der Ingenieursarbeit zu verbessern. Im Human Engeneering geht es darum, die Grenzen des menschlichen Körpers zu erkunden und zu verschieben. Der Körper, so stellt Gunter Gebauer fest, war zum schwächsten Glied in der Technikverwendung geworden und musste verbessert werden.[445] Im Sport, vor allem im Spitzensport mit seiner Überbietungs-

---

442 Anson Rabinbach: *Ermüdung, Energie und der menschliche Motor.* In: Sarasin und Tanner, 1998, S. 286–312, S. 286.

443 Rabinbach 1998, S. 299.

444 Eugen König: *Sport und Tod. Philosophische Reflexionen zum anthropofugalen Sport.* In: Barbara Ränsch-Trill (Hg.): *Natürlichkeit und Künstlichkeit. Philosophische Diskussionsgrundlagen zum Problem der Körper-Inszenierung.* Hamburg: Czwalina, 2000, S. 89–97, S. 93.

445 Gunter Gebauer: *Von der Körpertechnologisierung zur Körpershow.* In: Caysa 1997, S. 275–289, S. 277.

ideologie, wird der Fortschritt des menschlichen Körpers, sein Potenzial, mit dem technischen Fortschritt mithalten zu können, demonstriert und gefeiert.

Erholung und Arbeitszeit des Werkzeugkörpers

Die Überbietungsideologie, von der Gebauer spricht, ist eine Erklärung für die Attraktivität des Spitzensports für das Publikum bereits Ende des 19. und erst recht im 20. Jahrhundert. Innerhalb der Ökonomie des Spitzensports hat der Fortschritt des menschlichen Körpers aber noch eine weitere Dimension. Die Steigerung von körperlicher Kraft, Ausdauer oder Geschicklichkeit ist immer auch eine Steigerung der Produktivität oder, in der Terminologie Bourdieus, ein Zuwachs an Körperkapital. Sind in Schwarzenbachs *Flucht nach oben*, wie im vorangegangenen Kapitel gezeigt, die Figuren weitgehend direkt im Besitz ihres Körperkapitals, Nutzniesserinnen und Nutzniesser von dessen möglicher Vermehrung, so schöpft in Kauers *Abseitsfalle* ein anderer den Mehrwert der sportlichen Körperpraxis ab: der Kapitalist und Investor. Dementsprechend lässt dieser die Pflege und Zurichtung der Körper steuern. Jörg Meister realisiert schon früh im Roman, welche Rolle dabei den Spielern zukommt.

> In diesen Tagen war es Jörg Meister zum erstenmal aufgefallen: dass sie hier im Trainingslager behandelt wurden wie kleine Kinder oder, noch besser, wie harmlose Irre in einer Anstalt.[446]

Der Ablauf von Arbeit/Training und Ruhezeit ist genau reglementiert und wird vom Trainer verbindlich vorgegeben.

> Noch zehn Minuten strampeln, anschliessend könnt ihr duschen und dann ist Zimmerruhe. [...] An das Alkohol- und Rauchverbot brauche ich euch ja nicht zu erinnern.[447]

Dem eigenen Körper via Genussmittel Substanzen zuzuführen, die der Leistungsfähigkeit abträglich sein könnten, ist den Spielern nicht erlaubt. Den Körper mit biochemischen Substanzen zu stimulieren oder zu sedieren, liegt allein in der Kompetenz des Clubarztes Dr. Wenger. Womit und wann ihre Körper vom Mediziner gewartet werden, liegt nicht nur ausserhalb der Kompetenz der Spieler, sondern auch jenseits dessen, was sie wissen sollen und dürfen.

> Ausserdem fühlte sich Jörg auch sonst scheusslich. Der Teufel mochte wissen, was Klubarzt Dr. Wenger ihm da tagtäglich spritzte, um seine schmerzhafte Sehnenzerrung zu lindern. Jedenfalls hatte Jörg das Gefühl, Blei im Arsch zu haben.[448]

---

446 *Abseitsfalle* S. 7.
447 Ebd. S. 10.
448 Ebd. S. 7.

Und auch wenn die Klubverantwortlichen meinen, die rigide Vorgabe von Trainings- und Ruhezeiten allein sei zu wenig wirksam, wird ohne Wissen der Spieler mit einem Produkt des biochemischen Fortschritts nachgeholfen:

> Offenbar hatte ihm Doktor Wenger gestern wieder eines seiner Zaubermittel aus dem Giftschrank verpasst. Er hatte tief und, soweit er sich erinnern konnte, traumlos geschlafen.[449]

Als Profifussballer ist Jörg Meister Spitzensportler. Und der Spitzensport hat seine ganz eigenen Gesetze für den Umgang mit dem Körper. Nach der Rationalität des Systems Spitzensport wird ein Körper nicht in erster Linie fürsorglich behandelt, sondern zielgerichtet auf eine möglichst grosse Leistung. Hier wird der Körper als Werkzeugkörper zur Akkumulation von ökonomischem, sozialem Kapital eingesetzt und verbraucht. Antje Klinge schlägt die taugliche Unterscheidung in einen *sinnlichen Körper*, einen *Werkzeugkörper* und einen *Symbolkörper* vor.[450] Der sinnliche Körper beschreibt den Körper in seinem Empfindungsvermögen, als Ort der sinnlichen Erfahrung. Der Symbolkörper umschreibt die nach aussen sichtbare, erscheinende und deutbare Dimension des Körpers. Im Symbolkörper sind die Möglichkeiten zur Schaffung von Gruppenidentität, zu Differenz, zu Attraktivität etc. enthalten. Der Werkzeugkörper schliesslich bezeichnet den Körper in der Verfügbarkeit, ihn als Mittel oder Instrument einzusetzen. Ein Spitzenleichtathlet wie André Bucher bezieht sich deshalb auf den Körper des Sportlers als Werkzeugkörper, wenn er in einem Zeitungsinterview erklärt: «Ein Spitzensportler, der in seiner Karriere nie verletzt war, hat nicht das Maximum herausgeholt.»[451] Nur wer bereit ist, seinen Körper bis zum Äussersten zu schinden, ihn in Jahren durch Training, gezielte Ernährung und medizinische Unterstützung zu optimieren; nur wer bereit ist, grössere und kleinere Verletzungen hinzunehmen oder – wenn es darauf ankommt – sein Leben zu riskieren, kann im Spitzensport bestehen. Wer Skrupel hat und nicht zu grössten Risiken bereit ist, steigt sowohl als Athletin oder Athlet wie auch als Trainerin und Trainer früher oder später aus bzw. fällt aus dem Kader.[452] Der Körper ist ein Investitionsobjekt, dessen Abnützung einkalkuliert und zu Gunsten grösstmöglicher Effizienz, Performance und Produktivität fraglos hingenommen und akzeptiert werden muss.

---

449 Ebd. S. 93.
450 Antje Klinge: *Körper und Gewalt*. Butzbach-Griedel: Afra, 1998, S. 39.
451 Der Bund vom 8. Januar 2003.
452 Die Soziologen Andreas Singler und Gerhard Treutlein haben dieses Phänomen des Dropout für den Bereich des Dopings nachgewiesen. In vielen Sportarten können ohne leistungssteigernde medizinische Unterstützung Trainingspläne gar nicht mehr eingehalten und Selektionslimiten nicht mehr erreicht werden. Andreas Singler und Gerhard Treutlein: *Doping – von der Analyse zur Prävention. Vorbeugung gegen abweichendes Verhalten in soziologischem und pädagogischem Zugang (Teil 2)*. Aachen: Meyer & Meyer, 2001, S. 18ff.

In der deutlichen ideologischen Struktur von Kauers *Abseitsfalle*, die sich in der klaren Zuordnung von Opfer- und Täterrollen zeigt, spielt die Selbstausbeutung, die durch den Sportler selbst bewusst in Kauf genommene Zerstörung bzw. Abnützung des Körpers, keine Rolle. So wird etwa nie geschildert, wie sich Jörg Meister für seinen sportlichen Aufstieg als Bub oder Junior im Training hätte schinden oder quälen müssen. Und dort, wo der erwachsene Meister eine Form von Körperaktivität selbst wählt, zeigt sie sich als befreiend, beglückend allein durch den Kontrast zur Fremdbestimmung im Trainingsalltag. Am Morgen vor dem Trainingsspiel zum Beispiel missachtet Meister den Befehl des Trainers zur Nachtruhe, er schleicht sich in der Früh aus dem Hotel und macht trotz Zerrung einen nicht erlaubten und eingeplanten Waldlauf.

> Er begann leicht zu schwitzen. Aber die Müdigkeit schien mit jedem Schritt abzunehmen. Jörg war stolz auf seine Ausdauer. Er hatte es in seiner Jugendzeit nie nötig gehabt, auf einer blödsinnigen Rolle Rad zu fahren, ohne vom Fleck zu kommen. Und Waldläufe? Nun, die hatte er mit seinem Vater schon in einem Alter gemacht, an das er sich kaum mehr entsinnen konnte.[453]

Die selbstbestimmte Bewegung, und nicht zuletzt wohl die Erinnerung an die idyllische Kindheit, die Läufe mit dem Vater im Wald und das Pilze-Suchen haben eine fast wundersame Wirkung:

> Jörg fühlte sich viel besser. Er hatte kaum noch Schmerzen im Oberschenkel, und die bleierne Müdigkeit schien sich in der frischen Waldluft verflüchtigt zu haben.[454]

Eine solche Befreiung aus der vorgegebenen Trainings- und Zeitstruktur ist aber bestenfalls eine Episode. Die Zeit und die Körperleistung von Jörg Meister gehören seinem Klub Gelb-Schwarz, der nicht umsonst vom Fabrikanten Dr. Fischli präsidiert wird.

Zeit und Machtverhältnisse
Im Verhältnis zwischen Fabrikant und Arbeiter ist die Verfügungsgewalt über die Zeit zentral. Mit der Verfügungsgewalt über die Zeit, aufgrund der Arbeits- und Ruhezeiten bestimmt werden können, zeigt sich das Machtverhältnis zwischen Fabrikant bzw. dessen Bütteln einerseits und Arbeiter andererseits. Im Roman *Schachteltraum* hatte Kauer dieses Machtverhältnis anhand der Stechuhr modellhaft formuliert:

453 *Abseitsfalle* S. 32.
454 Ebd. S. 35.

Da kommt man kurz vor sieben Uhr morgens zur Fabrik. Das erste Sirenenzeichen vom Fabrikdach ist bereits verhallt und hängt nun irgendwo in den Tannenspitzen des Ebnetwaldes. [...]
Die Stempeluhren ticken leise. Wie der Totenwurm in einem Eichenschrank oder wie der Zünder einer Zeitbombe.[455]

Mit dem doppelten Vergleich des leisen Tickens der Stempeluhr einerseits mit dem Totenwurm, der sich langsam und hörbar durchs Holz des Eichenschranks frisst, und andererseits mit dem Ticken einer Zeitbombe eröffnet sich ein Feld von Verweisen. Durch den Vergleich mit dem Totenwurm wird das leise Tikken der Stempeluhr entsprechend dem Sprichwort «Der Totenwurm pickt, die Totenuhr tickt» zu einer Art memento mori, [456] zu einer Erinnerung daran, dass die Stempeluhr Lebenszeit der Arbeiter abbucht. Der Vergleich mit der Zeitbombe kann auf zwei Arten gelesen werden: Die Stempeluhr zum einen als Instrument des Terrors, mit dem der Fabrikant die Arbeiter einschüchtert und gefügig hält, oder zum andern die Stempeluhr als Indikator dafür, dass der kritische Aggregatszustand einst erreicht sein wird, bei dem die Arbeiter das kapitalistische System gewaltsam umstürzen werden.
Eine solche Revolution scheint aber doch noch recht weit entfernt, denn zuerst ist die Stempeluhr durch die Genauigkeit und Unbarmherzigkeit im Ablauf ihrer sich drehenden Rädchen ein Instrument der Unterdrückung und der Kontrolle.

Bis um sieben Uhr stempelt die Uhr blau. Um sieben Uhr geht in den Eingeweiden der Uhr etwas Merkwürdiges vor sich. Sie beginnen zu rumoren und wechseln die Farbe. Jetzt stempelt die Uhr rot.[457]

Die Farbe Rot ist hier nicht das Zeichen zum revolutionären Aufbruch; wer einen roten Zeitstempel auf seiner Karte hat, wird vom Portier Kunz gemassregelt und muss genaue Gründe für seine Verspätung angeben können.[458]
Die Arbeitskraft, so Karl Marx in *Das Kapital*, wird gekauft und verkauft.[459] Ihr Wert wird bestimmt durch die zu ihrer Produktion nötige Arbeitszeit. Was über die Arbeitszeit hinausgeht, die zur Erhaltung der Arbeitskraft nötig

---

455 Walther Kauer: *Schachteltraum*. Berlin: Volk und Welt, 1974, S. 27.
456 In der Formulierung, wie sie Büchner in *Leonce und Lena* verwendet, wird für die Metapher das Tier, das die Geräusche im Holz macht, übersprungen und das ‹Ticken› in der Wand direkt mit einer ‹Uhr› in Verbindung gebracht: «Es ist eine schöne Sache um die Natur, sie ist aber doch nicht so schön, als wenn es keine Schnaken gäbe, die Wirtsbetten etwas reinlicher wären und die Totenuhren nicht so in den Wänden pickten.» Georg Büchner: *Leonce und Lena*. In: ders.: *Werke und Briefe*. München: Dtv, 1988, S. 159–189, S. 179.
457 *Schachteltraum* S. 31.
458 Ebd. S. 34f.
459 Karl Marx: *Das Kapital*. Band 1. Karl Marx, Friedrich Engels: *Werke*. Band 23. Berlin: Dietz, 1962, S. 245.

ist, nennt Marx Mehrarbeitszeit. An dieser Mehrarbeitszeit ist der Kapitalist beim Kauf der Arbeitskraft interessiert. Aus dem Warentausch Arbeitskraft gegen Geld will der Kapitalist grösstmöglichen Nutzen ziehen. Er wird deshalb versuchen, das Verhältnis zwischen notwendiger Arbeitszeit (deren Wert er bezahlen muss) und Mehrarbeit (die für ihn geleistet wird) möglichst zu Gunsten der Mehrarbeit zu verschieben. Konnten die Fabrikanten zur Zeit, als Marx *Das Kapital* geschrieben hat, die Mehrarbeit vergrössern, indem sie den Arbeitstag verlängerten und Pausen strichen oder kürzten, so bleibt ihnen im Rahmen neuerer Arbeitszeitgesetze die Verkürzung der notwendigen Arbeitszeit durch Rationalisierung sowie – und das wäre die Perspektive von *Schachteltraum* – die rigide Kontrolle der Arbeitszeit durch die Stempeluhr. Denn fürs 19. Jahrhundert wie für die 1970er Jahre gilt:

> Die Zeit, während deren der Arbeiter arbeitet, ist die Zeit, während deren der Kapitalist die von ihm gekaufte Arbeitskraft konsumiert. Konsumiert der Arbeiter seine disponible Zeit für sich selbst, so bestiehlt er den Kapitalisten.[460]

– Ein ‹Diebstahl›, den die Stempeluhr mit derselben ausschliessenden Signalfarbe wie die rote Karte im Fussball als schweres Vergehen unmissverständlich anzeigt.

Ist bei Marx die Normierung des Arbeitstages noch ein Kampf zwischen Kapitalisten und Arbeiterklasse,[461] so zeigt sich für Kauer in der Verfügungsgewalt über die Zeit das zementierte Machtgefälle zwischen Kapitalisten und Arbeitern. Die Industriearbeit mit ihren Stempeluhren wie der Profisport mit seinen Trainings- und Ruheplänen sind in der deutlich marxistischen Logik Kauers direkter Ausdruck eines gesellschaftlichen Grundwiderspruchs, des Klassenkampfs.

Sport als Klassenkampf

Die Tatsache, dass «in der Schweiz die Fussballvereine ausgerechnet dort gegründet worden sind, wo die geisttötendste Industrie angesiedelt war», wie Kauer im Interview mit das konzept die Ausgangslage für seinen Fussball- und Arbeiterroman umreisst, ist keine Besonderheit der Schweizer Sportgeschichte. Eine der Bedingungen für die Entwicklung des modernen Fussballs vom Zeitvertreib der Oberschicht zum Massensport war die Beziehung, in der Fabrikanten und Arbeiter Geld und Arbeitskraft, also Arbeitszeit, tauschten. Erst durch die klare Abgrenzung der Zeit, auf die der Fabrikant Anspruch hatte, von jener, in der er die Arbeitskraft des Arbeiters nicht nutzen konnte, entstand Freizeit, in der Sport selbst getrieben oder als Zuschauer konsumiert

460 Ebd. S. 247.
461 Ebd. S. 249.

werden konnte.[462] Anders als etwa das Turnen oder Schwimmen, die als Bewegungspraktiken für die militärische und vormilitärische Ausbildung wichtig waren, war der Fussball von Anfang an eine ausgesprochene Freizeitbeschäftigung. Als solche stand er, wie Wheeler festhält, in direkter Konkurrenz zu den «traditionellen Vergnügungen ‹Tanzen› und ‹Trinken›». Viele englische Fussballvereine gehen deshalb auf Initiativen von Geistlichen zurück, die in der zweiten Hälfte des 19. Jahrhunderts die Arbeiter für den organisierten Sport gewinnen wollten, um sie von ihrer Meinung nach schädlicheren Freizeitbeschäftigungen abzuhalten.[463]

Gerade die Wirtshäuser haben für die Verbreitung des Fussballs in der englischen Unterschicht aber eine zentrale Rolle gespielt. Die «public houses» waren – und sind es teilweise bis heute – eigentliche Unterhaltungszentren, in denen nicht nur getrunken wurde. Die Wirte organisierten auch Box- und Hundekämpfe, Kegelspiele, Domino, Billard oder Darts. Mit einem eigentlichen Resultatedienst steigerten Wirte auch die Attraktivität des Fussballs (und der Fussballwetten).[464] Sie stellten Trainingsgelände zur Verfügung, ihre Schankstuben waren Clublokale, sie selbst oft Präsidenten der Fussballvereine; und nicht selten taten sich in ihren Pubs Stammgäste zu mehr oder weniger kurzlebigen Mannschaften zusammen.[465] Fussball wurde so in der zweiten Hälfte des 19. Jahrhunderts für die Arbeiter in den Industriestädten Englands zu einem der zentralen Kristallisationspunkte kollektiver Identität.

> Der regelmässige, gemeinsame Gang zum Fussballstadion («going to the match»), das in der Regel mitten in den Arbeiterquartieren stand, machte den Anspruch auf einen kollektiven, nicht von oben kontrollierten sozialen Raum gegen aussen sichtbar.[466]

Den Fussball als Akt der Selbstbehauptung der Unterschicht hatte Kauer nicht im Sinn, als er den engen Zusammenhang von Industrie und Fussball in der Schweiz als Ausgangspunkt für seinen Roman deklarierte. In die Schweiz ist der Fussball denn auch nicht als Arbeitersport gekommen, sondern als Sport einer international ausgerichteten Oberschicht. In der Schweiz, die Brändle und Koller treffend einen «fussballerischen Brückenkopf auf dem Kontinent» nennen, wurde ab 1869 an den Privatschulen am Genfersee, die von englischen Zöglingen besucht wurden, Fussball gespielt. Die Beschreibung der Spieler von Gelbschwarz, die bei einer Pressekonferenz den Eindruck einer «Klasse eines

462 Vgl. dazu Robert F. Wheeler: *Organisierter Sport und organisierte Arbeit. Die Arbeitersportbewegung.* In: Gerhard A. Ritter (Hg.): *Arbeiterkultur.* Königstein: Anton Hain Meisenheim, 1979, S. 58–73, S. 58f.
463 Wheeler 1979, S. 58.
464 Brändle und Koller 2002, S. 51f.
465 Ebd. S. 52.
466 Ebd. S. 58.

exklusiven Internats»[467] machen, ist auch vor diesem Hintergrund zu lesen. Die ersten Klubs, als allererster der FC St.Gallen (1879), wurden von Kaufleuten, jungen Männern aus technischen und naturwissenschaftlichen Berufen und Studiengängen sowie von in der Schweiz ansässigen Engländern gegründet und getragen.[468]
An dieser ökonomischen Oberschicht, die die frühe Zeit des Fussballs prägte, orientiert sich Kauer für die Antwort auf seine grundsätzliche Frage,

> wie es dem Kapitalismus gelang, die Arbeiter von der roten Fahne weg und hinter eine grünweisse oder eine blauweisse oder eine gelbschwarze zu bringen.[469]

Gelbschwarz, der Klub, für den Jörg Meister als erfolgreicher Fussballer spielt, ist denn auch nicht im Arbeiterquartier beheimatet, sondern im Lettenbühl-Quartier, wo die «Obergestopften» wohnen,

> die sich wunder was einbildeten, weil im Lettenbühl die «besseren Leute» wohnten, Väter, die mit Kragen und Krawatte zur Arbeit gingen, in dieselbe Fabrik des Herrn Fischli, in die die Väter der kleinen Proleten mit dem Fahrrad fuhren, im blauen Überkleid und mit der Schirmmütze auf dem Kopf. Aber im Lettenbühl war auch der FC Gelbschwarz zu Hause, Traumziel eines jeden Buben in der ganzen Stadt.[470]

Die Menschen im Lettenbühl werden abschätzig die «Obergestopften» genannt, die nicht wirklich bessere Leute sind, sondern sich nur etwas darauf einbilden, dort zu wohnen, wo eben die «besseren Leute» (in relativierenden Anführungszeichen) wohnen. Aus der nüchternen Beschreibung der «Väter der kleinen Proleten», die «mit dem Fahrrad», im «blauen Überkleid und mit der Schirmmütze auf dem Kopf» zur Fabrik fahren, ist im Verhältnis zu den Vätern, die «mit Kragen und Krawatte» zur Arbeit gehen, kein Stolz herauszuhören auf einen Arbeitervater, der wie Paul Meister gelernter Uhrmacher ist. Der Name Meister wäre auch in diesem Sinn zu lesen als Verweis auf den Vertreter eines Berufsstandes, der stolz auf seine Tradition und seine Stellung sein kann. Paul Meister und andere Väter werden hier jedoch nicht als Individuen mit präsentablen Berufsbiographien genannt, sondern als Masse (Väter), die sich durch Kleidung und Fortbewegungsmittel als die sozial und ökonomisch schwächere zeigt. Kaschiert durch die Identifikation der Arbeitersöhne mit dem Fussballspiel von Gelbschwarz zeichnen sich die Aufstiegsphantasien der Söhne ab. Denn der Fluchtpunkt der Bubenträume liegt im «besseren» Quartier. Zwischen den «kleinen Proleten» und ihrem Arbeitermilieu zum einen und zum andern der Welt jener Väter, die mit Kragen und Krawatte zur Arbeit

467 *Abseitsfalle* S. 78.
468 Brändle und Koller 2002, S. 34ff.
469 Suter und Küng 1976, S. 4.
470 *Abseitsfalle* S. 48.

gehen, steht allein – synktaktisch wie auch im übertragenen Sinn – der Fabrikant Fischli, der entscheidet, wer zu welcher Gruppe gehören darf.

Der Sohn des alten Fischli nutzt als Fabrikant und Klubpräsident diese Aufstiegsphantasien und Bubenträume geschickt. Direkt nach einem kurzen Abschnitt über den ersten Mai, an dem die Arbeiter mit den roten Fahnen durch die Stadt ziehen, an dem die Arbeiterbuben «sehnsüchtig» am Spielfeldrand stehen und den Arbeiterfussballklubs bei den Spielen des Erstmai-Turniers zuschauen, folgt eine Sequenz, in der der junge Fischli den alten Fischli darüber aufklärt, wie er seine Arbeiter die roten Fahnen vergessen machen will: mit Spitzenfussball.

> «Gelbschwarz mag ein bisschen besser sein als die anderen, aber auch dort betreibt man nur Amateurfussball. Und es reicht eben nicht, wenn am Sonntag nur die Fussballbräute am Sportplatz stehen. Fussball sollte auch bei uns zum Massensport werden. Mir ist es lieber, die Arbeiter stehen am Sonntag auf dem Fussballplatz statt mit roten Fahnen vor meinem Werktor.»
>
> «Willst du dreissigtausend Mann kicken lassen?» spottete der Alte.
>
> «Die sollen ja nicht selber spielen, Vater. Sie sollen zusehen, Spass am Spiel haben. Und nebenbei merken sie vielleicht, dass man es auch dann zu etwas bringen kann, wenn man aus kleinen Verhältnissen kommt: zum Fussballstar beispielsweise. Ich habe die Geschichte des amerikanischen Boxsportes studiert, und …»[471]

Was der junge Fischli nicht mehr zu Ende erzählen kann, weil er vom Vater unterbrochen wird, ist die Faszination der Unterprivilegierten für Aufsteigergeschichten, wie sie im «amerikanischen Boxsport» durch die verschiedenen Rocky-Figuren verkörpert werden.

Im Dialog zwischen den beiden Fischlis zeigt sich zweierlei. Erstens will der junge Fischli die Arbeiterbuben mit dem Versprechen vom Aufstieg via Fussball vom Kampf um die Rechte als Arbeiter abhalten. Zweitens will er mit dem Fussball als Spitzensport und Massenveranstaltung das Erregungspotential sozialer Unterschiede umlenken, binden und neutralisieren. Der Fabrikant Fischli steht damit in einer längeren Tradition von Unternehmern, die Sport aus verschiedenen meist nicht uneigennützigen Gründen gefördert haben. Auf diesen historischen Hintergrund weist Wheeler folgendermassen hin:

> Besonders aufschlussreich aber ist die Einstellung der Arbeitgeber zum Sport. Im Interesse einer hohen Produktivität waren die Arbeitgeber an einer gesunden Arbeiterarmee interessiert, und man erkannte bald, dass der Sport geeignet war, die Arbeiter körperlich fitzuhalten. Noch wichtiger war jedoch die Rolle, die der Sport bei der Harmonisierung der industriellen Beziehungen spielte. Mehr und mehr wurde im Sport ein Instrument gesehen, um die Militanz der Arbeiter zu entschärfen und den sozialen Frieden zu sichern.[472]

471 Ebd. S. 127.
472 Wheeler 1979, S. 60.

Sport als Abführmittel gefährlicher Emotionen

Ein immer wieder zitiertes historisches Beispiel, wie ein Fabrikant mit der Gründung von Sport- und Kulturvereinen dem Alkoholismus, und der damit verbundenen Verminderung der Arbeitskraft, wie auch Arbeitskämpfen entgegenwirken wollte, ist jenes von Arnold F. Hills.[473] Hills hatte von seinem Vater die «Thames Ironworks» im Osten Londons geerbt, war englischer Meister über eine Meile gewesen und hatte für Oxford sowie in der englischen Nationalmannschaft Fussball gespielt. Hills gründete 1895 – kurz nach einem Streik seiner Arbeiter – einen Werksfussballverein, den er finanziell unterstützte. Im Gegensatz zum fiktiven Fabrianten Fischli war Hills jedoch nicht am Spitzen- und Profifussball interessiert. 1904 trennte er sich von seiner Spitzenmannschaft, die seit 1898 erfolgreich in einer Profiliga gespielt hatte und seit 1900 für die West Ham AG als West Ham United spielte. Hills wollte das firmeneigene Stadion nur noch den Amateuren seiner Werksmannschaften zur Verfügung stellen. Das verhinderte allerdings nicht, dass die Profimannschaft, die er mitaufgebaut hatte, auf fussballbegabte Arbeiter äusserst anziehend wirkte. 1906 zum Beispiel verdienten die Spieler bei West Ham United während der Saison das Doppelte, in der spielfreien Zeit mindestens ebenso viel wie Schlosser, Monteure, Strassenbahnfahrer oder Bauarbeiter.[474] Für sie war Fussball nicht mehr ein Spiel als Ausgleich zur Fabrikarbeit, sondern ein Job.

Wie Sportveranstaltungen soziale Spannungen abbauen und kanalisieren können – womit der junge Fischli rechnet –, das haben Norbert Elias und Eric Dunning überzeugend dargestellt. Aus Elias soziologischer Grundthese, dass mit fortlaufendem Zivilisationsprozess Triebe immer stärker sublimiert und kontrolliert werden müssen, leiten sie ab:

> In fortgeschrittenen Industriegesellschaften bilden Freizeitbeschäftigungen eine Enklave, in der mit sozialer Billigung in der Öffentlichkeit gemässigtes Erregungsverhalten gezeigt werden kann. Man kann den spezifischen Charakter und die spezifische Funktion, die Zeitvertreib und Musse in diesen Gesellschaften haben, nicht verstehen, wenn man sich nicht im klaren darüber ist, dass im allgemeinen das öffentliche und selbst das private Niveau in der emotionalen Kontrolle im Vergleich zu dem Niveau weniger differenzierter Gesellschaften gestiegen ist.[475]

Das «gemässigte Erregungsverhalten» entspricht einerseits dem Verlangen, rauschhafte Zustände ohne strikte Selbstkontrolle ausleben zu können, andererseits der gesellschaftlichen Vorgabe, soziale Strukturen damit nicht zu gefährden.

---

473 Vgl. dazu Charles P. Korr: *Der Fussballclub West Ham United und die Anfänge des Profifussballs im Londoner East End 1895–1914*. In: Ritter 1997, S. 74–92.

474 Korr 1979, S. 88.

475 Norbert Elias und Eric Dunning: *Sport und Spannung im Prozess der Zivilisation*. Frankfurt am Main: Suhrkamp, 2003, S. 124.

In der Form von Freizeitereignissen, insbesondere derjenigen der mimetischen Klasse, befriedigt unsere Gesellschaft das Bedürfnis, die Aufwallung starker Emotionen in der Öffentlichkeit zu erleben – das Bedürfnis nach einer Art von Erregung, die nicht in der Weise den relativ geordneten Zustand des sozialen Lebens stört und gefährdet, wie die ernsthafte Art der Erregung dies für gewöhnlich tut.[476]

Unter «mimetisch» verstehen Elias und Dunning nicht die direkte Abbildung von Gesellschaftsstrukturen in Sport und Kultur. Vielmehr geht es darum, dass die Emotionen, die in diesen Freizeiterlebnissen ausgelöst werden, jenen Affekten verwandt sind, die im realen Leben entstehen können. Mimetische Ereignisse wie Theaterstücke, Kompositionen oder sportliche Praktiken müssen ‹realen› Ereignissen nicht ähnlich sein. Die Affekte aber, die sie auslösen, machen diese Ereignisse zu mimetischen, weil diese Affekte «auf spielerische und angenehme Weise eine Ähnlichkeit mit den in ernsthaft kritischen Situationen erlebten Affekten aufweisen».[477] Zwischen den Affekten mimetischer Ereignisse und jenen, die nicht in mimetischen Inszenierungen entstehen, gibt es allerdings einen gewichtigen Unterschied:

> Bei ernsthafter, nicht mimetischer Erregung verlieren die Menschen oft die Kontrolle über sich und werden zu einer Bedrohung für sich wie für andere. Mimetische Erregung birgt für die Gesellschaft und den einzelnen keine Gefahr und kann kathartische Wirkung haben.[478]

Die mimetische Erregung hat in einer Gesellschaft somit die Aufgabe eines Substituts und den Charakter einer Sublimation. Die emotionalen Bedürfnisse werden in einem geordneten und geregelten Rahmen ausgelebt und für die Gesellschaft gefahrlos abgeführt. «Abgeführt» verstehen Dunning und Elias dabei durchaus analog zum medizinischen Ausdruck. Die von Aristoteles in Kapitel 6 seiner Poetik nur angedeutete, nicht detailliert ausgeführte kathartische Wirkung des mimentischen Werks legen Dunnig und Elias eng an diesem medizinischen Terminus des Abführens aus.[479] Die «Ausscheidung gefährlicher Stoffe aus dem Körper», mit der ein Abführmittel den Körper reinige, gelte für Aristoteles im übertragenen Sinn auch für die Wirkung von Musik und Tragödie für die menschliche Seele.[480]

So einleuchtend der Ansatz von Elias und Dunning im Prinzip sein mag, er erklärt nur einen Teil der in diesem Zusammenhang zu beobachtenden Phänomene – was mit der kann-Formulierung («kann kathartische Wirkung haben») bereits angedeutet ist. Denn tatsächlich finden sich nicht wenige Beispiele, bei

476 Ebd. S. 135.
477 Ebd. S. 153.
478 Ebd. S. 152.
479 Ebd. S. 148.
480 Ebd.

denen mimetische Ereignisse nicht kathartisch wirken, sondern im Gegenteil ernsthafte Erregung erst auslösen und verstärken. Zu denken wäre an die Wirkung von Konzerten etwa der *Rolling Stones* in den 1960er Jahren oder an den Hooliganismus im Fussball. Und Ryszard Kapuscinski berichtet von Ereignissen der Fussballgeschichte, bei denen die mimetische Erregung schnell in ernsthafte umschlug. Die beiden Spiele für die Qualifikation zur Endrunde der Fussballweltmeisterschaft 1970 in Mexiko zwischen Honduras und Salvador wirken in seiner Reportage wie die ersten Kriegshandlungen in der militärischen Auseinandersetzung der beiden Staaten, die auf die beiden Spiele folgen sollte.[481]

Heimlich gelenkte Zöglinge: Jörg und Wilhelm Meister

Fischli vertraut ganz auf die temperierende Wirkung mimetischer Erregung. Und um seine Arbeiter mit Sportveranstaltungen in gefahrlose mimetische Erregung zu versetzen, braucht Fischli nicht nur Geld, sondern auch Spielermaterial. Jörg Meister ist als Spieler für Fischli besonders interessant. Mit Jörg Meister kann er seinen Plan, mit Fussball die Arbeiterschaft zu schwächen, gleich auf zwei verschiedenen Ebenen umsetzen. Zum einen ist Meister ein äusserst talentierter Fussballer, der Gelbschwarz mit seinem Spiel und dem Aufstiegsmythos, den er verkörpert, attraktiver macht. Zum andern kann Fischli, indem er Meister seine Lehre als Uhrmacher abbrechen lässt, die Familientradition der Meisters unterbrechen. Unterbrochen ist so auch die Tradition, mit dem Selbstbewusstsein aus der eigenen Herkunft für die Rechte als Arbeiter zu kämpfen. Ganz gezielt macht Fischli den Beruf, den Jörg wie sein Vater und Grossvater erlernen soll, schlecht:

> «Uhrmacher!» sagte Dr. Fischli hinter seinem Schreibtisch. Jörg stand in seinem blauen Arbeitsmantel vor dem Schreibtisch, und das «Uhrmacher» klang beinahe, als hätte der Herr Prinzipal «Strassenkehrer» gesagt.[482]

Der Vater, Paul Meister, der Jörg die Stelle als Uhrmacherlehrling hatte vermitteln können, und Fischli stehen als Figuren, die auf Jörg einwirken wollen, in Opposition. Mit dem Hinweis auf die beschränkte ökonomische Potenz des Vaters, der als Uhrenarbeiter die Familie zeitweise nur mit Mühe hat über Wasser halten können, gewinnt Fischli schliesslich die Oberhand bei der Gestaltung von Jörgs Zukunft.

481 Ryszard Kapuscinski: *Der Fussballkrieg.* In: ders.: *Der Fussballkrieg. Berichte aus der Dritten Welt.* Frankfurt am Main: Eichborn, 2000, S. 251–288.
482 *Abseitsfalle* S. 195.

«Mit deinem Vater spreche ich», sagte Fischli. «Wenn er vernünftig ist, wird er dankbar sein für das, was ich für dich tue. Soviel Geld, wie du als Fussballer verdienen wirst, hat dein Vater wohl nie auf einem Haufen gesehen.»[483]

Dass er auf den Falschen gehört hat, wird sich Jörg Meister erst bewusst, als er bereits gescheitert und in Fischlis ‹Abseitsfalle› getreten ist. Der Vater, der in einem halben Jahr nicht soviel verdiente wie der 18jährige Jungprofi in einem Monat, konnte nicht durchsetzen, dass Jörg seine Lehre abschliesst und Uhrmacher wird.

Dass er seine Lehre nicht abgeschlossen hatte – das wiederum …
Jörg fluchte plötzlich leise vor sich hin. Das war doch auch wieder dieser verdammte Fischli gewesen.[484]

Dass es «wieder» Fischli gewesen ist, der etwas verhindert hatte, deutet darauf hin, dass der erwachsene Jörg Meister in Fischlis Handeln das gezielte und systematische Vorgehen erkennt. Und mit diesem gezielten Vorgehen hat Fischli Jörgs Lehrabschluss verhindert. Anders als sein Namensvetter Wilhelm Meister, dem das metaphorische Äquivalent eines Lehrbriefs überreicht wird, erhält Jörg keine schriftliche Bestätigung für den Abschluss seiner Lehrjahre. Der Moment, in dem sich Jörg Meister bewusst wird, dass jemand planend und lenkend in sein Leben eingegriffen hatte, ist nicht wie für Goethes Wilhelm Meister ein Moment, in dem die gute Absicht der Erziehenden sichtbar wird, sondern ein Moment, in dem der Protagonist die Perfidie des lenkenden Verführers erkennt. Der Vaterersatz, den er anstelle seines Erziehers anerkannt hat, stellt sich als Betrüger heraus. Kauers *Abseitsfalle* ist aus dieser Perspektive ein pessimistischer Gegenentwurf zum Bildungsroman. Die lenkenden Mächte zielen hier nicht vertrauenswürdig auf die seelische Reifung und die harmonische Entwicklung der Anlagen eines Schützlings, sondern verfolgen eigene Interessen, die rücksichtslos über das Wohl des Protagonisten gestellt werden. In der Szene, in der sich die Mitglieder der Turmgesellschaft Wilhelm Meister als seine fürsorglichen Erzieher offenbaren, erklärt jener Mann, den er als Landgeistlichen getroffen hatte:

Nicht vor Irrtum zu bewahren, ist die Pflicht des Menschenerziehers, sondern den Irrenden zu leiten, ja ihn seinen Irrtum aus vollen Bechern ausschlürfen zu lassen, das ist Weisheit der Lehrer. Wer seinen Irrtum nur kostet, hält lange damit haus, er freut sich dessen als eines seltenen Glücks [...].[485]

483 Ebd. S. 196.
484 Ebd. S. 189.
485 Johann Wolfgang von Goethe: *Wilhelm Meisters Lehrjahre*. Goethes Werke Band VI (Hamburger Ausgabe), München: C.H.Beck, 1981, S. 494.

Fischli ist nun sicher nicht der «Menschenerzieher», der den Irrenden leitend den «Irrtum aus vollen Bechern ausschlürfen» lässt. Seine Absicht war es ja, die Arbeiter «nebenbei» merken zu lassen,

> dass man es auch dann zu etwas bringen kann, wenn man aus kleinen Verhältnissen kommt: zum Fussballstar beispielsweise.[486]

Wer «nebenbei» merkt, dass er es zum Fussballstar bringen könnte, «kostet» nach den Worten der Turmgesellschaft seinen Irrtum nur und «freuet sich dessen» im Gegenteil «als eines seltenen Glücks» – das später allerdings ins Unglück umschlagen muss.

Der Arbeitersport

Fussball wird nicht nur vom Fabrikanten Fischli, sondern auch von Vater Paul Meister als Mittel des Klassenkampfs erkannt. Für Paul Meister ist Fussball ein Mittel, die Arbeiterkinder der eigenen Klasse zu erhalten.

> Wir haben einen SATUS-Turnverein, wir haben den Arbeiter-Touring Bund SOLI-DARITÄT, wir haben unseren Werktagsschützen-Verein, damit wir das «Obligatorische» nicht mit den Grosskopfeten aus dem anderen Lager schiessen müssen – bloss eines haben wir nicht: und überlegt euch einmal, wovon bei uns die Buben träumen?[487]

Und Münger, der Altkommunist, hat ebenfalls durchschaut, wer sich der Träume der Arbeiterbuben bedient und wie er sie sich zunutze macht:

> Die Theorie des Klassengegners ist doch bekannt: Auch aus Arbeiterkindern kann etwas werden. Boxer oder Radfahrer oder eben Fussballer. Unter Zehntausenden schafft es einer – und der wird dann den übrigen als Beispiel dafür präsentiert, dass dieses System funktioniert. Von den bürgerlichen Vereinen, natürlich. Und wir, wir glauben natürlich daran und brüllen uns für den FC Gelbschwarz des Herrn Fischli die Kehlen heiser! In einer andern Stadt brüllen sie natürlich für die Farben eines andern Herrn Unternehmers.[488]

Paul Meister und seine Kollegen gründen, quasi als Gegenmassnahme, den Arbeiterfussballclub AFC SOLIDARITÄT. Es mag auf den ersten Blick merkwürdig wirken, dass ein eigener Arbeiterfussballklub dort, wo der Fussball so populär ist und wo die Arbeiter über ein so ausgeprägtes Klassenbewusstsein verfügen, erst gegründet wird, als es längst einen Arbeiterturnverein gibt, einen Schützenverein – bei dem das obligatorische Jahresschiesspensum von den

---

486 *Abseitsfalle* S. 127.
487 Ebd. S. 184.
488 Ebd.

Wehrpflichtigen erfüllt werden kann – und einen Touring-Bund (in diesem Fall ein Zweiradclub).

Sport generell war grossen Teilen der organisierten Arbeiterschaft lange suspekt; Fussball, der auf ein Resultat hin, den Sieg einer Mannschaft über die andere gespielt wird, war vor allem für viele Funktionäre erst recht nicht mit der Idee von Solidarität und Zusammenhalt vereinbar. Wheeler hält dazu fest:

> Das Ziel der Arbeitersportbewegung war im Grunde überall das gleiche, obwohl es von Gruppe zu Gruppe Unterschiede geben mochte. Man versuchte Arbeitern, besonders den jüngeren, Gelegenheit zu gesunder, fröhlicher körperlicher Aktivität zu geben, und zwar innerhalb der Sphäre der Arbeiterklasse. […] Abgesehen davon, dass die Arbeitersportbewegung allen Arbeitern gleiche Möglichkeiten bot, hatte sie sich noch das humanitäre Ziel gesetzt, eine Alternative zu den Auswüchsen des bürgerlichen Sportwettkampfs zu sein. Arbeitersport versuchte nicht nur, die Klassenschranken zu überwinden, sondern auch bei seiner Ausübung kapitalistische durch sozialistische Werte zu ersetzen […].[489]

Wettkampf war als «kapitalistischer Wert» verpönt, was die Arbeiter jedoch nicht davon abhielt, zu Tausenden die Spiele der «kapitalistisch» gegeneinander antretenden Fussballmannschaften zu besuchen. Sport, bei dem es durch das Resultat einen eindeutigen Gewinner gab, war denn auch vor allem den Arbeiterführern suspekt. Jakob Steinemann, von 1929 bis 1938 Präsident des SATUS, formulierte sein Unbehagen so:

> Entscheidend für den Erfolg ist das Torergebnis. Wie das Ergebnis zustande gekommen ist, spielt nach den 90, 60, 30 Minuten keine Rolle mehr. Der eine Klub hat zwei Punkte, der andere geht mit Null nach Hause. Das nenne ich kapitalistische Überspitzung, Versessenheit auf primitive Formeln, Überbetonung des Schlusseffektes. Unsere Aufgabe als Sozialisten besteht darin, eine andere Wertung der während der 30, 60 oder 90 Minuten geleisteten Arbeit beider Klubs zu schaffen. Damit ist vorläufig ein neues Ziel aufgestellt. Den Weg dazu werden wir finden, wenn wir recht wollen. Und als Sozialisten müssen wir wollen.[490]

Die Arbeitersportbewegung förderte bis in die Zwischenkriegszeit vor allem «die weniger wettbewerbsorientierten Sportarten wie Turnen, Radfahren, Wandern und Schwimmen».[491] Und in der deutschen Arbeiterpresse etwa wurden noch in der Zwischenkriegszeit kaum Aufstellungen von Fussballmannschaften aufgeführt. In Matchberichten wurde die Wichtigkeit des Kollektivs unterstrichen, indem die Spieler nicht mit Namen, sondern mit ihrer Funktion innerhalb der Mannschaft benannt wurden. Spieler, die sich vom Publikum als

---

489 Wheeler 1979, S. 62.
490 Jakob Steinemann: *Kapitalistischer Geist im Arbeitersport?* In: *Satus Sport*, 43/26.10.1932, zit. in: Schwaar 1993, S. 82.
491 Schwaar 1993, S. 82.

Matchwinner zu stürmisch feiern liessen, wurden gelegentlich von den Funktionären gar gerügt.[492] Der Name AFC SOLIDARITÄT, den Paul Meister in *Abseitsfalle* mit der Solidarität der Väter mit den Kindern des Arbeiterviertels begründet, muss deshalb innerhalb der Arbeiterschaft auch wie ein besonderes Signal, wie eine Rechtfertigung für die Gründung eines Fussballvereins wirken.

Auf wann genau die Gründung des AFC zu datieren ist, lässt sich aus der etwas unklaren zeitlichen Struktur in der Abfolge von Rückwendungen nicht rekonstruieren. Jörg Meister geht in die fünfte Klasse, ist also etwa elf Jahre alt. Zudem pflegt der Schulhausabwart sorgsam den Rasenplatz, was für die Zeit des Zweiten Weltkrieges schwer vorstellbar ist. Auf dem Platz wären mit grosser Wahrscheinlichkeit im Rahmen der ‹Anbauschlacht› Kartoffeln angepflanzt worden. Unter der Voraussetzung, dass die Rasenpflege des Abwarts in *Abseitsfalle* historisch korrekt ist und dem Wahrscheinlichen folgt, ist anzunehmen, dass die Arbeiter um Paul Meister ihren Fussballverein erst nach dem Zweiten Weltkrieg gegründet haben, zu einem Zeitpunkt also, als der Arbeiterfussball in der Schweiz in einer schweren Krise steckte.

Vater Meister gründet einen Arbeiterfussballklub

Der Arbeitersport in der Schweiz geht zurück auf die Gründung erster Turnvereine des Schweizerischen Grütlivereins. Dem 1838 gegründeten Verein gehörten in den frühen Jahren vor allem Kleinhandwerker, später Gesellen und Arbeiter an. Der Grütliverein wurde zwar als Verein für Bildung und Geselligkeit gegründet, gilt aber auch als erste politische Organisation der Arbeiterschaft in der Schweiz. Im Verlauf der 1860er Jahre führten einzelne Sektionen des Vereins das Turnen ein, und 1874 wurde in der Industriestadt Winterthur der zentrale Schweizerische Grütli-Turnverein gegründet.[493] Hatten sich die Grütli-Turner bis nach 1900 nicht konsequent vom älteren und grösseren Eidgenössischen Turnverband ETV abgegrenzt, so lösten sich viele Grütli-Turnsektionen vom ETV, nachdem Turner aus diesem Verband 1909 beim Streik in der Zürcher Möbelfabrik Aschbacher gegen Streikposten vorgegangen waren. 1914 löste sich der Verband der Grütli-Sportler nicht nur offiziell vom ETV sondern auch vom Grütliverein. Nach vierzig Jahren war damit die enge Verbindung zwischen Grütliverein und Arbeitersport gekappt, der Arbeitersport war selbständig geworden.

492 Brändle und Koller 2002, S. 170.
493 *SATUS 1874–1999: Streifzug durch die Sportgeschichte*, Bern: Satus, 1999, S. 6ff. Sowie Brändle, Koller 2002, S. 178f. und Christian Koller: «*Der Sport als Selbstzweck ist eines der traurigsten Kapitel der bürgerlichen Sportgeschichte». Wandel und Konstanten im Selbstverständnis des schweizerischen Arbeitersports (1922–1940)*. In: Hans-Jörg Gilomen, Beatrice Schumacher, Laurent Tissot (Hg.): *Freizeit und Vergnügen vom 14. bis zum 20. Jahrhundert*. Zürich: Chronos, 2005, S. 287–301.

Die Umstände und der Ort der Gründung des AFC SOLIDARITÄT in *Abseits-falle* stellt die Arbeiterfussballer in eine Tradition, die bis ganz zurück zu den Anfängen der organisierten Arbeiterschaft in der Schweiz reicht. Die Gewerk-schaftskollegen um Paul Meister treffen sich im Restaurant «Grütli». Grütli ist die ältere und etwa in der französischsprachigen Schweiz gängige Bezeich-nung für das Rütli, den Ort am Vierwaldstättersee, an dem mit einem Schwur die Eidgenossenschaft gegründet worden sein soll. Das Rütli, von Schiller in «Wilhelm Tell» auch in unmittelbare thematische Nähe zu entschlossenem Freiheitskampf gebracht, war und ist bis heute symbolischer Ort der Zusam-mengehörigkeit und Gleichheit. Der Grütliverein gab sich in den Anfängen national gesinnt und der Volkssouveränität verpflichtet.

Auf nationale Traditionen verweist der ursprüngliche Zweck der Zusammen-kunft im Restaurant «Grütli» nur indirekt. Die Gewerkschafter treffen sich im «Grütli» regelmässig, um sich beim Jassen von der Gewerkschaftsarbeit zu entspannen.[494] Jassen, das traditionelle Kartenspiel, wird in vielen Varianten ge-spielt. Die am häufigsten gespielte, die auch die Gewerkschafter im «Grütli» pflegen, ist der Schieber. Er wird zu viert gespielt, zwei gegen zwei, und ist eine Spielart, bei der für die Kompetition ein hohes Mass an Kooperation nötig ist. Die Spieler dürfen sich nicht übers Spiel verständigen, müssen ihren Partner also möglichst blind verstehen, auf seine Züge eingehen, sie antizipieren und sich gegenseitig vertrauen. Jassen und zusammen ein Bier trinken passt also sehr gut in den «Grütli»-Kontext. Der Verein war, wie bereits erwähnt, nicht nur die Frühform der organisierten Arbeiterschaft, sein Zweck war neben der Bildung der Mitglieder nicht zuletzt die Geselligkeit. Dass diese Geselligkeit im Restaurant «Grütli» keine haltlose, sondern als Ausgleich zum «Klein-kram» der Gewerkschaftsarbeit eine kontrollierte war, zeigt sich in folgender Textpassage:

> Eine Zeitlang spielten die vier Männer konzentriert, man hörte nur die Ansagen und ab und zu das Klopfen, wenn einer einen Bock ausspielte. Dazwischen tranken die Männer friedlich ihr Bier. Nach zweimal auf Zweitausend hörten sie, wie im-mer, auf. Nie spielten sie mehr als diese zwei Partien. Sie hielten Mass, sie spielten nicht aus Leidenschaft, sondern aus Spass.[495]

Das «Mass» halten, der Vorrang des Spasses vor der Leidenschaft, der Hinweis darauf, dass alles konzentriert und friedlich abläuft, ist bereits eine Vorweg-nahme dessen, was den Arbeitersport vor dem ‹bürgerlichen› Sport auszeichnen soll. Dass die Gründung des Arbeiterfussballklubs erst nach dem geordneten Spielen und Trinken diskutiert wird, entspricht der historischen Entwicklung vom Grütliverein zum Arbeitersport. Und auch, dass diese Diskussion nicht bei einer ordentlichen Sitzung des Gewerkschaftsvorstands, sondern beim or-

494 *Abseitsfalle* S. 182f.
495 Ebd.

dentlichen, aber gemütlichen Zusammensitzen stattfindet, hat ihre historische Entsprechung: Obwohl der Arbeitersport vor allem in der Zwischenkriegszeit einen bemerkenswerten Aufschwung erlebte, blieb er in der gewerkschaftlichen Arbeit marginal.[496]

Krise des Arbeitersports
1917 wurden der Schweizerische Arbeiter-Turnerverband und der Arbeiter-Sportverband gegründet. Die beiden Verbände fusionierten 1922 zum Schweizerischen Arbeiter-, Turn- und Sportverband S.A.T.S.V., später SATUS. Bereits in den Jahren 1918/1919 wurden in Basel, Zürich und Genf erste Arbeiter-Fussballvereine gegründet. Während die Genfer UST Ville vor allem gegen sogenannte wilde Klubs spielte, trafen sich der Basler Arbeiter-Sportklub und die Fussballer des Zürcher Sportvereins Strassenbahn 1919 in Zürich zur ersten Partie zweier Arbeiter-Mannschaften.[497] Die Zahl der Arbeiter-Fussballvereine stieg zwar rasch, und bald konnte eine Verbandsmeisterschaft durchgeführt werden. Vom Aufschwung des Fussballs konnten die Arbeiter-Vereine aber nur bedingt profitieren. In der Saison 1928/1929 trennten sich kommunistische und sozialdemokratische Fussballer und führten bis zur Saison 1935/1936 getrennte Meisterschaftsbetriebe.[498] Nach dem Zusammenschluss erholte sich der Schweizer Arbeiterfussball zwar wieder etwas, doch nicht für lange. Der SATUS geriet zuerst in eine finanzielle, dann in eine ideologische Krise. Bis Ende der 1920er Jahre positionierte sich der SATUS bewusst als klassenkämpferisch. Turnen und Sport als Vorbereitung des Militärdienstes lehnte der SATUS ab:

> Den Sektionen war es deshalb seit 1927 strikte untersagt, sich in irgendeiner Form am militärischen Vorunterricht zu beteiligen. Schliesslich verurteilte man den «bürgerlichen» Sportbetrieb als Versuch, die Arbeiter ihrer Klasse emotional zu entfremden, als «Einschläferungsmittel» zur «Ablenkung der Massen von ihren Pflichten und Aufgaben».[499]

Nicht ganz überraschend strich das bürgerlich dominierte nationale Parlament auf Antrag des rein bürgerlichen Bundesrates 1933 die Subventionen an den SATUS, der sich 1928 offiziell zur Sozialdemokratie bekannt und damit die Neutralität gegenüber einerseits kommunistischer und andererseits sozialdemokratischer Partei aufgegeben hatte. Kurz nach dem SPS-Parteitag 1935, als die Sozialdemokraten die Diktatur des Proletariats und die Ablehnung der

496 Wheeler 1979, S. 61ff. und Koller 2005, S. 289ff.
497 Erwin Wyss: SATUS-Fussball. In: *Schweizerischer Arbeiter-, Turn- und Sport-Verband 1874–1964.* Ohne Ort: Satus, 1964, S. 69–72, S. 69.
498 *50 Jahre Satus-Fussball 1920–1970.* Ohne Ort: Satus, 1970. S. 15.
499 Schwaar 1993, S. 74.

Landesverteidigung aus ihrem Parteiprogramm strichen, suchte der SATUS beim Vorsteher des Eidgenössischen Militärdepartementes wieder um Bundessubventionen nach. Wie die sozialdemokratische Partei hatte damit auch der SATUS den Wechsel von der Konfrontation zur Integration eingeleitet. Während der Kriegsjahre gaben sich die Arbeitersportler wehrbereit, antifaschistisch und national. International geriet der SATUS immer mehr in die Isolation, nachdem die grossen Arbeitersportverbände in Deutschland und Österreich in den 1930er Jahren zerschlagen worden waren. Der Meisterschaftsbetrieb wie auch die internationalen Kooperationen der Fussballer ruhten Anfang der 40er Jahre, und erst kurz vor Kriegsende konnte der Spielbetrieb in den SATUS-Regionen wieder aufgenommen werden.[500] Der Versuch, sich Mitte der 1940er Jahre wieder stärker von der bürgerlichen Politik und vom bürgerlichen Sport zu distanzieren, scheiterte. Damit war die Arbeiterkultur, und mit ihr der Arbeitersport, in der Schweiz als Projekt der Gegenkultur am Ende. Schwaar bilanziert folgendermassen:

> Die soziale Integration der organisierten Arbeiterschaft in die schweizerische Gesellschaft ist das Ergebnis zweier grundsätzlich auseinanderzuhaltender Prozesse, die sich insbesondere nach dem Krieg allerdings wechselseitig ergänzten und beschleunigten. Zum einen schränkte der Wandel der Arbeiterbewegung von der Gegen- zur Ordnungsmacht die Möglichkeiten zur arbeitertypischen politischen Identifikationen ein, zum andern erschwerte der parallel dazu ablaufende gesellschaftliche Wandel mit der Verwischung alter Klassengrenzen zunehmend auch arbeitertypische soziale Identifikationen. Integration wird hier mit anderen Worten verstanden als Prozess der Auflösung klassenspezifischer Deutungs-, Wert- und Verhaltensmuster. Er hinterliess ein Vakuum, das mehr noch als durch eine staatsbürgerliche oder patriotische Gesinnung durch die von den Massenmedien verbreiteten Leitwerte des Fortschritts, des Massenkonsums und eines privatisierten Lebensstils aufgefüllt wurde.[501]

Gegenbewegung zum professionellen Sport
Als kleiner Verband positionierte sich der SATUS in der Folge, vor allem im Fussball, als Gegenbewegung zur zunehmenden Professionalisierung im Sport, die auch als Gegenbewegung zum Massenkonsum und zum Fortschritt zu sehen ist, die (links wie rechts) mit dem Schlagwort ‹Amerikanisierung› zusammengefasst wurden. SATUS-Fussballer Erwin Wyss leitet deshalb aus dem Professionalismus die «Notwendigkeit» des Arbeitersports ab:

> Der Arbeitersport bekämpft den Professionalismus in allen seinen Formen mit äusserster Konsequenz. Daraus aber, dass dieser Kampf unumgänglich ist, ergibt sich

500 Wyss 1964, S. 70.
501 Schwaar 1993, S. 140.

zu einem wesentlichen Teil die Notwendigkeit, dass der SATUS als Gegenbewegung und der Arbeiter-Fussball im besonderen bestehen bleiben.[502]

Tatsächlich konnten sich die Arbeiter-Sportler in den 1960er und frühen 1970er Jahren als letzte Vertreter des reinen Amateurfussballs verstehen. Nachdem in der Schweiz bereits in den 30er Jahren – wie schon in Österreich – offiziell Profifussball gespielt wurde, bzw. Schweizer Internationale im Ausland als Profis Fussball spielten, setzten sich im Schweizerischen Fussball- und Athletikverband (SFAV) zwar ab 1941 die Gegner des Professionalismus durch.[503] In den späten 50er Jahren aber wurden Zahlungen an die Spieler wieder toleriert, 1960 wurde der Halbprofi-Status eingeführt.[504]

Mit sportlicher Betätigung Geld zu verdienen, widerspreche aber dem «Wesen» des Sports, hält Wyss stellvertretend für die Arbeiterfussballer fest:

> Am SATUS-Fussball ist es dabei vor allem, sich der Kommerzialisierung, dem Halb- und Ganz-Professionalismus im Sport entgegenzustemmen, denn gerade auch im Fussball machen sich diese Erscheinungen ganz besonders bemerkbar. Wo aber der Professionalismus und das Geschäft beginnen, hört der wirkliche Sport auf. Das Wesen des Sportes liegt darin, dass er der geistigen und körperlichen Ertüchtigung, der Vervollkommnung des Menschen zu dienen hat. Wird er zum Gelderwerb degradiert, vermag er diesem seinem Zweck unmöglich mehr gerecht zu werden.[505]

Die «Vervollkommnung» des Menschen bedingt, dass Sport gemäss seinem «Wesen» eine Nebensache bleibt. SATUS-Zentralpräsident Ernst Weber bemerkt dazu:

> Auf was wir Wert legen, ist die sinnvolle Freizeitgestaltung, die Beweglichkeit und die Gesunderhaltung des Körpers sowie Geselligkeit und Kameradschaft unter Gesinnungsfreunden […].[506]

Eine «gesunde Sportbewegung» hat, so SATUS-Verbandspräsident Hermann Häusler, mit «Rekordsucht, Personenkult und Kommerzialisierung» nichts zu tun.[507] «Personenkult» und «Rekordsucht» widersprechen dem Kollektivgedanken und der Idee der Solidarität innerhalb dieses Kollektivs («Gesinnungsfreunde»).

502 Wyss 1964, S. 71.
503 Brändle und Koller 2002, S. 79–84.
504 Ebd. S. 86.
505 Wyss 1964, S. 71.
506 *50 Jahre Satus-Fussball 1920–1970*. Ohne Ort: Satus, 1970, S. 2.
507 Ebd. S. 3.

Fussballprofi und Verräter an der Arbeiterklasse

Es liegt auf der Hand: Die Kommerzialisierung müssen die Arbeitersportler fürchten, weil natürlich nur Arbeitersportler bleibt, wer zuallererst Arbeiter und nur nebenbei Sportler ist. Die jungen Arbeiter bleiben ihrer «Klasse nicht erhalten», wie sich Paul Meister ausdrückt, wenn sie als Profifussballer ökonomisch und sozial aufsteigen. Die Figur des Paul Meister steht in *Abseitsfalle* für die Position des SATUS-Sports, der darauf angelegt war, die «Kameradschaft unter Gesinnungsfreunden» und die «Gesunderhaltung des Körpers» zu fördern. Paul Meister selbst war früher erfolgreich Radrennen gefahren, scheint aber nicht einmal mit dem Gedanken gespielt zu haben, Profi zu werden.[508] Damit steht er in Opposition zu Fischli, der die Professionalisierung des Fussballs vorantreiben will.

Paul Meister, der mit der Gründung des AFC SOLIDARITÄT die Erosion der Arbeiterkultur aufhalten wollte, reagiert auf die Mitteilung von Jörg, er gehe als Profi zum FC Gelbschwarz, entsprechend wütend:

> Vater hatte getobt.
>
> «Fussballspielen ist doch kein Beruf, Himmelkreuzdonnerwetter noch einmal!» hatte er geschrien, als Jörg ihm mitteilte, Fischli habe ihm das Angebot gemacht, sofort bei Gelbschwarz das Training aufzunehmen und die Lehre zu unterbrechen, vorerst nur zu unterbrechen. Jörg hatte Vater den Vertrag gezeigt: So viel Geld verdiente Paul Meister nicht in einem halben Jahr mit seiner Uhrmacherei.
>
> «Du bleibst beim SATUS», hatte der Vater gebrüllt, «und du machst deine Lehre zu Ende. Andernfalls brauchst du deine goldenen Fussballerfüsse gar nicht mehr unter meinen Tisch zu strecken!»
>
> Mutter hatte wortlos eine «Parisienne rund» nach der andern gepafft und ihren Ältesten mit traurigen Augen angesehen.
>
> Verräter! schrien diese Augen. Himmeltrauriger, mieser Verräter![509]

In der synästhetischen Figur der Augen, die «Verräter!» schreien, überschneidet sich die Enttäuschung über den Sohn als Verräter an der eigenen Klasse, über den Sohn, der seinen Körper nicht mit den Fertigkeiten zur Arbeit in der Uhrenfabrik konditionieren will, auch mit der Enttäuschung über die Erniedrigung des Vaters. Der «Älteste», der die Tradition der Fabrikuhrmacher Meister hätte weiterführen sollen, zeigt dem Vater den Vertrag, der deutlich macht, dass der noch nicht erwachsene Sohn – wohl in einem Monat – mehr verdienen wird, als der Vater in einem halben Jahr «mit seiner Uhrmacherei». Die Diskreditierung von Vater Paul Meisters Tätigkeit zeigt sich nicht nur im enormen Einkommensunterschied, sondern wird auf der sprachlichen Ebene im Kontrast zu Jörg Meisters neuem Beruf deutlich. Was Jörg für Fischli tun wird, ist «Fussballspielen» (nicht etwa eine «Kickerei»); was Paul Meister für

508 *Abseitsfalle* S. 18.
509 Ebd. S. 189.

Fischli macht, aber ist «Uhrmacherei», also nicht Uhrmacher*handwerk* oder gar Uhrmacher*kunst*, wie es einem «Meister» entspräche. Fischlis negative Besetzung von «Uhrmacher!», das Fischli ausspricht, als würde er sagen «Strassenkehrer», wird hier mit dem Suffix Uhrmacher*ei* wiederholt.

Die Stelle «Jörg hatte Vater den Vertrag gezeigt: So viel Geld verdiente Paul Meister nicht in einem halben Jahr mit seiner Uhrmacherei» lässt zwei Möglichkeiten zur Lektüre offen. Der Doppelpunkt kann eine Zuordnung des folgenden Satzes sein. Dann wäre das verächtliche «Uhrmacherei» und der Vergleich der Einkommen von Vater und Sohn etwas von Jörg Gedachtes. Jörg hätte dann die Argumentation Fischlis fast wörtlich übernommen und reproduziert. Gegen diese Art der Lektüre spricht die volle Namensnennung «Paul Meister». Aus der Perspektive von Jörg wird Paul Meister sonst durchwegs als «Vater» oder «der Vater» bezeichnet. Die volle Namensnennung kann aber – und das wäre die zweite Lektüremöglichkeit – den Satz mit der geringschätzenden Bezeichnung «Uhrmacherei» auch als erlebte Rede und damit in der internen Fokalisierung Paul Meisters ausweisen. Paul Meister würde dann als Eingeständnis seiner Unterlegenheit die Wertung Fischlis, und wohl auch seines Sohnes, übernehmen, was sein Toben und Brüllen nur umso verständlicher macht. Gegen diese Lektüre spricht allerdings der Doppelpunkt, der den folgenden Satz dem Subjekt des ersten, Jörg, zuweisen müsste. Damit bleiben beide Lektüremöglichkeiten offen und die Stelle letztlich ambigue.

Jörg Meister verstösst mit seinem Vertrag als gut bezahlter Fussballer gegen das Gebot der Solidarität mit seiner Klasse, weil er ihr nicht als Arbeiter erhalten bleibt, sowie gegen das Gebot der Solidarität mit dem Vater, dessen Beruf durch die Art, wie man darüber spricht bzw. denkt, herabgemindert wird.

Sport: Beruf oder Spiel?

«Fussballspielen ist doch kein Beruf», hat Vater Meister geschrien und damit bezeichnet, was Jörg später als Fussballprofi vermissen sollte. Nicht das Fussball*spielen* war sein Beruf geworden, sondern der Fussball, der kein Spiel mehr ist.

> König der Spiele: Fussball!
> Ach was! Spielten sie denn überhaupt noch? Sie arbeiteten.[510]

Dass auf dem Fussballfeld gearbeitet statt gespielt wird, ist nicht nur Grund für Jörg Meisters Überdruss an seinem Sport-Beruf, es ist seiner Meinung nach auch der Grund, weshalb Fischlis Mannschaft nicht mehr siegte.

> Er hätte jederzeit verraten können, warum die Erfolge bei Gelbschwarz ausblieben, obwohl Lattmann und der Klubvorstand eine solch teure Mannschaft zusammen-

510 Ebd. S. 12.

gekauft hatten: Zu viele Spieler «arbeiteten» bei Gelbschwarz und viel zu wenige «spielten».[511]

So war Jörg der Fussball, «dieses schönste aller Bubenspiele [...], verleidet», weil nicht mehr um des Spielens Willen Fussball gespielt wurde, sondern für «Erfolg, Geld, Prestige».[512] Der Verweis auf das «Bubenspiel», das in seiner eigentlichen Form nicht für Geld oder Erfolg und nicht von einer «teuren Mannschaft» betrieben wird, die «zusammengekauft» wurde, scheint auf den ersten Blick jenen Recht zu geben, die richtigen Sport nur als Freizeitbeschäftigung ohne kommerzielle Komponente sehen. Dass sich Berufssport und Spielen aber nicht zwangsläufig gegenseitig ausschliessen, zeigt Roger Caillois. Zwar hält auch Caillois fest, professionelle Spieler wie etwa Radfahrer, Boxer, Jockeys oder Schauspieler, die «an den Preis, den Lohn oder die Gage» denken müssen, seien «selbstverständlich keine Spieler im eigentlichen Sinne, sondern vielmehr Berufstätige».[513] Mit dem Nachsatz: «Wenn sie spielen, spielen sie bestimmt ein anderes Spiel»,[514] lässt er aber zumindest die Möglichkeit offen, dass Professionelle nicht nur «arbeiten», sondern auch «spielen». Dafür müssen verschiedene Bedingungen erfüllt sein. So muss das Spielen etwa eine freiwillige Betätigung sein.

> Ein Spiel, an dem teilzunehmen man sich gezwungen sähe, wäre eben kein Spiel mehr. [...] Würde es obligatorisch oder würde es auch nur befohlen, so verlöre das Spiel einen seiner entscheidenden Züge, nämlich den, dass sich der Spieler dieser Beschäftigung spontan und aus Freude und Vergnügen überlässt, wobei es dem Menschen stets freisteht, zwischen Spiel und Nichtspiel zu entscheiden [...].[515]

Eine weitere Bedingung ist der genau abgegrenzte «Spielraum», der aus dem Spiel eine «von dem übrigen Dasein isolierte Beschäftigung» macht.

> Hier verliert alles, was sich ausserhalb dieser idealen Grenze ereignet, seinen Wert.[516]

Für Professionelle kann nun Beruf und Spiel zusammen möglich sein, wenn die Grenzen des Spielraums gewahrt bleiben. Das Spielen ist ihnen zwar nicht entspannende Zerstreuung, sondern ihr Beruf mit allen entsprechenden Schwierigkeiten und Problemen. Von den Schwierigkeiten und Problemen des Berufs können sie sich aber, so Caillois, «befreien, indem sie ein Spiel *spielen*, das sie nicht verpflichtet».[517] Und das heisst, die Wirklichkeit und den Spielraum ab-

---

511 Ebd. S. 40.
512 Ebd. S. 117.
513 Caillois 1960, S. 12.
514 Ebd.
515 Ebd.
516 Ebd. S. 13.
517 Ebd. S. 54.

solut zu trennen. Im räumlich und zeitlich abgegrenzten Spielraum herrschen die «strengen, zwecklosen und undiskutablen Gesetze des Spiels», ausserhalb des Spielraums gelten die «tückischen, unaufhörlichen und unbarmherzigen Rivalitäten». Der agonische Typ des Spiels, so Caillois, hat eine zivilisatorische Rolle, indem es die Begierde, die dem «Naturgesetz» der «absoluten Konkurrenz» folgt, in einem geregelten Agon zügelt.[518]

Genau dieses «Naturgesetz» der «absoluten Konkurrenz» wird aber von Fischli und Trainer Lattmann in die Mannschaft von Gelbschwarz getragen. Das Fussballspiel ist deshalb kein abgegrenzter Raum mit eigenen Gesetzen, sondern eine Spiegelung der Arbeitswelt – was aber nicht heisst, dass das Fussballspiel dieser Mannschaft von aussen, für die Zuschauerinnen und Zuschauer, seinen Spielcharakter verloren hat. Ihnen erscheint das Spiel nicht als direktes Abbild der Arbeitswelt, sondern als eigengesetzlicher Raum der Zerstreuung. Hans Ulrich Gumbrechts Position stützt diese Argumentation. Er sieht Sport im Sinne Kants als ästhetisches Phänomen, das «interesseloses Wohlgefallen» auslöst, weil Sport «nicht von einer offensichtlichen und bewussten Absicht geleitet wird» und das Zuschauen «nicht zu irgendwelchen Einsichten führt».[519] Sport ist für Gumbrecht kein mimetisches Phänomen. Was bei der Art, wie er Mimesis umreisst, auch nicht weiter erstaunt. Mimetische Phänomene, so Gumbrecht, seien Darstellungen, eine Verknüpfung von Signifikat und Signifikanten, «oder, aus umgekehrter Perspektive, […] etwas, das interpretiert, gelesen und entziffert werden muss».[520] Dass Sport nicht «interpretiert, gelesen und entziffert» werden kann, versteht sich. Sport ist kein Signifikant, dem sich eindeutig ein Signifikat zuordnen liesse.

Ebenfalls als ästhetisches und genau deshalb mimetisches Phänomen sieht Gunter Gebauer den Sport. Unter Mimesis versteht er weder eine direkte Abbildung noch eine Verknüpfung von Signifikat und Signifikant. Sport steht für Gebauer wie für Gumbrecht zur gesellschaftlichen Praxis nicht in einem kausalen Verhältnis. Das Verhältnis, in dem Sport zur gesellschaftlichen Praxis steht, nennt Gebauer ein «Nachordnungsverhältnis».[521] «Nachordnung» bedeutet, dass reale oder hypothetische gesellschaftliche Praxis im Sport zu einem Code mit eigenen oft stark ausdifferenzierten Regeln, Normen und Handlungsvorschriften wird. Sport ist als codifizierte gesellschaftliche Praxis für Gebauer entsprechend ein mimetisches Produkt.

518 Ebd. S. 55.
519 Hans Ulrich Gumbrecht: *American Football – Im Stadion und im Fernsehen*. In: Gianni Vattimo und Wolfgang Welsch (Hg.): *Medien-Welten Wirklichkeiten*. München: Fink, 1998, S. 201–228, S. 204. Vgl. auch Hans Ulrich Gumbrecht: *Lob des Sports*. Frankfurt am Main: Suhrkamp, 2004, S. 26ff.
520 Gumbrecht 1998, S. 205.
521 Gunter Gebauer: *Ästhetische Erfahrung der Praxis: das Mimetische im Sport*. In: Eugen König und Roland Lutz (Hg.): *Bewegungskulturen. Ansätze zu einer kritischen Anthropologie des Körpers*. Sankt Augustin: Academia, 1995, S. 189–198, S. 190.

Aber *welche Elemente* aus der gesellschaftlichen Praxis – real oder fiktiv – aufgenommen werden und in *welcher Weise*, wie sie geordnet werden, auf Elementares reduziert oder komplexer gemacht werden, ob theatralisch darstellend oder abstrahierend, ob potenzierend (wie im Kraftsport) oder subtil durcharbeitend, ob mit oder gegen die Natur, ob eigene Welten schaffend (wie die Sportspiele) oder als Anhängsel einer Institution (wie militärische Sportarten) – alles dies entzieht sich eindeutiger begrifflicher Bestimmung, ebenso wie es von den Beteiligten nicht rational planbar ist.[522]

Gebauer zeigt damit, dass man Sport, auch wenn man ihn als ästhetisches Phänomen sieht, durchaus als mimetisches fassen kann, das gesellschaftliche Codes aufnimmt, reflektiert und so auf die gesellschaftliche Praxis zurück wirkt.

Konkurrenz statt Solidarität

Solch differenzierte Standpunkte finden in *Abseitsfalle* allerdings keine Entsprechung. Dort gilt der Spitzensport als direkte, erweiterte Praxis der kapitalistischen Unterdrückung: Innerhalb der Mannschaft haben Fischli und Lattmann analog der Arbeitswelt ein System der Konkurrenz installiert, von dem das Fussballspiel geprägt ist. Das Verhältnis der Spieler ist nicht ein solidarisches, sondern ein

> Kampf aller gegen alle. Auf der Reservebank drängten sich die Jungen, die den grossen Sprung zu schaffen hofften. Und Lattmann wusste das natürlich.[523]

Trainer Lattmann «wusste» nicht nur um den Ehrgeiz der Jungen, er setzt den Konkurrenzkampf gezielt ein. Fischli setzt die Spieler wirtschaftlich unter Druck, indem er Verträge nicht vorzeitig verlängert und Bezüge kürzt,[524] Lattmann spielt den Ehrgeiz der Reservisten gegen die Skrupel und den Widerstand der Stammspieler aus. Jörg Meisters direkte Konkurrenz wird so eingeführt:

> Auch die Reservespieler in ihren grünen Trikots betrachtete Jörg verstohlen. Da war einmal Grüninger, der Deutsche. Das war auch so eine Erwerbung von Lattmann gewesen. Immerhin hatte der Deutsche in seiner Heimat in einer renommierten Mannschaft gespielt – teures Geld wurde bezahlt, und dann erwies es sich, dass Grüninger einfach nicht mannschaftsdienlich spielen konnte oder – was schlimmer war – nicht wollte.[525]

Das erste, was von Grüninger ausser seinem Namen (Grüninger im grünen Trikot, was an die Farbe der Hoffnung und die Farbe des Neids erinnert[526]) und

---

522 Ebd.
523 *Abseitsfalle* S. 12.
524 Ebd. S. 27 und 37.
525 Ebd. S. 42.
526 Vgl. *Das grosse Lexikon der sprichwörtlichen Redensarten*, S. 589 und S. 1087.

seinem ökonomischen Status als «Erwerbung» genannt wird, ist seine Nationalität: «der Deutsche». Zur Illustration der üblen Mittel, mit denen Lattmann den Konkurrenzkampf anstachelt, ist damit das Wichtigste über Grüninger auch bereits evoziert, weil «der Deutsche» unmittelbar auf einen antideutschen Reflex und das Bild des «hässlichen Deutschen» rekurriert. Verstärkt wird das im folgenden Satz, der nicht mit dem Personalpronomen «er», für Grüninger, weiterführt, sondern mit dem sächlichen Demonstrativpronomen «das». Die zweite Nennung von Grüninger als «der Deutsche» unterstreicht dessen in diesem Zusammenhang offensichtlich wichtigste Eigenschaft. Was dann folgt, ist zu lesen als die inhaltliche Spezifizierung des Unguten, das mit Grüninger bereits verbunden wurde und das nun verallgemeinernd auf das Land seiner Herkunft bezogen wird: Denn offensichtlich ist es möglich, dass jemand «in seiner Heimat» in einer renommierten Mannschaft spielt, ohne mannschaftsdienlich spielen zu wollen. In einer zirkulären Bewegung werden damit aus der Synekdoche «der Deutsche», als Andeutung schlechter Eigenschaften, die mit einer Gruppe verbunden werden, Merkmale eines Einzelnen; seine Eigenschaften wiederum werden dann wie eine Bestätigung zurück übertragen auf die Gruppe. Im Gegensatz zur positiv besetzten Figur des mannschaftsdienlich spielenden Tschannen, der immer «Rocky Tschannen» oder sogar nur «Rocky» genannt wird, ist Grüninger immer nur unpersönlich «Grüninger».

Das Bild von Grüninger wird weiter nicht differenziert, nur innerhalb des Stereotyps detaillierter ausgeführt. «Der Deutsche» kämpft um einen Platz in der ersten Mannschaft, «weil er Fussball schon immer als Erwerbstätigkeit betrachtet hatte».[527] Und als einer, für den Fussball nur Beruf ist, hat Grüninger auch wenig Skrupel, sich im Berufsalltag durchzusetzen. Das spiegelt einerseits die bis heute virulente Angst der qualifizierten Deutschschweizerinnen und Deutschschweizer vor den als ehrgeizig und forsch geltenden Deutschen. Für Arbeiter, wie es auch Jörg Meister seiner Herkunft nach ist, hat diese Angst andererseits einen realen historischen Hintergrund. Anfang des 20. Jahrhunderts waren in der Schweiz bei Arbeitskämpfen Deutsche unter den Streikbrechern am häufigsten vertreten. Das lag, wie Hans Hirter feststellt, daran, dass ab 1905 Firmen aus Hamburg oder Berlin in der Schweiz die Dienstleistungen professioneller Streikbrecher anboten.[528] An dieses «unsolidarische» Handeln erinnert Grüningers Bereitschaft, als ‹Fussballsöldner› – wie man die im Ausland eingekauften Spieler zeitweise nannte – alles zu tun für einen Platz in der ersten Mannschaft. Das bringt Jörg Meister so weit in Bedrängnis, dass er tatsächlich, wie der Trainer das verlangt, seinen Gegenspieler mit dem im «Pro-

---

527 *Abseitsfalle* S. 56.
528 Hans Hirter: *Die Arbeitskämpfe in der Schweiz von 1880 bis 1914. Eine quantitative Studie.* ohne Ort, 1983, S. 985.

log» beschriebenen und im «Zwischenspiel» wiederholten Foul aus dem Spiel nimmt.[529]

Mit dieser Perspektive, die das Fussballspiel als direkte Spiegelung und Verdoppelung des Arbeitsprozesses zeigt, ist *Abseitsfalle* näher an der schematisch marxistischen Position Gerhard Vinnais als an derjenigen Caillois' oder Gebauers. Auch und gerade dort, wo Sport Freizeitbeschäftigung ist, sind, so Vinnai, Arbeitswelt und Freizeit miteinander eng verbunden.

> Was in der Freizeit getan oder gelassen wird, ist in der kapitalistischen Gesellschaft von der Notwendigkeit bestimmt, die Arbeitskraft unverändert zu reproduzieren. Damit wirken die den Arbeitsbereich bestimmenden Mechanismen auch auf den Freizeitbereich ein, was die Beliebigkeit des Freizeiverhaltens zur Illusion macht. Nicht nur der Umfang der arbeitsfreien Zeit, auch das Verhalten während dieser Zeit ist vom Entwicklungsstand und der konkreten Gestalt der industriellen Arbeit weitgehend bestimmt. Die Gestalt des Kapitals hat Arbeit und Freizeit zusammengeschweisst; sie sind so sehr verschränkt, dass die eine nur mit dem Blick auf die andere verstanden werden kann.[530]

Momente des Spiels, wie sie Caillois aufgezeigt hat, spricht Vinnai dem Fussball zwar zu, aber nicht in den Strukturen des Berufsfussballs, den Vinnai als Teil jener Industrie, also Kultur- und Unterhaltungsindustrie, sieht, die «der Einübung und Zementierung des herrschenden Realitätsprinzips dient und dadurch die Opfer des entfremdeten industriellen Apparates bei der Stange hält».[531]

> Was vorgibt Spiel zu sein, verdoppelt unterm Schein der freien Entfaltung der Kräfte die Arbeitswelt. Der Fussballsport, der spielerische Momente in seinen Anfängen noch duldete, hat diese zunehmend ausgeschieden. Wo er noch ans Spiel erinnert, muss er sich der Organisation wie dem Markt entziehen und wird als privatisierter Rest im Bekanntenkreis gepflegt.[532]

Der «privatisierte Rest» von Spiel im Fussball wäre in der Logik Vinnais weniger in den Meisterschaften des SATUS-Fussballs zu finden als eher in Formen des Feierabendkickens oder in alternativen Fussball-Ligen, die in der Zeit der Entstehung von *Abseitsfalle* (1976/77) in der Schweiz bereits gegründet waren und in denen unter anderem geschlechtergemischte Teams (zeitweise ohne Schiedsrichter) spielten.[533] In dem auf das Resultat ausgerichteten Fussball sieht Vinnai wie Kauer ein direktes Abbild der kapitalistischen Arbeitswelt.

529 *Abseitsfalle* S. 155–158.
530 Gerhard Vinnai: *Fussballsport als Ideologie*. Frankfurt am Main: Europäische Verlagsanstalt, 1970, S. 13.
531 Ebd.
532 Ebd. S. 15.
533 Vgl. dazu den Dokumentarfilm von Christoph Kohler: *Ein Tor für die Revolution*. Dvd 400asa, 2004.

Die gesellschaftliche Vernunft, die Wirtschaft und Sport gleichermassen lenkt, ist partieller Art, sie ist kapitalistisch-technische Vernunft. Hier wie dort schrumpfen die menschlichen Subjekte im Dienste einer begrenzt rationalen Leistungsmaximierung zu Verkörperungen von quantitativen Grössen. In der Rationalität der Kapitalrechnung erscheint der Mensch nur als variable Grösse: in der Kalkulation von Erwerbs- und Profitchancen. In der Rationalität des Fussballsportes erscheint er als «Spielermaterial» in der Kalkulation von Siegeschancen, die meist ebenfalls zu Profitchancen werden. Sowohl im Wirtschaftsunternehmen wie auf dem Sportplatz ist der Mensch austauschbar. Wer aus Alters- oder Gesundheitsgründen nicht mehr mitkommt, ist für einen Platz in der ersten Mannschaft ebenso verloren, wie für eine umkämpfte Position in der Betriebshierarchie. Wer die geforderte «Form» nicht mehr bringt, wird aus dem «Rennen» ausgeschieden. Jeder sich in Hochform befindliche Spieler gilt nach dem Urteil der Vereinsleitung und der Kommentatoren der Massenmedien als absolut unersetzlich, doch noch immer hat sich ein Ersatzmann gefunden, der seine Rolle vollständig ausfüllt. Der Ersatzmann ist unterm Spätkapitalismus kein wirkliches Problem mehr: Der Mensch ist auf dem Sportplatz ebenso auswechselbar, wie in den Büros und Werkhallen des Konzerns.[534]

Fussball als Leistungssport ist aus dieser Perspektive von denselben Faktoren und Interessen bestimmt wie die industrielle Produktion.

Die kalkulatorische Vernunft, die im Interesse des Kapitals die Produktionstechniken rationalisiert, um die Ausbeutung der Arbeitskraft intensiver zu gestalten, gibt dem Fussballsport seinen spezifischen Charakter als Leistungssport. Die optimale Exploitation der Arbeitskraft findet ihre Analogie in der optimalen «Torausbeute», die die Athleten ihrer sportlichen Leistungsfähigkeit abzwingen sollen.[535]

Zu dieser «Rationalisierung der Produktionstechniken» gehört neben dem systematischen Herrichten des Spielerkörpers durch Training, Ernährung und Medizin vor allem die Spieltaktik.

Die von der kapitalistischen Produktion erzwungene rationell-kalkulatorische Zerlegung der kollektiven Arbeitsprozesse hat auf dem Fussballfeld ihr Pendant. Wie der Arbeiter und Angestellte muss der Fussballer auf seinem Posten ausharren, wo sich seine Aktionen auf sich wiederholende Spezialaufgaben reduzieren.[536]

Individuelles Agieren hat so auf dem Spielfeld keinen Platz mehr. Sich so wie Jörg Meister und Rocky Tschannen auf dem Fussballfeld gegenseitig auszuhelfen, das bringt die Taktik, die Optimierung des Spiels auf den Sieg hin, durcheinander. Eine Entsprechung von Vinnais Ansatz zeigt sich in *Abseitsfalle* an einer Stelle besonders deutlich, in der die Optimierung der Spielerkörper und

534 Vinnai 1970, S. 16.
535 Ebd. S. 28.
536 Ebd. S. 33.

die Optimierung der Spielweise durch Taktik zusammengelegt werden. In der Vorbereitung zum Cupfinal lässt Trainer Lattmann die Spieler während der taktischen Instruktion auf Rollen Rad fahren. Während die Spieler pedalen, also trainieren, werden ihnen mit «beweglichen Spielermännchen aus farbigem Klebefilz»[537] ihre spezifischen Teil-Aufgaben gezeigt.

> Vorne neben der Wandtafel ertönte die Stimme von Lattmann, der Reservetrainer schob beflissen die Klebemännchen auf der Tafel hin und her, man hörte das Surren der Rollen und das Keuchen der Männer, die strampelten und gleichzeitig den Blick nicht von Lattmann und seiner Theorietafel wandten.[538]

Die Spieler sind also nur soweit wichtig, als sie die Aufgaben, die durch «bewegliche Spielermännchen» vorgegeben werden, erfüllen. Im Fussball, bei dem Taktik wichtiger ist als das Spiel, sind nicht die «Klebemännchen» Statthalter der Spieler, sondern umgekehrt. Hierin, wie auch dadurch, dass die Männchen durch den «Reservetrainer» verschoben werden, zeigt sich, dass jeder Spieler ersetzbar ist durch einen anderen, der die durch die Taktik vorgegebene Rolle ausfüllen kann.

Die Fussballer strampeln und keuchen auf den Rollenfahrrädern, ohne sich vorwärts zu bewegen. Bewegt werden stattdessen ihre Stellvertreter, die Klebemännchen, vom «beflissenen» Trainer der Reservemannschaft. Von Spiel im Sinne Caillois', also von einer freiwilligen Betätigung «als eine Quelle der Freude und des Vergnügens»[539] kann hier gewiss nicht die Rede sein. Eher geht es im Sinne Vinnais um «kalkulatorische Vernunft» und Rationalisierung. Das bestätigt auch die Grundtaktik von Trainer Lattmann: «Abseitsfalle, Abseitsfalle und nochmals Abseitsfalle»[540] – ein System also, das in erster Linie darauf abzielt, das Spiel des Gegners zu verhindern. Lattmann hat mit dieser destruktiven Taktik Erfolg. Meister hat seine taktische Aufgabe, den gefährlichsten gegnerischen Spieler auszuschalten, erfüllt. Meister wird vom Platz gestellt und aus dem Spiel ausgeschlossen. Grüninger, sein Ersatz, schiesst schliesslich das Siegestor. Die Taktik Lattmanns findet ihre Analogie in der erfolgreichen Taktik Fischlis. Mit einer metaphorischen ‹Abseitsfalle›, die er Jörg Meister und den Arbeitern mit dem Profifussball gestellt hat, wirkt er destruktiv auf deren ‹Spiel›, den solidarischen Zusammenschluss, ein.

537 *Abseitsfalle* S. 8.
538 Ebd. S. 9.
539 Caillois 1960, S. 12.
540 *Abseitsfalle* S. 43.

Lorenz Lotmar: Bisst

Eine einzige zu Lebzeiten veröffentlichte Erzählung

Lorenz Lotmar (1945–1980) begann Mitte der 1960er Jahre – er war eben mit seinen Eltern von Aarau nach Bern gezogen – zu schreiben. Nach dem Abbruch einer kaufmännischen Ausbildung, einem Versuch an der Schauspielschule in Bern und einer Zeit als Unterhaltungsmusiker versuchte er 1975 in Zürich die Schriftstellerei zu seinem Beruf zu machen. Lotmar konnte zu Lebzeiten jedoch nur einen einzigen längeren Text publizieren. 1979, im Jahr vor seinem Freitod, erschien im Münchner Steinhausen-Verlag (Bertelsmann-Gruppe) die Erzählung *Bisst*. Die «Parabel» von einem schrulligen älteren Mann, der sich unter der Tribüne eines Fussballstadions einquartiert hat, der fast ausschliesslich in der Fussballsprache spricht und sich nie anders als mit einem Schiedsrichterdress kleidet, wurde von den Medien zwar einigermassen wohlwollend aufgenommen, verkaufte sich aber schlecht. Im Brief vom 6. März 1980 meldet Lotmars Agent Peter S. Fritz von der Agentur Linder an Lorenz Lotmar, von *Bisst* seien im Erscheinungsjahr 903 Exemplare ausgeliefert worden. Um den Verlagsvorschuss von DM 5 000 abzudecken, müssten noch mindestens 2 000 Stück verkauft werden.[541] Doch nicht einmal diese bescheidene Hoffnung erfüllte sich. In den folgenden beiden Jahren wurden gar noch unverkaufte Exemplare an den Verlag retourniert. 1982 schloss der Verlag Bertelsmann, der den Steinhausen-Verlag im Zug einer Reorganisation und Straffung der Gruppe in der Zwischenzeit aufgelöst hatte, die Rechnung des *Bisst* mit einem Minus von DM 3 971 ab und verramschte die Restexemplare.[542]

Lorenz Lotmar wäre als Autor heute völlig vergessen, hätten sich nach seinem Tod nicht sein Vater und sein Bruder und vor allem sein engster Freund und Erbe Hartmut Gürtler um die Publikation seiner Werke bemüht. Im kleinen Orte-Verlag (Zürich) erschien 1982 unter dem an Kafka erinnernden Titel *Die Wahrheit des K. Bisst* ein mit der Bezeichnung «Roman» versehener Reprint von *Bisst*. 1984 publizierte Orte aus dem Nachlass *Der Handlinienmann* und *Irgendwie einen Sonntag hinter sich bringen*. 1991 schliesslich erschien, ebenfalls bei Orte, Lorenz Lotmars opus magnum *Die Opferung*. Aus Tausenden von Seiten des nicht abgeschlossenen Textes hatte Demitris Depountis eine Leseausgabe erstellt, die im wesentlichen aus Teilen der vierten und fünften Fas-

---

541 Briefe im Nachlass Lorenz Lotmar, Schweizerisches Literaturarchiv, SLA.
542 Brief von Peter S. Fritz (mittlerweile Paul und Peter Fritz AG, Literary Agency, Zürich) vom 12. März 1982 an Lorenz Lotmars Bruder Gerold Lotmar, Nachlass Lorenz Lotmar im SLA. Diese Zahlen decken sich ungefähr mit der Angabe von Peter S. Fritz im Brief an Lorenz Lotmars Vater Walter Lotmar (24. September 1982), von *Bisst* seien nur rund 600 Exemplare verkauft worden.

sung der *Opferung* besteht. Wenn dieser kafkaeske, negativ-utopische Roman über einen totalitären Staat auch nicht in einer autorisierten Endfassung vorliegt, so weist er Lorenz Lotmar doch als bemerkenswerte Figur in der neueren Geschichte der Deutschschweizer Literatur aus.

Die Welt des Schiedsrichters

Bei den Vorbereitungen zur Sprengung der Haupttribüne eines Stadions in Zürich stossen der Bauführer und der Vorarbeiter in einem vergessenen Kellerraum auf einen älteren, grossen und hageren Mann, der als Schiedsrichter gekleidet ist. Der Mann, der sich als Schiedsrichter Karl Bisst ausgibt, geht davon aus, dass man ihn nach achtzehn Jahren endlich wieder zu einem wichtigen Spiel aufbietet.[543] Dass die beiden Männer nicht von der Schiedsrichterkommission geschickt wurden, sondern als Bauleute mit der Räumung und dem Abbruch des Stadions beauftragt sind, will der Schiedsrichter nicht begreifen. Was nicht direkt mit der Fussballwelt zu tun hat, scheint er gar nicht wahrzunehmen. So sind der Bauführer und der Vorarbeiter für ihn zuerst Delegierte der Schiedsrichterkommission, dann Linienrichter und schliesslich Zuschauer. Zuschauer hätten aber in den Kabinen nichts zu suchen, weshalb Bisst die Bauleute aus den Kellerräumen weist.[544] Nicht anders ergeht es zwei Polizisten, die Bisst wegschaffen sollen. Erst dem Psychiater Keller gelingt es mit einem Trick, Bisst herauszulocken und in die städtische Nervenheilanstalt zu überführen. Keller gibt vor, von der Schiedsrichterkommission den Auftrag erhalten zu haben, Bisst vor Fussballfeinden in einem Fussballheim in Sicherheit zu bringen.[545]
Nicht nur in der Nervenheilanstalt, sondern auch im Altersheim, in das man Bisst überführt, weil die städtische Nervenklinik überlastet ist, bringt Bisst als Schiedsrichter die eingespielte Ordnung durcheinander. Alle, die seine Schiedsrichterentscheidungen nicht akzeptieren, verwarnt er kraft seiner Autorität als Spielleiter. Eine Pflegerin, die Bisst zum Nachtessen holen will und die in der Wahrnehmung Bissts die Vorbereitungen zu einer streng geheimen Länderpartie auf dem Altersheimrasen stört, befördert er so rabiat vom ‹Spielfeld›, dass sie unglücklich stürzt und später an den schweren Kopfverletzungen stirbt.[546]
Der Untersuchungsrichter, der Bisst zu diesem Vorfall vernimmt, kann im Schiedsrichter kein Schuldbewusstsein wecken. Bisst ist der Meinung, er habe einzig dem Fussballreglement gerecht zu werden. Und das schreibe vor, dass Zuschauer vom Spielfeld zu entfernen seien. Dieser Vorschrift habe er entsprochen, andere Regeln, die nach Meinung des Untersuchungsrichters über dem

---

543 Lorenz Lotmar: *Bisst*. München: Steinhausen, 1979. Reprint: *Die Wahrheit des K. Bisst*. Zürich: Orte, 1982, S. 15.
544 Ebd. S. 20.
545 Ebd. S. 45–52.
546 Ebd. S. 106.

Fussballreglement stünden, kenne er nicht, sie seien unwesentlich und unbedeutend.[547]

In der Zwischenzeit hat man herausgefunden, dass Bisst nicht immer Schiedsrichter war. Vor seiner internationalen Karriere als Karl Bisst war er unter dem Namen von Erlach Dirigent des Zürcher Tonhalleorchesters. Von Erlach ist der Name eines einflussreichen Geschlechts von Bernburgern (Berner Patrizier).[548] Hier ist, wie bei dem noch zu untersuchenden Namen des Zürcher Stadions Hochfeld, eine Verbindung von Elementen der Städte Zürich und Bern zu beobachten.

Als von Erlach einmal mit seinem Wagen durch die Stadt fuhr – schneller als üblich, weil er nicht zu spät zu einer Probe kommen wollte –, deutete er das Handzeichen eines Verkehrspolizisten falsch und fuhr einen Jungen zu Tode, dem das Handzeichen eigentlich gegolten hatte.[549] Danach zog sich von Erlach als Karl Bisst in die Fussballwelt zurück, wo Zeichen vermeintlich ohne Missverständnisse gedeutet werden – und wo vor allem die Entscheidungen des Schiedsrichters Tatsachen schaffen und endgültig sind.[550] Darin liegt der für Bisst wesentliche Unterschied zwischen der Tätigkeit eines Dirigenten und jener eines Schiedsrichters. Ein Dirigent fällt keine Tatsachenentscheidungen, sondern er interpretiert als gestaltender Teilnehmer des musikalischen Spielens ein Werk. Interpretationen sind immer diskutierbar, Entscheidungen eines Schiedsrichters nur solange, bis das Spiel wieder fortgesetzt wird. Danach sind die Schiedsrichterentscheidungen als Tatsachen hinzunehmen. Der Schiedsrichter nimmt nicht gestaltend am Spiel teil, sondern leitet es. D.h. er entscheidet, ob in einer konkreten Situation gegen die Regeln verstossen wurde oder nicht.[551]

Nachdem seine internationale Karriere beendet war, zog sich Karl Bisst mit seinen Urkunden, Medaillen, seinen Sägemehlsäcken und Markierungsstangen in den Keller des Hochfeldstadions zurück und wartete auf weitere Aufgebote. Mit täglichem Lauftraining hielt er sich so fit, dass ihm schliesslich auch die Flucht aus dem Untersuchungsgefängnis gelingen sollte. Ohne für den Tot-

---

547 Ebd. S. 139f.

548 Der Erlacherhof ist seit 1832 Sitz der Berner Stadtverwaltung (heute vor allem der Präsidialdirektion) und war in den frühen Jahren des Bundesstaates Mitte des 19. Jahrhunderts auch Sitz des Bundesrates.

549 *Bisst* S. 79ff.

550 Unter Regel 5 der Fifa-Richtlinien heisst es zu den Entscheidungen des Schiedsrichters: «Seine Entscheidungen über Tatsachen, die mit dem Spiel zusammenhängen, sind endgültig.» Entscheidungen können nur geändert werden, wenn das Spiel noch nicht fortgesetzt ist. Sobald das Spiel fortgesetzt ist, ist eine Entscheidung des Schiedsrichters endgültig. Siehe www.fifa.com/fifa/handbook/laws/2004/LOTG2004_d.pdf (3.5.2005).

551 Zur Geschichte des Fussballschiedsrichters siehe: Christoph Bausenwein: *Auf einsamem Posten – Umstritten in seiner Leistung.* In: *Herr der Regeln. Der Fussball-Referee.* Hg. vom Stadtgeschichtlichen Museum Leipzig. Leipzig: Mitteldeutscher Verlag, 2006, S. 64–76.

schlag an der Pflegerin des Altersheims zur Rechenschaft gezogen werden zu können, verschwindet Bisst und wird nie mehr gesehen.

Textfassungen

Am 28. Februar 1976 notiert Lorenz Lotmar in seinem Tagebuch: «Vor einigen Tagen erste Sch.-Niederschrift fertiggestellt. Bin sehr zufrieden damit. Das Ding lässt sich an.»[552] Die erste Notiz zu seinem Schiedsrichterstoff findet sich zwar bereits in einer Notiz aus dem Jahr 1972,[553] bis 1975 scheint Lotmar jedoch nicht ernsthaft an dieser Erzählung gearbeitet zu haben. Laut einer Tagebucheintragung schreibt er die ersten Seiten der Schiedsrichter-Erzählung im Januar 1975. Diese ersten 60 Seiten sind nicht erhalten, Depountis nimmt aber – ohne weitere Begründung – an, sie seien in die erste Entwurfshandschrift von 1976 integriert worden.[554] Vom Prosatext *Bisst* sind im Nachlass sieben Textzeugen erhalten.[555] Die «erste Sch.-Niederschrift», die Lotmar im Tagebucheintrag vom 28. Februar erwähnt, ist erhalten: Der Textzeuge BISS I ist ein Manuskript mit dem Titel

Die Schuld des Unparteiischen

Bericht

1. Entwurf

Das Manuskript umfasst die paginierten Seiten 1 bis 141. Die weissen, linierten Blätter im Format A4 sind einseitig mit blauem Kugelschreiber beschrieben. Links und unten wurden ohne Hilfsmittel, von Hand und ebenfalls mit blauem Kugelschreiber Randlinien gezogen. Das Manuskript ist mindestens zweimal überarbeitet worden. Mit blauem Kugelschreiber sind Streichungen vorgenommen, im Text und an den Seitenrändern Änderungen eingefügt worden. In einem weiteren, weniger umfangreichen Überarbeitungsschritt wurde der Text

---

552 Tagebuch, Nachlass Lorenz Lotmar im SLA, ohne Signatur.
553 Nachlass Lorenz Lotmar im SLA, Na.V.
554 Dimitris Depountis: *Der Weg durch die «Opferung» – Lorenz Lotmars Hauptwerk. Rekonstruktion eines Schreibprozesses.* Frankfurt am Main, Basel: Stroemfeld, 2001, S. 172.
555 Nachlass Lorenz Lotmar im SLA, BISS I bis BISS VII. Unter den Signaturen BISS VIII bis BISS X sind Dokumente abgelegt, die Filmprojekte mit dem Bisst-Stoff betreffen. BISS VIII ist die Fotokopie eines Typoskripts mit der Überschrift *Unter den Tribünen. Treatment von Michael Bückner u. Lorenz Lotmar.* BISS IX ist ein kleines, grünes Ringheft mit handschriftlichen Notizen von Lorenz Lotmar mit der Beschriftung *Klappbuch fürs Drehbuch.* BISS X schliesslich umfasst ein kleines Konvolut zum Bisst-Drehbuch von Günter Kunert für die ZDF-Verfilmung des Stoffes (*Der Schiedsrichter*, Regie: Rolf von Sydow, 1985). Darin enthalten ist eine Fotokopie von Kunerts Drehbuch *Bissts Wahrheit* sowie ein Gutachten von Silvio Blatter zur Frage, ob Kunerts Drehbuch ‹werkgetreu› sei. Der Rechtsinhaber Hartmut Gürtler und der Orte-Verlag waren mit der Produktionsfirma in einen Rechtsstreit geraten, weil sie in der filmischen Umsetzung des Bisst-Stoffes eine Verballhornung von Lotmars Werk und eine Urheberrechtsverletzung sahen.

mit Bleistift leicht gekürzt und gestrafft. Auf BISS I lassen sich somit drei Textfassungen rekonstruieren: Als unterste Schicht die erste Entwurfsfassung, als mittlere Schicht die Überarbeitung mit blauem Kugelschreiber und als oberste Textschicht die Fassung mit Bleistiftstreichungen.

Bereits am 23. April 1976 notiert Lotmar in seinem Tagebuch, die «2. Niederschrift des Sch.» sei beendet. Wie BISS I ist auch dieser Zeuge ein Manuskript mit mehreren übereinander liegenden Textfassungen. Die unterste Textschicht von BISS II ist keine Reinschrift der obersten Textschicht von BISS I, sondern bereits eine neue Textfassung. Sie ist mit blauem Kugelschreiber auf weissem, liniertem Papier verfasst. Die Blätter sind wie bei BISS I einseitig beschrieben, links und unten mit einer Randlinie versehen. BISS II ist umfangreicher als BISS I und umfasst die Seiten 1 bis 190. Die unterste Textschicht wurde mindestens zweimal überarbeitet. In einem ersten Arbeitsgang wurden Korrekturen und Änderungen mit blauem Kugelschreiber vorgenommen. Der Titel der beiden unteren Textschichten lautet unverändert «Die Schuld des Unparteiischen». In der zweiten Überarbeitung, die mit rotem Kugelschreiber vorgenommen wurde, ist dieser Titel durchgestrichen und ersetzt durch «Die Wahrheit der Fussballwelt». Für alle Textfassungen auf dem Zeugen BISS II gültig ist die Bezeichnung «Bericht», der entsprechend auf Seite 184 gezeichnet ist mit: «Im Namen des Gerichts der Stadt Zürich». Der erste – blau geschriebene – Name des Zeichnenden ist unter der Streichung unleserlich; der zweite – mit rotem Kugelschreiber geschriebene – lautet «Meiseli». Dieser fiktive Name[556] wurde gestrichen und mit blauem Kugelschreiber für die oberste Textschicht der ebenfalls fiktive und mit dem Diminutiv-Suffix «-li» versehene Name «Fr.Brubeli» eingefügt. Im Gegensatz zum fiktiven Namen Bisst lassen sich die literarischen Namen Meiseli und Brubeli – wie auch der reale, literarisch verwendete Name Keller des für das ‹Unter›-Bewusste zuständigen Psychiaters – leicht erschliessen. Meiseli wie Brubeli sind als karikierende Beamtennamen zu lesen, analog zum realen Familiennamen Bünzli, der Mitte des 20. Jahrhunderts zum Synonym für ‹Spiessbürger› wurde. [557] Diese Änderung des Erzählernamens lässt darauf schliessen, dass sich auf BISS II mindestens vier Textfassungen finden: die mit blauem Kugelschreiber verfasste «2. Niederschrift», die mit blauem Kugelschreiber vorgenommene erste Überarbeitung, die mit rotem Kugelschreiber vorgenommene zweite Überarbeitung sowie möglicherweise eine dritte, wieder mit blauem Kugelschreiber vorgenommene Überarbeitung, die jedoch von der ersten nicht klar unterschieden werden kann.

556 Vgl. dazu Friedhelm Debus: *Namen in literarischen Werken. (Er-)Findung – Form – Funktion.* Stuttgart: Steiner, 2002, S. 33ff.

557 *Variantenbuch des Deutschen. Die Standardsprache in Österreich, der Schweiz und Deutschland sowie in Liechtenstein, Luxemburg, Ostbelgien und Südtirol.* Hg. von Ulrich Ammon et al. Berlin, New York: De Gruyter, 2004, S. 153.

Von Ende April bis Ende Juli 1976 arbeitet Lotmar intensiv an seinem Schiedsrichtertext. Am 31. Juli notiert er im Tagebuch, er habe die «4. Fassung» seines
Textes fertig gestellt. Dieser Zeuge ist nicht erhalten. Erhalten ist jedoch die
von Lotmar als «Arbeitsfassung, 3. Entwurf» bezeichnete Niederschrift, die
zwischen April und Juli noch vor der «4. Fassung» beendet worden sein muss.
Der «3. Entwurf» ist auf zwei Zeugen erhalten.
BISS IV ist das Typoskript, dessen Durchschlag mit BISS III erhalten ist. Die
unterste Textschicht von BISS IV ist somit mit der Textfassung auf dem Zeugen
BISS III identisch. Auf BISS IV finden sich einige Markierungen mit rotem Kugelschreiber, deren Funktion unklar ist. In höchstwahrscheinlich zwei Überarbeitungen wurden mit Bleistift und Kugelschreiber Änderungen – vor allem
sprachliche Verbesserungen sowie präzisierende Einschübe – vorgenommen.
BISS III ist der unbearbeitete Durchschlag des Typoskripts, das in weiten Teilen der obersten Textschicht des Zeugen BISS II entspricht. BISS III umfasst
somit eine Textfassung mit leichten Varianzen zur obersten Textschicht von
BISS II. Dieser Umstand lässt auf das Verhältnis von Lotmar zu seinem Schreibwerkzeug schliessen. Lotmar schreibt nicht von Anfang an mit der Schreibmaschine. Das Schreibwerkzeug, das er für die Phase benützt, in der er seinen
Stoff grundlegend entwirft, aus- und umarbeitet, ist der Kugelschreiber. Die
Schreibmaschine benützt er zum ersten Mal für die – nur leicht abweichende
– Abschrift der letzten handschriftlichen Version seines Textes. Sieht man, wie
Catherine Viollet, die Schreibmaschine als «reduziertes Modell einer Drucker-
presse», die einen Text näher an die Typographie, an das öffentlich zugängli-
che Gedruckte rückt, so kann man den Textfassungen ab BISS III den Status
«vorläufig definitiv» zusprechen.[558] Der Übergang von der Handschrift zum
maschinellen Schreiben markiert bei den Fassungen des Schiedsrichter-Textes
somit den Punkt, an dem die Erzählung die Werkstatt des Autors – wenn auch
nur vorläufig – verlassen kann. Im Tagebucheintrag vom 31. Juli 1976 hält Lotmar denn auch fest, er wolle die (nicht erhaltene und kurz nach BISS III/BISS
IV getippte) «4. Fassung» «einigen guten Freunden zur Lektüre vorlegen». Bis
Februar 1977 beabsichtige er, den Text definitiv abzuschliessen.
Im bereits zitierten Tagebucheintrag vom 28. Februar und in jenem vom
23. April 1976 hat Lotmar in fast gleichen Formulierungen zu seiner Arbeit am
Schiedsrichterstoff festgehalten, das «Ding» lasse sich an. Dieser Optimismus
scheint ihn am 1. August 1976 skeptisch gemacht zu haben. Im Tagebucheintrag mit diesem Datum heisst es: «Befürchte, dass mir der Sch. zu leicht von
der Hand gegangen ist, als dass er gut sein könnte. Zu wenig Blut gelassen
dabei, und so.» Über Rückmeldungen seiner «guten Freunde», denen er die

558 Catherine Viollet: *Mechanisches Schreiben, Tippträume. Einige Vorbedingungen für eine
Semiologie des Typoskripts.* In: Davide Giurato, Martin Stingelin, Sandro Zanetti (Hg.):
*«Schreibkugel ist ein Ding gleich mir: von Eisen». Schreibszenen im Zeitalter der Typoskrip-
te.* München: Wilhelm Fink, 2005, S. 21–47, S. 42f.

«4. Fassung» zu lesen gegeben hat, findet sich in Lotmars Tagebuch nichts. Erwähnenswert scheint ihm einzig die Reaktion seines Vaters zu sein. Im Tagebucheintrag vom 11. August schreibt Lotmar: «Nach der Lektüre einer Arbeitsfassung des Sch. meint mein Alter, es seien ihm gewisse Zweifel an meinem Talent gekommen.» Lotmar arbeitet trotzdem an seiner Schiedsrichter-Erzählung weiter. Am 6. Dezember vermerkt er im Tagebuch, er arbeite an der «5. Fassung» – die ebenfalls nicht erhalten ist. Im selben Eintrag hält Lotmar auch fest, der Suhrkamp-Verlag habe einen Unterstützungsbeitrag für ihn angefordert. Bereits im Oktober 1976 hat Lotmar in einem Brief an Hartmut Gürtler berichtet, der Suhrkamp-Verlag habe die Veröffentlichung von *Irgendwie einen Sonntag hinter sich bringen* abgelehnt, sei aber am Schiedsrichtertext interessiert und wolle «bei Stiftungen wegen Werkbeiträgen anfragen».

Lotmar hatte *Irgendwie einen Sonntag hinter sich bringen* unter anderem an den Insel-Verlag geschickt. Eine Lektorin von Insel leitete Lotmars Text an den Insel/Suhrkamp-Verlagsleiter Siegfried Unseld weiter, der sich im November 1974 mit einem Brief direkt bei Lotmar meldete und Interesse am Text zeigte.[559] Im Januar 1975 lehnte Suhrkamp die Veröffentlichung dieses Textes zwar ab, Lotmar konnte aber Siegfried Unselds Interesse am Schiedsrichtertext wecken. Am 15. Februar 1977 hält Lotmar im Tagebuch fest, er habe «vor einigen Tagen den Schiedsrichter an Suhrkamp geschickt». Dabei dürfte es sich um die im Januar 1977 abgeschlossene «5. Fassung» handeln.

Obwohl Lotmar den Text bereits an Unseld nach Frankfurt wie auch an Egon Ammann von Suhrkamp Zürich geschickt hat, arbeitet er die vermeintliche Endfassung seiner Schiedsrichter-Erzählung aus. Am 27. Juni 1977 notiert er im Tagebuch: «Schiedsrichter endgültig fertig. Geht heute an die Verlage. Bin sehr zufrieden damit. Meine auch, dass er zu ‹verkaufen› ist.» Für Lotmar, der sich in verschiedenen Tagebucheinträgen vehement gegen irgendwelche Konzessionen an den Buchmarkt äussert, ist der Schiedsrichter-Text einerseits künstlerisch kompromisslose Literatur, andererseits aber auch Literatur mit dem Potenzial, sich auf dem Markt durchzusetzen.

Von der Fassung, die Lotmar Ende Juni 1977 als vermeintlichen Abschluss seiner Arbeit am Schiedsrichter-Text fertigstellt, sind zwei Textzeugen erhalten. BISS V ist ein Typoskript mit wenigen handschriftlichen, mit Bleistift ausgeführten Korrekturen und Markierungen am Seitenrand. Der Text nimmt neu eine die Fiktionalität des Textes leugnende Bezeichnung der Textsorte in den Haupttitel auf: *Bericht an das pennsylvanische Institut für Fragen der Norm und der Aussernorm.* Der neue Titel erinnert nicht zufällig an Kafkas *Ein Bericht für eine Akademie.* Kafka war für Lotmar zweifellos ein wichtiger Autor. Vor allem in der *Opferung* ist Kafka als Vorbild deutlich erkennbar. Was Lotmars Schiedsrichtertext mit Kafkas *Bericht für eine Akademie* verbindet,

559 Die Korrespondenz Suhrkamp-Lotmar ist grösstenteils in Kopien im Nachlass Lorenz Lotmar, SLA, erhalten.

ist die in beiden Texten zentrale Entscheidung der jeweiligen Hauptfigur, in einer ausweglosen Situation jemand anders zu werden, um zu überleben. Kafkas menschlich gewordener Affe Rotpeter, der in einen engen Käfig gepfercht einer Zukunft im Zoo entgegen sieht, formuliert es in seinem Bericht so:

> Ich hatte keinen Ausweg, musste mir ihn aber verschaffen, denn ohne ihn konnte ich nicht leben. […] nun, so hörte ich auf, Affe zu sein.[560]

BISS VI ist ein Durchschlag von BISS V, weist wenige handschriftliche, mit Bleistift ausgeführte Korrekturen auf und ist mit der handschriftlichen Widmung «Für meinen Freund Happy. Lorenz»,[561] ausgeführt mit blauem Kugelschreiber, versehen.

Gezeichnet ist Lotmars «Bericht» auf Zeuge BISS V mit:

> Zürich, den 1. Juli 1977
> Im Namen der Bezirksanwaltschaft,
> F. Brubeli

Die Hoffnung, der Schiedsrichter-Text sei nun abgeschlossen und auch zu ‹verkaufen›, zerschlägt sich mit der Reaktion Siegfried Unselds auf das Typoskript. In einem nicht erhaltenen Brief muss sich Unseld nur sehr verhalten zustimmend geäussert haben. Im Jahresrückblick, den Lotmar am 31. Dezember 1977 in seinem Tagebuch festhält, heisst es, Unseld habe Änderungsvorschläge gemacht, vorgeschlagen, «den Sch. umzuarbeiten». Diese Formulierungen lassen darauf schliessen, dass Unselds Vorbehalte gegen den Text nicht nur Kleinigkeiten oder Feinheiten in den Formulierungen betroffen haben.

Der im Nachlass erhaltene Entwurf eines Antwortschreibens[562] an Siegfried Unseld lässt die Vorschläge aus dem Suhrkamp-Verlag erahnen.

> Eine Straffung des Textes kann ich mir sehr wohl denken. Sie erwähnen die Form einer langen Kurzgeschichte. Ich weiss nicht, was man darunter versteht, jedenfalls möchte ich noch so viel Fleisch an der Parabel lassen, dass daraus zumindest ein dünnes Büchlein wird. Augenblicklich sähe ich die Version, das Ganze aus der Sicht eines indifferenten Erzählers zu schreiben, unter Weglassung der Rahmengeschichte ~~keine Berichtform~~.

Am 15. November 1977, so schreibt Lotmar in seinem Jahresrückblick, habe er die Arbeit an seinem Schiedsrichter-Text wieder aufgenommen. Er vermerkt «gutes Arbeiten». Ob er bereits in dieser Überarbeitung die problematische Berichtform, die eine umständliche Rahmenerzählung erfordert, zugunsten der

---

560 Franz Kafka: *Ein Bericht für eine Akademie*. In: ders.: *Erzählungen*. Hg. von Michael Müller. Stuttgart: Philipp Reclam jun., 1995, S. 200–210, S. 203.

561 «Happy» ist Lotmars engster Freund Hartmut Gürtler

562 Ein entsprechender Brief ist nicht erhalten. Ob Lotmar ihn tatsächlich geschrieben und an Unseld abgeschickt hat, ist unklar. Skizze im Nachlass Lorenz Lotmar, SLA, KI.

Form eines «indiffernten Erzählers» aufgibt, lässt sich nicht rekonstruieren. Aus dieser Arbeitsphase sind keine Textzeugen erhalten. Vielsagend ist jedoch die Bemerkung Lotmars, er möchte den Text nur soweit straffen, «dass daraus zumindest ein dünnes Büchlein wird». Eine eigentliche Kurzgeschichte, die Unseld vorgeschlagen zu haben scheint, wäre wohl kaum als eigenes «Büchlein» publiziert worden. Lotmar will aber unbedingt ein Buch veröffentlichen, einerseits sicher zur Bestätigung und finanziellen Sicherung seiner Schriftstellerexistenz, die er spätestens seit Mitte 1975 führt, als er seinen Brotjob als Schlagzeuger aufgegeben hat. Andererseits denkt Lotmar offenbar strategisch. Sein grosser negativ-utopischer Roman *Die Opferung*, so notiert er in der Briefskizze, würde als 500-Seiten-Typoskript eines unbekannten Autors von keinem Verlag angenommen. Ob *Bisst* tatsächlich eine Parabel ist, wird noch zu untersuchen sein. Mit der Bezeichnung «Parabel» signalisiert Lotmar aber auf jeden Fall, dass sein Text über sich hinauszeigen soll, dass der Text mehr sein soll als einfach nur die merkwürdige Geschichte eines Sonderlings. In der Skizze der Antwort an Unseld hält Lotmar aber auch unmissverständlich fest, dass er nicht die Absicht habe, seinen Text «zu unterhaltend» und «zu ‹gängig›» zu gestalten – das als Antwort offensichtlich auf den Vorschlag eines Suhrkamp-Lektors, aus dem Schiedsrichterstoff ein Theaterstück zu machen –, weil es ihm, Lotmar, mit dem Stoff

doch ernst ums Herz ist!

Denn mir geht es in der Parabel darum, den Absolutheitsanspruch, den unsere Gesellschaft auf ihre Wahrheit erhebt – und Wahrheit ist nicht abzukoppeln von Moral – zu [¿ attakieren], eine Wahrheit, deren Legitimität ein denkender Mensch radikal in Frage stellen muss, da diese Welt, genauer: die von ihr postulierte Ethik, die, wer gesellschaftlich vorankommen will sich anzueignen hat – da sie aber, meine ich, nicht wahr sein kann, weil das Wahre das Gute ist.

Wie noch zu zeigen sein wird, ist aber gerade die Gleichsetzung des Wahren mit dem Guten und mit dem, was die Gesellschaft radikal in Frage stellen soll, das eigentliche Hauptproblem in der Konstruktion des Schiedsrichter-Textes. In der Endfassung ist dieses Konstruktionsproblem nicht mehr offenkundig. Abzulesen sind die Probleme, die sich daraus ergeben, jedoch an den Schwierigkeiten, die sich der Kritik bei der Rezeption des Textes stellten. Mit einem Rückgriff auf die Vorfassungen, in denen die Schwierigkeiten mit dem Konzept manifest sind, wird sich zeigen lassen, wie Lotmar seinen Text mit einem Verzicht auf die Rahmenhandlung neu zu fassen versucht – ohne damit jedoch die fundamentalen Probleme ganz beseitigen zu können.
Im November erhält Lotmar, wie er im Tagebuch kurz und knapp festhält, eine «Quasi-Absage von Suhrkamp». Durch die Vermittlung von Peter S. Fritz von der Literaturagentur Linder in Zürich kommt Lotmar mit dem Münchner Steinhausen-Verlag in Kontakt. Der Verlag entscheidet sich, den Schiedsrichter-Text als Erzählung zu publizieren. Vermutlich bis im Frühling 1979 ent-

steht eine neue, gekürzte Fassung, die – wie es wohl Unseld vorgeschlagen hat – nicht mehr als Bericht des F.Brubeli gehalten ist. Diese Fassung ist mit BISS VII erhalten. BISS VII ist die Fotokopie eines handschriftlich korrigierten Typoskripts, das auf einer anderen Maschine getippt wurde als die Typoskripte der Zeugen BISS III bis BISS VI. Die Schreibmaschinentypen sind etwas kleiner als jene der vorangegangenen Fassungen. Auffallend auch, dass in diesem Typoskript das ß verwendet wurde, das die Schweizer Orthographie nicht kennt. Möglich wäre, dass Lorenz Lotmar den Umzug von Zürich nach Reutlingen Mitte 1977 oder jenen von Reutlingen nach München im März 1978 mit einer neuen, deutschen Schreibmaschine in einer Absetzungsgeste unterstrichen hat. Dem widerspricht allerdings der Umstand, dass die späten Typoskripte der *Opferung*, die Lotmar parallel zur letzten Fassung des Schiedsrichter-Textes schrieb, dieselben Typen aufweisen wie die frühen Fassungen, die in Zürich entstanden sind. Statt des ß findet sich auch in den späten Typoskripten der *Opferung* immer ein Doppel-S. Und auch die Typoskripte von Lotmars letztem grösseren Prosatext zeigen dieselben Schreibmaschinentypen wie die frühen Fassungen des *Bisst*. Das Stichwortexposé sowie die beiden Reinschriften von *Der Mann der seine Handlinien verlor* hatte Lotmar nach Erscheinen des *Bisst* zwischen November 1979 bis April 1980 in München auf derselben Maschine geschrieben, die er schon in Zürich benutzt hatte.

So liegt die Vermutung nahe, bei BISS VII handle es sich um eine Reinschrift, die nicht von Lotmar selbst, sondern möglicherweise vom Verlag angefertigt wurde. Gerhard Beckmann, der vom Claassen-Verlag zu Bertelsmann gekommen war, dort zuerst die Autorenedition betreute, bevor er den Steinhausen-Verlag gründete und führte, meint, es sei durchaus möglich, dass der Verlag eine letzte Reinschrift für den Druck tippen liess.[563]

Beckmann erinnert sich, zwei *Bisst*-Typoskripte gelesen zu haben. Das zweite habe ihm weniger gut gefallen als das erste; an Details könne er sich nach über einem Vierteljahrhundert aber nicht mehr erinnern. Um das Typoskript BISS VII kann es sich bei diesem zweiten Typoskript, das Lotmar Beckmann zur Lektüre gegeben hatte, kaum handeln. Die Textfassung auf BISS VII ist mit dem gedruckten Text über weite Strecken identisch. Im Vergleich zur Textfassung von BISS VII ist die Endfassung lediglich an einigen Stellen noch einmal etwas gerafft. Wäre die Textfassung auf BISS VII die zweite Version, die Beckmann gelesen hat, müsste das heissen, er hätte jene Version herausgegeben, die ihm weniger gut gefallen hat – was ein Verlagsleiter wohl kaum tun würde. Die erste Fassung, die Beckmann zu lesen bekommen hat, ist deshalb wahrscheinlich die Fassung *Bericht an das pennsylvanische Institut für Fragen der Norm und Aussernorm*, die auf den Zeugen BISS V und BISS VI erhalten ist. Die zweite Fassung, die Beckmann weniger gelungen fand, dürfte ein Resultat jener Über-

563 Freundliche Auskunft vom 7. April 2005.

arbeitung des Stoffes sein, die Lotmar nach der Kritik Siegfried Unselds zwischen November 1977 und dem Frühling 1978 vorgenommen hat. Textzeugen aus dieser Zeit wie auch Lektoratsexemplare aus der Zusammenarbeit mit dem Steinhausen-Verlag sind nicht erhalten. Wie sich Beckmann erinnert, bestand die Betreuung Lotmars durch ihn vor allem in intensiven Gesprächen, die sie in München führten. Was und wieviel aus diesen Gesprächen in den Text eingeflossen sei, kann Beckmann heute nicht mehr sagen. Sicher seien Änderungen und Überarbeitungen aber nicht vom Verlag, sondern von Lotmar selbst vorgenommen worden. Der gedruckte Text, wie er 1979 mit *Bisst* publiziert wurde, muss somit als autorisierte Endfassung Lotmars gelten.

Übersicht der Textzeugen und Textfassungen

«erste Sch.-Nieder- schrift», «1. Entwurf»	28. 2. 1976 (Bezeugung des Ab- schlusses)	BISS I Manuskript, blauer Kugelschreiber. Eine Überarbeitung mit blauem Kugelschreiber, eine Überarbeitung mit Bleistift. Drei Textfassungen
«2. Niederschrift des Sch.», «2. Entwurf»	23. 4. 1976 (Bezeugung des Ab- schlusses)	BISS II Manuskript, blauer Kugelschreiber. Überarbeitung mit blauem Kugelschreiber, Überarbeitung mit rotem Kugelschreiber, sehr wahrscheinlich eine weitere Überarbeitung mit blauem Kugelschreiber. Vier Textfassungen
«Arbeitsfassung, 3. Entwurf»		BISS III Typoskript-Durchschlag, Abschrift der obersten Textschicht von BISS II
«Arbeitsfassung, 3. Entwurf»		BISS IV Typoskript, Abschrift der obersten Textschicht von BISS II Markierungen mit rotem Kugelschreiber, Überarbeitung mit blauem Kugelschreiber, Überarbeitung mit Bleistift Drei Textfassungen
«4. Fassung»	31. 7. 1976 (Bezeugung des Ab- schlusses)	nicht erhalten
«5. Fassung»	zwischen 6. 12. 1976 (Bezeugung des Arbeitsprozesses) und 15. 2. 1977 (Bezeu- gung Versand)	nicht erhalten
«endgültig[e]» Fassung	27. 6. 1977 (Bezeugung des Ab- schlusses)	BISS V Typoskript Korrekturen und Markierungen mit Bleistift
«endgültig[e]» Fassung		BISS VI Typoskript-Durchschlag von BISS V mit handschriftlicher Widmung für Hartmut Gürtler
Reinschrift zum Druck	Frühling 1979	BISS VII Fotokopie eines handschriftlich korrigierten Typoskripts. Andere Schreibmaschinentypen als auf BISS III–BISS VI

Rezeption der Erstveröffentlichung und des Reprints

Neben einer ganzen Reihe von Kurzhinweisen, die vor allem das für ernsthafte literarische Texte aus dem deutschsprachigen Raum damals noch ungewöhnliche Thema Fussball herausstrichen, erschien zur Erstausgabe von *Bisst* eine für einen Erstling respektable Zahl von längeren Rezensionen. Die Zensuren, die Lotmar von der Kritik bekam, waren durchaus ermutigend. «Ein erschreckendes, in Satire und Gesellschaftsanalyse gleichermassen gelungenes Buch» nannte Anton Mantler den *Bisst* im Wiener Kurier.[564] In seiner Literatursendung von RIAS Berlin hielt Werner Wieberneit anerkennend fest: «Lorenz Lotmar, der Neuling auf dem Feld, liefert gleich beim ersten mal ein grossartiges Spiel mit Spielzügen von rationaler Schönheit.»[565] Die Hessische Allgemeine lobte doppeldeutig Lotmars «fabelhaften Erstling».[566] Und in der Süddeutschen Zeitung urteilte K.H. Kramberg über Lotmar: «Tatsächlich ist ihm eine Groteske geraten, deren bissiger Witz sich in Sprache und Konstruktion auf vielen Seiten als ein Knallbonbon mit Sofortzündung ausweist. Ein bitterböses Vergnügen [...]».[567]

Im Detail allerdings zeigen einige Rezensionen, dass das Verhältnis von Intention und Rezeption des *Bisst* nicht unproblematisch war. Lorenz Lotmar hatte in seinem bereits zitierten Entwurf des Briefes an Siegfried Unseld festgehalten, es gehe ihm in seinem Schiedsrichter-Text um «den Absolutheitsanspruch, den unsere Gesellschaft auf ihre Wahrheit erhebt». In seiner Sendung für RIAS Berlin konstatierte Werner Wieberneit ebenfalls, Thema von *Bisst* seien Macht und Machtanspruch. Den Fanatismus, die Ideologie, die Unfähigkeit zur kritischen Reflexion sah er dabei in der Figur des Bisst verkörpert. Nicht anders die Einschätzung der Kritikerin oder des Kritikers der Hessischen Allgemeinen. Lotmar führe mit *Bisst*

> die Parabel eines Don Quichotte vor, der verrückt nach Ordnung ist. Der unfehlbare Halbgott in Schwarz hat eine verheerende Entscheidung getroffen, die Grenze zwischen Wahn und Wirklichkeit überschritten. Er wurde potentieller Faschist [...].

Im sozialdemokratische Zürcher Volksrecht[568] war zu lesen, Bisst sei «Despot und Opfer. Durch seine Zwangsneigungen erweist er sich als potentieller Faschist». Die übereinstimmende Charakterisierung Bissts als «potentieller Faschist» ist, wie weiter unten zu sehen sein wird, kein Zufall. K.H. Kramberg beschreibt in der Süddeutschen Zeitung Bisst als eine Figur, die sich ins

---

564 5. Juli 1980. Kopien dieser und der im Folgenden erwähnten Rezensionen finden sich im Nachlass Lorenz Lotmar, SLA.
565 7. November 1979, RIAS Berlin II, 22.00 Uhr bis 22.30 Uhr.
566 27. Oktober 1979, Artikel gezeichnet mit dem Kürzel Kgm.
567 12./13. Januar 1980.
568 26. September 1979.

Zentrum einer «Weltherrschaft» stelle. Von einem «Fussballimperium» ist die Rede, vom «unaufhaltsamen Aufstieg des grossen Neutralen zum Diktator seines Metiers», der nicht zu verhindern sei durch Narrenhaus und Gericht.

Ja, am Ende darf der Leser davon überzeugt sein, dass nach Bissts Wiederkehr das Fussballzeitalter global erst so richtig beginnt, jetzt wird der Fussball totalitär.

Eine zwiespältige Lektüreerfahrung in Bezug auf das Verhältnis von «Absolutheitsanspruch der Gesellschaft» und dem Fussballwahn der Figur Bisst rapportiert Anton Mantler im Wiener Kurier:

Anfangs hat man den Eindruck, der Autor wolle sich über eine Bürokratie, die von einem Aussenseiter ad absurdum geführt wird, lustig machen. Gegen Ende des Buches bekommt man jedoch leichtes Gruseln, wenn man in Bisst den verkappten Faschisten erkennen kann, der nur seine Stunde gekommen sehen muss.

Einen Faschisten sah Laure Wyss in der Figur des Bisst nicht. Wyss, die in dieser Beziehung sicher nicht sorglos an Texte heranging – Wyss übersetzte während des Zweiten Weltkriegs in Stockholm für den Schweizerischen Evangelischen Pressedienst Texte aus dem Widerstand der dänischen und norwegischen Kirche[569] – beschrieb in ihrer Rezension des Reprints von 1982 *Bisst* im Zürcher Tages-Anzeiger als «Parabel über Wahn und Wirklichkeit im Konflikt des einzelnen mit gesellschaftlichen Konventionen».[570] Auch die mit dem Kürzel B.En gezeichnete Rezension des Reprints in der Neuen Zürcher Zeitung wies Bisst nicht als potenziellen Faschisten aus, sondern als «Figur eines Unangepassten».[571] Und Fritz Billeter stellte in seinem Tages-Anzeiger-Artikel zu Lorenz Lotmar den Schiedsrichter Bisst in eine Reihe von Figuren Lotmars, die «sich alle am Rand der Gesellschaft» aufhalten oder «mit der Zeit dorthin abgedrängt» werden.[572]

Die unterschiedliche Rezeption von Erstausgabe und Reprint mag zu einem Teil auf ein verändertes gesellschaftliches Klima zurückzuführen sein. Während 1979/1980 die umstrittenen Reaktionen der Staatsorgane auf den Terrorismus von RAF oder Brigate Rosse noch präsent und für die Lektüre des *Bisst* prägend gewesen sein mussten, so waren es – vor allem in der Schweiz – eher die Erfahrungen der 1980er-Jugendunruhen, die die Rezeption des Reprints von 1982 gefärbt haben. Zentral für die unterschiedlichen Leseweisen des Schiedsrichter-Textes waren aber zweifellos auch die Klappentexte der beiden

569 Vgl. Thomas Feitknecht: *«Mein schwieriges, mein einziges Handwerk». Laudatio für Laure Wyss bei der Verleihung des Grossen Literaturpreises des Kantons Bern am 1. Dezember 1998.* In: *Quarto*, Zeitschrift des Schweizerischen Literaturarchivs, 12/1999: *Laure Wyss*, S. 37–39, S. 37. Der Nachlass von Laure Wyss befindet sich ebenfalls im Schweizerischen Literaturarchiv, SLA.

570 Tages-Anzeiger Zürich vom 22. Januar 1983.

571 Neue Zürcher Zeitung vom 9. November 1982.

572 Tages-Anzeiger Zürich vom 15. Februar 1988.

Ausgaben, die Kritiker und Rezensentinnen in ihrer Lektüre nicht unwesentlich lenkten.

Im Klappentext der Erstausgabe heisst es:

Lorenz Lotmar liefert eine Parabel, die ins Realistische umschlägt und nach dem Durchgang durch den Realismus wieder als realitätsbezogene Parabel einleuchtet. Dieser Don Quichotte des Fussballs, der alles in seine Terminologie hineinpresst, ist nicht nur ein jammervolles Opfer der Gesellschaft. Seine Terminologie hat auch eine Alibifunktion. Der Schiedsrichter, gefangen in seiner Welt, doch von der übrigen Welt nicht abgetrennt, ist auch Totschläger um seiner Sache willen, ist Despot. Das monomanische Opfer einer Gesellschaft erweist sich als potentieller Faschist.

Dieser Klappentext, der von Steinhausen-Verlagsleiter Gerhard Beckmann stammt, gemäss Beckmann aber von Lorenz Lotmar gutgeheissen wurde,[573] legt eine ganz andere Leseweise nahe als der Klappentext des Reprints. Dort heisst es:

Die Wahrheit des K. Bisst: Das ist die Geschichte eines Mannes, der in einer imaginären Welt lebt, weil er die Welt, so wie sie sich präsentiert, nicht erträgt. Aber K. Bisst ist nicht einer, der flüchtet. Er lebt. Wahrhaftiger als die Mitmacher, wirklicher als die Angepassten. Zwar wird er nie mehr als Schiedsrichter ein grosses Spiel zwischen zwei grossen Mannschaften anpfeifen, aber er pfeift dennoch täglich eines an … und verunsichert damit alle, die sich, wie seine Psychiater, für die Normalität entschieden haben. Lorenz Lotmar hat mit seinem Roman schon vor Jahren ein Buch geschrieben, das, wenn man so will, die Unruhe der Jugend vorausgenommen hat. Auch Lotmar ging es darum, dass Phantasie an die Macht kommt und Bürokratie und die Manager der Zerstörung endlich ihre Mäntel und Krawatten ausziehen.

Beide Klappentexte sind weniger Resümees des Buches als vielmehr Interpretationsangebote, die sich – weil sie nicht als separate Waschzettel oder in Presseunterlagen nur der Kritik zugänglich waren, sondern auf dem Schutzumschlag bzw. auf der Seite vor dem Titelblatt angebracht sind – ans ganze lesende Publikum richten. Welche Wirkung diese Klappentexte auf die Rezeption durch die Lesenden hatten, lässt sich nicht nachzeichnen. Dafür aber, dass solche Paratexte[574] ihre Wirkung auf die Kritik nicht verfehlen, ist – wie oben gezeigt – *Bisst* ein sehr schönes Exempel.

Despot mit Potenzial zum Faschisten einerseits, originell Unangepasster, der die Normalität in Frage stellt, andererseits. Die unterschiedlichen Leseweisen des *Bisst* sind aber nicht nur Folge von veränderten gesellschaftlichen Bedingungen oder dem problematischen Verhältnis von Rezeption und Paratext.

573 Telefongespräch vom 7. April 2005.
574 Vgl. dazu Gérard Genette: *Paratexte. Das Buch vom Beiwerk des Buches.* Frankfurt am Main: Suhrkamp, 2001, S. 103–114.

Die Zwiespältigkeit der Figur und die unklare Richtung des gesellschaftskritischen Impulses sind vielmehr im Text selbst angelegt. Die Kritik von Mantler hatte das 1980 schon angedeutet. Und noch deutlicher formulierte es Norbert Schachtsiek-Freitag in der Badischen Zeitung:

> Was diese parabolische Erzählung an sozial- und ideologiekritischen Erkenntnissen vermitteln soll, bleibt ganz undeutlich; und um sich einen Jokus zu erlauben, dafür taugt das Thema nicht.[575]

Bisst: Faschist oder Unangepasster?

Wenn Lotmar den Klappentext gutgeheissen hat, ergeben sich zwischen dieser vom Autor autorisierten Auslegung durch den Verlag und dem Autorentext erhebliche Friktionen. Dem Autorentext programmatisch vorangestellt sind zwei Motti aus Theodor W. Adornos *Ästhetischer Theorie*.

> Denn Kommunikation ist die Anpassung des Geistes an das Nützliche, durch welche er sich unter die Waren einreiht, und was heute Sinn heisst, partizipiert an diesem Unwesen.[576]
>
> Denn wahr ist nur, was nicht in diese Welt passt.[577]

Die beiden Motti sind mehr als nur modischer Schmuck oder verkaufsförderndes Beiwerk, das durch die Verbindung mit einem einerseits bekannten wie andererseits kritischen und sehr ernsthaften Denker einen literarischen Text adeln soll. Lotmar stellt die Motti bereits ab der zweiten Niederschrift dem Text voran. Auf BISS II findet sich das zweite Motto am Anfang des Manuskripts in der untersten Textschicht. Das erste Motto wurde auf einen Schnipsel von weissem, kariertem Papier handschriftlich notiert und mit transparenten Klebestreifen auf dem Manuskript angebracht.

Sämtliche Textfassungen auf BISS II tragen die Bezeichnung «Bericht». Dieser fiktive Bericht ist im «Namen des Gerichts der Stadt Zürich» abgefasst und – in der obersten Textschicht – gezeichnet von Fr. Brubeli. Dass ein Mitarbeiter des Gerichts seinem Bericht diese beiden Motti von Adorno voranstellt, ist, auch angesichts des Inhalts seines Berichts und der Haltung, die er in den kommentierenden Passagen zeigt, ausgeschlossen. In den Textfassungen auf BISS II gibt es zwar Passagen, die nicht von der zentralen Erzählerfigur Brubeli stammen. Doch auch wo Brubeli für seinen Bericht Texte oder Meldungen von Untersuchungsbeamten, dem Untersuchungsrichter oder vom Psychiater übernimmt, sind diese Passagen immer Teile seines Berichts, Teile, die er gegebenenfalls auch kritisch kommentiert, wenn sie nicht ganz seiner eigenen Haltung entsprechen. Brubeli ist also, wenn auch in der zeitlichen Abfolge der Lektüre erst vom

---

575 Badische Zeitung vom 19 April 1980.
576 Theodor W. Adorno: *Ästhetische Theorie*. Frankfurt am Main: Suhrkamp, 1970, S. 115.
577 Ebd. S. 93.

Schluss her erkennbar, die dominierende Erzählerfigur, die den eigenen Text und Berichte anderer Figuren redaktionell gestaltet und miteinander verbindet. Die unkommentierten Motti stehen denn auch vor der Überschrift «Bericht», gehören also nicht zu dem der Erzählerfigur Brubeli zuzuschreibenden Text, sondern haben den Charakter eines Autor-Bekenntnisses. Die Motti Adornos müssen gelesen werden als Illustration einer programmatischen Kernidee des Textes. Das legen auch die Textfassungen nahe, die auf den Zeugen BISS V und BISS VI erhalten sind. Mit dem neuen Titel *Bericht an das pennsylvanische Institut für Fragen der Norm und der Aussernorm*, der vor die Motti gesetzt ist, werden die Adorno-Zitate zwar formal in den Bericht Brubelis integriert. Sie wirken darin aber so offensichtlich als Fremdkörper, dass ihre Rechtfertigung ausserhalb des «Berichts» liegen muss. Für den Schiedsrichtertext sind sie aus der Sicht des Autors so zentral und programmatisch, dass sie trotz augenfälliger Differenz zur Konstruktion im Text belassen wurden.

In Lotmars Text, der die Motti und den Bericht Brubelis umfasst, ist Bisst jene Figur, die dem ersten Motto entsprechend die Kommunikation systematisch unterläuft, damit die Anpassung des Geistes ans Nützliche verweigert und mit dem für alle anderen offensichtlichen Fussball-Unsinn, mit dem er alles deutet, nicht am geltenden Sinn partizipiert. Den Anlass und Antrieb zu seinem Text hatte Lotmar im Entwurf des Briefes an Siegfried Unseld damit umschrieben, dass er gegen den Absolutheitsanspruch anschreiben wolle, die die Gesellschaft auf «ihre Wahrheit erhebt». Im Text erscheint Bisst als jene Figur, die nicht in die Welt passt, wie sie von Behörden, Institutionen und deren Vertretern als objektiv erklärt wird. Demnach wäre er, der Verkürzung des zweiten Adorno-Zitates entsprechend, «wahr». Ist Bisst nun tatsächlich eine Figur mit faschistischem Potenzial, wie das der Klappentext nahe legt, so hiesse das, falls der Klappentext tatsächlich autorisiert ist: die Figur, die nicht am «Unwesen des Sinns», der «Anpassung des Geistes an das Nützliche» partizipiert; die Figur, die nicht in diese Welt passt und deshalb «wahr» ist, diese Figur ist jene mit faschistischem Potenzial – was eine geradezu groteske Verdrehung von Adornos Ansatz wäre. Nimmt man nun Lotmars Deklaration ernst, wonach das Wahre auch das Gute sei,[578] dann müsste die Figur mit dem faschistischen Potenzial – gewiss entgegen der Intention Lotmars – nicht nur als die «wahre», sondern auch als die «gute» gelten.

Don Quixote mit faschistischem Potenzial
«Schiedsrichter von der traurigen Gestalt» wird Bisst in der Endfassung von Psychiater Keller genannt.[579] Die Anspielung auf Cervantes Don Quixote, den «Ritter von der traurigen Gestalt», findet sich in so überdeutlicher Weise erst

578 Briefentwurf an Siegfried Unseld, Nachlass Lorenz Lotmar, SLA.
579 *Bisst* S. 65.

spät, in der Textfassung auf BISS VII.[580] Doch schon in den früheren Fassungen erinnern die Wahnwelt, in der Bisst lebt, seine Erscheinung als langer, dünner, fast dürrer älterer Mann, und die Art, wie er mit einer spitzen Markierungsstange seine unterirdische Kabine gegen Polizei und Sanität verteidigt, an Cervantes' Figur. Die Analogie der beiden Figuren ist so offensichtlich, wie sie nur oberflächlich ist. In einem entscheidenden Punkt weichen Bisst und Don Quixote voneinander ab. Don Quixote ist einer, der als Konsequenz seines Andersseins, dafür, dass er nicht am Sinn der realen Welt partizipiert, regelmässig geschunden wird und Prügel bezieht. Bisst ist wohl vergleichbar mit Don Quixote, insofern beide Figuren – wie etwa auch Wielands Don Silvio – Phänomene der realen Welt originell und abweichend deuten und in eine phantasierte Welt einbauen. Bisst jedoch ist keiner, der den Zusammenprall von Realität und Phantasiewelt schmerzlich erfahren würde, von der Realität quasi gemassregelt würde; Bisst ist einer, der austeilt, der autoritär und rabiat seine Phantasiewelt verteidigt. Exemplarisch zeigt sich das, als Bisst auf den ordnungsfixierten Altersheimleiter mit dem sprechenden militärischen Namen Heer trifft. Heer, über die Erscheinung Bissts verärgert, tritt «gewichtig aus der Eingangstür» und stellt ihn mit seiner «Jungenstimme» zur Rede:

[W]as wollen Sie mit diesen Säcken? Und was soll Ihr Aufzug? Wie kommen Sie mir vor? Glauben Sie, dass hier ein Fussballturnier stattfindet?

Bisst hob ruhig seinen fünften Sack aus dem Wagen, stellte ihn neben den vierten, rieb die Hände aneinander, fasste Heer ins Auge und entgegnete, nach der Art Ihrer Angriffsführung zu schliessen, treff ich wohl ins Netz, wenn ich in Ihnen den Platzwart vermute?

Den Platzwart? Wieso den Platzwart? erwiderte Heer, der Direktor der Sonnegg bin ich! Und ich will Ihnen was sagen: Mir ist zwar bekannt, woher Sie kommen, ja – aber in meinem Heim laufen Sie in diesem Faschingszeugs nicht herum! Dann gehn Sie lieber wieder! Und was …

Das ist ja ein allergröbstes Foul im Strafraum, Mann! rief der Schiedsrichter. Der Platzwart untersteht sich, Dress und Ausrüstung des Unparteiischen zu beanstanden! Ist der Platzwart über die Richtlinien hinsichtlich Bekleidung und Ausrüstung eines Schiedsrichters orientiert? Weiss dieser Unspieler nicht, übertönte er den Direktor und hielt ihm den gekrümmten Zeigefinger vor die Brust, dass er sich um die Spielfeldmarkierung, die Rasenpflege, die Sauberhaltung der Mannschaftsräume und so weiter und sonst um gar nichts zu kümmern hat? Oder will er gleich verwarnt werden?

Schweigen Sie! Ich bin nicht der Platzwart! schrie Heer zurück, und hier bestimme ich, wer verwarnt wird! Ich bestimme! Entweder fügen Sie sich den Vorschriften, oder Sie gehn! Sie gehn augenblicklich, Sie Knochengerüst! Wir haben genug Leute, normale Leute, die auf ein Bett in der Sonnegg warten!

580 BISS VII, S. 60.

Bisst liess einen schrillen Pfiff ertönen, zeigte dem Direktor die blitzschnell ge-
zückte gelbe Karte und brüllte, verwarnt!

In Ihrem Zimmer, schrie dessen ungeachtet Heer weiter, können Sie meinetwegen
das Narrengewand tragen, aber ausserhalb des Zimmers haben Sie ordentlich gekleidet zu erscheinen! Wir sind hier nicht ein Irrenhaus, sondern ein anständiges
Haus, und diese Pfeife geben Sie gleich mal her!

Der Schiedsrichter hatte drei langgezogene Pfiffe hören lassen, trat nun, mit der
roten Karte dicht an den einen Schritt zurückweichenden Direktor heran, hielt sie
ihm vor die Nase, streckte die linke Hand in Richtung Altersheim aus und brüllte,
Spiel aus – Schluss! Vom Feld! Augenblicklich!

Mit offenem Mund starrte Heer ihn an, drehte sich auf dem Absatz um und lief ins
Haus.[581]

Direktor Heer muss vor Bisst kapitulieren, weil seine Verweise auf die geltende
Ordnung und die Hierarchie im Altersheim Sonnegg nur verbal und deshalb
wirkungslos sind. Bisst übertönt den mit seiner «Jungenstimme» schreienden
Heer und weist ihn, indem er ihm den gekrümmten Zeigefinger vor die Brust
hält, mit einer eindeutigen Drohgebärde die Aufgaben eines Platzwartes zu.
Heer versucht immer noch, die Oberhand zu gewinnen, und schreit «ich bestimme!». Gegen die akustischen und optischen Zeichen, die Pfiffe, die gelbe
und die rote Karte, die als unüberhörbare und unübersehbare Signale eindeutig
codierte Zeichen einer Ordnung und eines Regelwerks sind, kommt Heer jedoch nicht an. Heer, seinem Namen entsprechend nicht ganz unempfänglich
für klare Zeichen, die Ordnung, Hierarchie und Weisungsbefugnisse anzeigen,
weicht vor dem Schiedsrichter zurück, der mit drei langgezogenen Pfiffen und
der roten Karte dicht an ihn herantritt.

Doch Bisst setzt seine Fussballordnung, als deren Repräsentant er sich sieht,
nicht nur mit körperlicher Präsenz und eindeutigen Zeichen durch, sondern
auch ohne Rücksicht auf die Folgen. Als er vom Untersuchungsrichter darauf
aufmerksam gemacht wird, die Pflegerin Gerstner sei an den Folgen der Art
und Weise gestorben, wie er sie vom Rasen des Altersheims entfernt hatte, antwortet Bisst:

Der Feldverwiesene muss endgültig ausgeschlossen werden! Absatz 12 des Regle-
ments; wie das geschieht, ist unerheblich!

Herr Bisst, kann ein Reglement den gewaltsamen Tod eines Menschen je rechtfer-
tigen?

Darüber sagt das Fussballreglement nichts aus, und ich hab mich an das Fussballreglement zu halten [...].[582]

581 *Bisst* S. 91ff.
582 Ebd. S. 140.

Beleg dafür, dass das Fussballreglement allgemeingültig ist und über allen anderen Regelwerken steht, ist Bisst das quasi-Plebiszit der jubelnden Massen in den Stadien. Von der Schiedsrichterkommission wird er zwar für ein Spiel aufgeboten, aber erst im Stadion wird er gewissermassen per Akklamation als Autorität der allgemeingültigen Fussballregeln installiert.

Verglichen mit dem Fussballspiel, rief er, ist das Spiel Ihrer objektiven Welt nicht mal ein Vorspiel! Ich – ich richte in riesengrossen Stadien! In Stadien, die bis zu hunderttausend Zuschauer fassen, und Sie lässt man hier, in diesem engen Zimmer richten! Schon daran zeigt sich, welchen Wert man ihrem Spiel und welchen man dem meinen beimisst! – Wenn Sie Ihr armseliges Feld betreten – applaudiert da einer? Wenn hingegen ein Fussballschiedsrichter im Tribünengebäudeausgang erscheint – den Beifallssturm sollten Sie sich anhören![583]

Nicht nur der Beifallssturm im Sportstadion erinnert an die Beifallsstürme im Berliner Sportpalast bei den Reden der NS-Grössen, auch dass Tausende vor den Radios zu Hause der Atem stocke, dass das Prestige ganzer Nationen, die ökonomische Grundlage von Klubs und Spielern vom Schiedsrichter abhänge, lässt die Einschätzung des Bisst als Figur mit Potenzial zum Faschisten als nicht zu weit hergeholt erscheinen.

Mit Bisst wird Fussball tatsächlich «totälitär».[584] Bisst deutet nicht willkürlich Realität um, sondern er unterwirft die Realität dem Fussballgesetz, das für ihn als quasinatürliches über dem positiven Recht steht. Damit ist Bisst zwar nicht erfolgreich, in der Struktur entspricht seine Haltung aber dem, was Hannah Arendt für den Totalitarismus festgestellt hat:

Im Gegensatz zu dem legalen Handeln, das durch positives Recht ermöglicht wird und das immer durch einen Mangel gerade an Gerechtigkeit gekennzeichnet ist, weil das allgemeine Gesetz auf bestimmte Fälle angewandt wird, die es nie in ihrer Besonderheit voraussehen konnte und auf die es daher nie wirklich zugeschnitten ist, im Gegensatz zu dieser immer auch ungerechten Legalität behauptet die totalitäre Herrschaft, eine Welt herstellen zu können, die von sich aus, unabhängig vom Handeln der Menschen in ihr, gesetzmässig ist, in Übereinstimmung mit den die Welt eigentlich durchwaltenden Gesetzen funktioniert – wobei es gleichgültig ist, ob dieses Gesetz als das in der Natur geltende Recht oder ein dem geschichtlichen Ablauf immanentes Gesetz hingestellt wird.[585]

583 Ebd. S. 145.
584 Süddeutsche Zeitung vom 12./13. Januar 1980.
585 Hannah Arendt: *Elemente und Ursprünge totaler Herrschaft*. München: Piper, 1986, S. 948.

Ordnung und Überwachung

Der latente Totalitarismus von Schiedsrichter Bisst steht im Gegensatz zu einem manifesten, der durch die Überwachungs- und Disziplinierungsinstanzen einer auf ‹Normalität› fixierten Gesellschaft sichtbar wird. Das grösste Problem, vor dem das Bezirksgericht nach Bissts Flucht steht, ist nicht, dass ein Totschläger auf freiem Fuss wäre oder ein offensichtlich Verwirrter ohne die nötige psychologische Betreuung bliebe, sondern die Frage, nach welchen Gesichtspunkten das Dossier über Bisst abzulegen sei. Für die Behörden zentral, aber nicht zu beantworten ist dabei die Frage, ob Bisst «in solch einem Ausmass geisteskrank gewesen ist, dass er die Beziehung zur Realität verloren» hat, oder ob er diesen Realitätsverlust «bloss vorgetäuscht und aus Quertreiberei oder einem anderen Grund an der Logik seiner Fussballwelt festgehalten habe».[586] Doch im Instanzenweg einer bürokratischen Gesellschaft gibt es auch dafür ein Prozedere, dank dem das nicht Einzuordnende eingeordnet und nicht der Fall, aber die Akte geschlossen werden kann.

> Schliesslich, da man sich am Bezirksgericht nicht entscheiden konnte, wie das Dossier einzuordnen sei, beschloss man, den Fall dem Pennsylvanischen Institut für Fragen der Norm und Aussernorm vorzulegen, und verfasste einen Bericht an dasselbe.[587]

Mit dem Hinweis, es sei ein Bericht ans «Pennsylvanische Institut für Fragen der Norm und Aussernorm» verfasst worden, endet der Text der Druckfassung. Und mit diesem Bericht ist für das Bezirksgericht der Fall abgeschlossen, die bürokratische Ordnung wieder hergestellt.

In der in *Bisst* geschilderten Gesellschaft hat Ordnung oberste Priorität. Was der Altersheimdirektor Heer für die Sonnegg befürchtet, ist paradigmatisch für staatliche Stellen wie für alle anderen Formen von Organisationen. Gegenüber Psychiater Keller beschwert sich Heer, dass Bisst darauf beharre, seinen Schiedsrichterdress zu tragen.

> Absatz zwei der Hausordnung beispielsweise lautet, dass unsere Pfleglinge stets ordentlich und sauber gekleidet aufzutreten haben und sich überhaupt um ein schlichtes, unauffälliges Äusseres bemühen müssen![588]

Ein Abweichen von dieser Hausordnung könnte, so fürchtet Heer, verheerende und nicht abzuschätzende Folgen haben.

> [W]enn ich jetzt nachgebe und ihm erlaube, sein Fussballzeugs zu tragen, dauert es nicht lang, und die übrigen Insassen werden ebenfalls gegen die Hausordnung

---

586 *Bisst* S. 156.
587 Ebd. S. 158.
588 Ebd. S. 95.

verstossen, und dann haben wir das Chaos! Eine Revolution meiner Alten kann ich aber nicht brauchen [...].[589]

Wo Abweichungen von der Norm und der Ordnung gleichgesetzt werden mit Chaos und Revolution, müssen Vorkehrungen zum Erhalt dieser Ordnung getroffen werden. Das Tribünengebäude, in dessen Keller – also gewissermassen ‹Untergrund› – sich Bisst achtzehn Jahre lang aufgehalten hat, wird «im Zuge der Modernisierung Zürichs»[590] abgerissen. Teil dieser Modernisierung ist nicht nur eine «zeitgemässe Sportanlage», sondern auch – und hauptsächlich – ein staatlicher Überwachungsturm. Bisst, der sich der geltenden Ordnung entzieht und ausserhalb der gesellschaftlichen Norm steht, muss also seinen Keller, den ‹Untergrund› verlassen, weil ein Überwachungsturm gebaut wird. Ausser der «Leistungsfähigkeit»[591] des geplanten Überwachungsturmes, die einer der Polizisten konstatiert, der mithelfen soll, Bisst aus dem Keller des Tribünengebäudes wegzuschaffen, wird in der Druckfassung nichts Näheres über diesen Turm bekannt. Wie er bedient wird, was genau überwacht wird, wie das geschieht, welche Konsequenzen allenfalls eine Beobachtung vom Turm aus hat, ob «im Zuge der Modernisierung Zürichs» noch mehr solche Türme geplant sind oder ob bereits solche Türme errichtet wurden und in Betrieb sind, bleibt im Dunkeln.

Ob und wie, direkt oder mittelbar, Lorenz Lotmar sich von den architektonischen Mitteln der Macht inspirieren liess, wie sie Michel Foucault in *Überwachen und Strafen* aufgezeigt hat, lässt sich nicht bestimmen. Auffällig sind jedoch inhaltliche wie zeitliche Parallelen zwischen Lotmars Entwurf und Foucaults Arbeit. Foucaults *Überwachen und Strafen* erschien in der Originalausgabe *Surveiller et punir. La naissance de la prison* 1975, in deutscher Übersetzung erstmals 1976. 1976, bei der zweiten Niederschrift, fügte Lotmar auch die Stelle mit dem Überwachungsturm in seinen Schiedsrichtertext ein. Auf BISS II ist in der untersten Textschicht in einer für die folgenden Fassungen gestrichenen Stelle vom Fussballstadion die Rede, «das im Zuge der Modernisierung unserer Stadt, einer zeitgemässen Sportanlage» weichen musste. Im selben Arbeitsgang – die neue Stelle wurde nicht eingeflickt, sondern folgt unmittelbar auf die gestrichene Sequenz – wird neu so formuliert:

[...] das im Zuge der Modernisierung unserer Stadt nun endlich einer zeitgemässen Sportanlage sowie einem staatlichen Überwachungsturm weichen musste [...].[592]

---

589 Ebd.
590 Ebd. S. 9.
591 Ebd. S. 27.
592 BISS II, S. 1.

Dieser Überwachungsturm erinnert nicht nur an Benthams Panopticon mit Turm und Ringgebäude, das Foucault beschreibt,[593] sondern auch an den «perfekten Disziplinierungsapparat», dank dem es möglich sei, mit einem Blick dauernd alles zu sehen.

> Ein zentraler Punkt wäre zugleich Lichtquelle, die alle Dinge erhellt, und der Konvergenzpunkt für alles, was gewusst werden muss: ein vollkommenes Auge der Mitte, dem nichts entginge und auf das alle Blicke gerichtet wären.[594]

Ein Sportstadion mit dem sprechenden Namen «Hochfeld» ist für einen «hohen Bau», von dem aus «alle Befehle kommen, […] alle Tätigkeiten registriert» und «alle Fehler wahrgenommen und beurteilt werden»,[595] ein idealer Ort. Nicht zuletzt deshalb, weil die Lichtquelle, mit der ein solch «vollkommenes Auge» versehen sein muss, diskret mit der Flutlichtanlage gekoppelt und kaschiert werden kann, die für ein modernes Stadion ohnehin notwendig ist. Der Name «Hochfeld» findet sich wie der Überwachungsturm ebenfalls erst in der zweiten Niederschrift. In der ersten Niederschrift war lediglich die Rede vom «alten, grossen Fussballstadion[] an der Stadtperipherie, das im Zuge des Fortschritts einer zeitgemässen Sportanlage weichen musste».[596] In der untersten Textschicht von BISS II trägt das Fussballstadion ebenfalls noch keinen Namen. Der Stadionname «Hochfeld» wurde bei der ersten Überarbeitung mit blauem Kugelschreiber, also nach dem Überwachungsturm, am linken Seitenrand eingefügt. Es ist deshalb nahe liegend, den Stadionnamen als toponomastische Verstärkung der Überwachungssituation zu lesen.
Der Ortsname «Hochfeld» signalisiert aber nicht nur eine erhöhte Position. In Zürich gibt es kein Stadion mit dem Namen «Hochfeld». «Hochfeld» heisst jedoch ein Teil des Berner Länggass-Quartiers, ein Quartier mit hoher Dichte von Sportplätzen und Turnhallen sowie dem Stadion «Neufeld».[597] Indem das «Hochfeld» in Zürich angesiedelt ist, verbindet sich das Wirtschaftszentrum Zürich mit dem politischen Zentrum Bern – was, wie oben gezeigt wurde, auch an der Kombination des Namens von Erlach mit dem Zürcher Tonhalleorchester abzulesen ist. Die Verbindung von Elementen aus Bern und Zürich zu einem fiktiven literarischen Ort ist nicht nur biographisch als Resultat der Erfahrung des Autors in zwei für ihn wichtigen Städten zu lesen. Die Verschränkung von Überwachung, politischer und wirtschaftlicher Macht, die sich mit dem Standort des Turms zeigt, markiert vielmehr den Text als ‹gesellschaftskritisch› und ‹engagiert›.

---

593 Michel Foucault: *Überwachen und Strafen. Die Geburt des Gefängnisses.* Frankfurt am Main: Suhrkamp, 1977, S. 256f.
594 Ebd. S. 224.
595 Ebd.
596 BISS I, S. 1.
597 Historisch-topographisches Lexikon der Stadt Bern, http://www.digibern.ch/weber/weber_n.html#Neufeld (3.5.2005).

Das Zürich, das in *Bisst* den gesellschaftlichen Hintergrund abgibt, ist bürokratisch so organisiert, dass den «Überwachungsbehörden» «eine solch aussergewöhnliche Erscheinung wie das stets in sein Schiedsrichterwams gekleidete
Individuum»[598] Bisst aus der Sicht der Verwaltung eigentlich gemeldet werden
müsste. Zuständig für ein «derart abnormes, gänzlich unangepasstes Individuum» wären dann die «Kasernierungsbehörden», die zu verhindern haben,
dass solche Individuen «unbeaufsichtigt herumvagabundieren».[599] Ein ‹Unangepasster›, ‹Abnormer› wie Bisst kann deshalb nicht unbeaufsichtigt gelassen
werden, weil einer wie er «durch sein Äusseres in der Öffentlichkeit Ärgernis
erregen musste».[600] Der Macht-, Kontroll- und Überwachungsapparat wurde
also nicht zuletzt aus der Angst vor dem Verlust des Vertrauten und der Ordnung aufgebaut. Diese Angst macht, wie Hannah Arendt gezeigt hat, den
Spiesser zum willigsten Träger des Totalitarismus:

> Der Massenmensch, den Himmlers Organisationskünste unschwer zum Funktio-
> när und willigen Komplizen der grössten Verbrechen, welche die Geschichte kennt,
> machten, trug deutlich die Züge des Spiessers, nicht die Züge des Mobs; hier waren
> keine Leidenschaften, verbrecherische oder normale, im Spiel, sondern lediglich
> eine Gesinnung, die es selbstverständlich fand, bei der geringsten Gefährdung der
> Sekurität alles – Ehre, Würde, Glauben – preiszugeben. Nichts erwies sich leich-
> ter zerstörbar als die Privatmoral von Leuten, die einzig an die ununterbrochene
> Normalität ihres privaten Lebens dachten, nichts konnte leichter gleichgeschaltet,
> öffentlich uniformiert werden als dieses Privatleben.[601]

Ordnung und Überwachung in den Vorfassungen

Der Entschluss von Lorenz Lotmar, den Ratschlag Siegfried Unselds anzunehmen und auf die Berichtform zugunsten eines «indifferenten Erzählers» zu ver-
zichten, hatte tief greifende Folgen. In den Textfassungen auf den Zeugen BISS
I bis BISS VI hatte die Berichtform eine interne Fokalisierung ergeben. Die
Fokalisierung ist zwar nicht durchgehend jene auf die Erzählerfigur Brubeli.
Doch auch da, wo Brubeli Protokolle von Polizisten, dem Untersuchungsrichter und dem Psychiater in seinen Bericht integriert, ist die Fokalisierung immer
behördenintern. Diese Form der internen Fokalisierung erlaubt eine sarkasti-
sche Überzeichnung der Behördenposition, deren absurder Bürokratismus im
Dienst von Normalität und Ordnung sich im Kontakt mit der alles Normale
sprengenden Figur des Schiedsrichters Bisst als Form des Totalitarismus entlarvt. In den Textfassungen auf BISS II zeigt sich das etwa an jener Stelle, an

598 *Bisst* S. 86.
599 Ebd. S. 89.
600 Ebd.
601 Arendt 1986, S. 723.

der der fiktive Verfasser erläutert, er stütze seinen Bericht auf den 400seitigen Bericht eines Ermittlungsbeamten mit dem auf die Privatsphäre anspielenden, sprechenden Namen Hausi.

Dieser Ermittlungsbeamte, ein Herr Hausi, ist für seine enorm ins einzelne gehenden Schilderungen bekannt. Er vertritt nämlich die Meinung, dass, um eine dunkle Angelegenheit zu erhellen, unerlässlich sei, alles in sie hineinspielende bis in die kleinsten Begebenheiten aufzudrehen, die Privatsphäre an ihr beteiligter Personen weitgehendst auszuleuchten und selbst noch jene Personen behördlich zu entprivatisieren, mit denen die am Geschehen beteiligten Leute Umgang pflegen.[602]

Mit dem Verzicht auf die Berichtform wird dieser Kontrast zwischen Behörde und Bisst schwächer. Deutlicher wird dagegen die Zwiespältigkeit der Figur des Bisst, dessen rigide Haltung, die Welt habe den Fussballregeln zu gehorchen und er als Schiedsrichter entscheide, wie die Regeln anzuwenden seien, nun selbst in den Verdacht des Totalitarismus kommt. Die Endfassung von *Bisst* oszilliert deshalb in ihrem gesellschaftskritischen Impuls stärker zwischen den Polen Behörden/Bisst.

Dieser gesellschaftskritische Impuls, der – wenn, wie gezeigt, auch sehr disparat – von der Kritik wahrgenommen wurde, ist zentral für Lotmars Schreiben. Im Tagebucheintrag vom November 1978, unmittelbar vor der Bemerkung über die «Quasi-Absage von Suhrkamp», reklamiert Lotmar für sich eine Art des Schreibens, die er als Form von ‹engagierter Literatur› positioniert:

Das Frustrierendste am ‹Nicht-verlegt-werden› ist, dass du die Botschaft, die du gerade mit dem ‹Schiedsrichter› und der ‹Opferung› zu haben glaubst, nicht verbreiten kannst, dass man dich hindert, ins Geschchen einzugreifen, [¿] deinen Beitrag Richtung Besseres zu leisten.[603]

Im Schiedsrichter-Text besteht Lotmars «Botschaft», sein «Beitrag Richtung Besseres» hauptsächlich in einer grotesken Überzeichnung von Normalität und Ordnung in der Schweiz. Im strengen Sinn lässt sich der Schiedsrichter-Text deshalb nicht als Parabel bezeichnen. In Lotmars Text wird nicht etwas durch einen Vorgang aus einem anderen Vorstellungsbereich anschaulich gemacht. Es wird auch nicht, wie in den Parabeln von Lotmars Vorbild Kafka, auf rätselhaft Vieldeutiges verwiesen. Bissts Geschichte ist vielmehr die beispielhafte Illustration einer «Botschaft», die in ihrer grotesken Überzeichnung satirisch wirkt.

Die bürokratische Durchsetzung von Normalität und Ordnung wird in einen direkten Zusammenhang gestellt mit dem Totalitarismus des Dritten Reiches einerseits und mit dem Konsumtotalitarismus, dessen Ursprung Lotmar in den USA ausmacht, andererseits. Das zeigt sich deutlich am Adressaten vom Bru-

---

602 BISS II, S. 84.
603 Tagebuch, Nachlass Lorenz Lotmar, SLA.

belis Bericht. In den Textfassungen auf BISS I ist der Bericht des hier noch namenlosen Schreibers gerichtet an einen gewissen Herrn Adlin, der Vorsteher ist «des Amts für Norm- und Aussernormfragen».[604] Dieses «Amt für Norm- und Aussernormfragen» ist allerdings nicht eine vorgesetzte Behörde, der ein Bericht abzuliefern ist, sondern ein Amt in Deutschland, von dem sich der Verfasser des Berichts Aufklärung darüber erhofft, «in welcher Weise der Fall Bisst in unseren Akten eingeordnet werden muss».[605] Weshalb dieses «Amt für Norm- und Aussernormfragen» in Deutschland angesiedelt ist, bleibt in den Textfassungen auf BISS I noch unklar. Klar wird aber, dass im Deutschland dieses Textes Spezialistenwissen zu «Norm- und Aussernormfragen» abrufbar ist. Ob dieses Spezialistenwissen in der Vergangenheit oder in der Gegenwart des Berichts zusammengetragen wurde, wird nicht deutlich. Der Zürcher Beamte und Verfasser des Berichts scheint auch nicht genau darüber im Bild zu sein, wie weit die deutsche Gesellschaft in Fragen von Ordnung und Norm entwickelt ist. Der Schreiber des Berichts kommentiert gegenüber dem deutschen Spezialisten die Situation in der Schweiz erklärend und zugleich entschuldigend.

Es wird Ihnen, Herr Adlin, merkwürdig erscheinen, dass eine Person in der Aufmachung Bissts durch Zürichs Strassen [¿], ohne dass bei den Polizeiorganen Telefonanrufe eingehen, die eine Identitätsüberprüfung dieser vom Äussern her derart unangepassten und damit verdächtigen Person fordern. Das ist damit zu erklären, dass der Mensch heutzutage nicht mehr weiss, wo er steht, auch der Schweizer, denn das was früher wahr und selbstverständlich war, ist es heute nicht mehr, und auf Stille, Anstand und Anpassung wird nicht mehr der gewünschte Wert gelegt, obwohl die menschliche Gesellschaft ohne diese Qualitäten auseinanderfallen muss. Diese Verunsicherung des Menschen haben wir einer immer grösser werdenden Anzahl von umstürzlerisch gesinnten Individuen zu verdanken, welche die traditionellen Werte mit allen Mitteln zu entweihen trachten, und – wird diesem Treiben nicht bald ein Riegel geschoben – es wohl noch dahin bringen, dass unsere Soldaten Blumen pflücken gehen, anstatt ihren dienstlichen Pflichten nachzukommen. Ich weiss nicht, ob es sich bei Ihnen in Deutschland auch so verhält, wie bei uns in der Schweiz. Hierzulande ist dieser Riegel nämlich bereits im geschaffen werden begriffen. An zuständiger Stelle wurde die Gefahr einer Auflösung der Gesellschaft endlich – und noch rechtzeitig – erkannt. Man ist also bei uns auf dem Wege dazu die Macht in der Hand des Staats noch mehr auszuweiten, was, um unserem Behördenapparat vor unnötigen Protestaktionen, die ihn unnötig beanspruchen würden, oft kaum wahrnehmbar geschieht.[606]

Deutlich erkennbar ist in diesen Ausführungen des Berichtverfassers die enge Verknüpfung zwischen Totalitarismus und Ordnungssinn, wie sie von Hannah

604 BISS I, S. 141.
605 Ebd.
606 Ebd. S. 131ff.

Arendt herausgearbeitet wurde. Die Angst, die Gesellschaft könnte auseinanderfallen, wenn nicht mehr genügend Wert auf «Stille, Anstand und Anpassung» gelegt würde, ist die Angst derer, die «einzig an die ununterbrochene Normalität ihres privaten Lebens»[607] denken. Auf ihr stummes Einverständnis kann ein Staat auch zählen, der seine Macht mehr und mehr ausdehnt, solange das «kaum wahrnehmbar» und ohne «unnötige Protestaktionen»[608] geschieht. In der untersten Textschicht auf BISS II trägt der Adressat des Berichts unverändert den Namen Adlin. Auf Seite 83 von BISS II hat Lotmar den Namen Adlin gestrichen, zuerst mit dem Namen Reicher ersetzt, schliesslich mit Reideman und von der nächsten Namensnennung weg mit Rideman. Lassen sich die Namen Adlin und Reicher nicht eindeutig erschliessen, so sind für Rideman, der für sämtliche Textfassungen von der obersten Schicht des Zeugen BISS II bis zur Textfassung auf BISS VI gilt, Verweisungszusammenhänge zumindest als Hypothese zu formulieren. Die zwar nicht starke, aber mögliche Assonanz des deutsch ausgesprochenen ‹Reidmann› mit ‹Eichmann› wird unterstützt durch die genaueren biographischen Angaben, die in den Textversionen auf BISS II zu finden sind. Zuerst wird festgehalten, dass Rideman nicht nur Vorsteher des «Amts für Norm- und Aussernormfragen» ist, sondern auch dessen «Begründer», der «auf eine jahrelange Erfahrung in Sachen Norm- und Aussernormfragen zurückblicken» darf.[609] Und diese Erfahrung geht weit hinter die Gründung des Amts zurück.

> Zudem ist uns bekannt, um auf unsere Bemerkung über ihre jahrelange Erfahrung in Fragen der Norm und Aussernorm zurückzukommen, dass Sie sich vor 1945 in Deutschland bereits damit beschäftigten, wessen Aussehen und Betragen einer gewissen Norm entspreche, beziehungsweise dagegen verstosse.[610]

Die Nähe der Zürcher Behörden zum totalitären NS-Regime zeigt sich nicht nur darin, dass der Berichterstatter einen ehemaligen NS-Bürokraten für geeignet hält, zu Fragen von «Norm und Aussernorm» eine brauchbare Expertise abzugeben. Auch im Hinblick darauf, was innerhalb und was ausserhalb einer gesellschaftlichen Norm liegt, zeigen sich grosse Übereinstimmungen. Der Bericht hält fest, dass nicht nur als abnormal zu gelten habe, wer geisteskrank sei, sondern auch, wer Geisteskrankheit nur vortäusche.[611]

> Denn die Bereitschaft, Geisteskrankheit vorzuspiegeln entlarvt den ungeeigneten Charakter der betreffenden Person für ihre vorbehaltlose Aufnahme in den Gemeinschaftskörper.[612]

607 Arendt 1986, S. 723.
608 BISS I, S. 133.
609 BISS II, S. 178.
610 Ebd.
611 Ebd.
612 Ebd. S. 179.

«Gemeinschaftskörper» ist nicht nur als Synonym von ‹Volkskörper› zu lesen, dieser Terminus zeigt auch ein zentrales Element totalitärer Herrschaft, das Hannah Arendt so umreisst:

> Totale Herrschaft, die darauf ausgeht, alle Menschen in ihrer unendlichen Pluralität und Verschiedenheit so zu organisieren, als ob sie alle zusammen nur einen einzigen Menschen darstellten, ist nur möglich, wenn es gelingt, jeden Menschen auf eine sich immer gleichbleibende Identität von Reaktionen zu reduzieren, so dass jedes dieser Reaktionsbündel mit jedem anderen vertauschbar ist.[613]

Aus der Figur des Amtsvorstehers Rideman lässt sich nicht nur die Nähe einer fiktiven Schweizer Bürokratie zu totalitären NS-Strukturen ablesen, sondern auch die Nähe zu einer neuen, moderneren Form des Totalitarismus. Rideman, Fachmann für Fragen der Norm und Aussernorm im faschistischen Deutschland, war 1945 – eine bezeichnende Jahreszahl – nach Argentinien «ausgewandert».[614] 1950 war Adolf Eichmann, möglicher Namensverwandter von Rideman und Prototyp des verbrecherischen und sich keiner Schuld bewussten Bürokraten, aus Deutschland nach Argentinien geflohen. Anders als Eichmann wird der fiktive Rideman für sein bürokratisch-normierendes Tun nie zur Rechenschaft gezogen. Rideman kann die normierende Praxis, die bürokratisch organisierte Selektion in neuer Umgebung weiterführen. 1965 wandert Rideman von Argentinien in die USA aus, wo er sein «Amt für Norm- und Aussernormfragen» gründet und führt.

Lotmar sah im «amerikanischen Faschismus» eine neue und gefährliche Form des Totalitarismus. Prägend waren für Lotmar in dieser Frage die Publikationen von Vance Packard, der in populären Büchern das von wirtschaftlichen Strukturen geprägte moderne Leben in den USA darzustellen versuchte. In dem von Lotmar intensiv studierten und diskutierten[615] *Die Pyramidenkletterer*[616] entwirft Packard das Bild eines durch die Hierarchien und psychologischen Auswahlverfahren der grossen Kapitalgesellschaften mehr und mehr manipulierten, entpersönlichten und konformen Menschen.

Im Zusammenhang mit dem Stoff zu seinem Roman *Die Opferung* machte sich Lotmar Gedanken vor allem zum Unterschied zwischen «linksfaschistischen Regimen» und «U.S. Faschismus». 1975 hielt er in seinen Notizen fest, gefährlicher als der ‹linke Faschismus› sei der ‹amerikanische›:

> [...] einmal ist er als solcher nicht jedem erkennbar, und – Hauptsache – die Menschen werden in seinem Sinne erzogen, sie verwachsen mit ihm, sie anerkennen ihn freiwillig und mit dem Glauben, diese Anerkennung würden sie in voller Freiheit treffen. [...] Jeder, der nicht unabhängig ist, muss und wird sich für das System ent-

613 Arendt 1986, S. 907.
614 BISS II S. 178.
615 Freundliche Auskunft von Hartmut Gürtler vom 13. Juni 2005.
616 Vance Packard: *Die Pyramidenkletterer*. München, Zürich: Droemer Knaur, 1966.

scheiden, im Glauben eben, dass es das richtige sei, und weit davon entfernt, seinen repressiven Charakter zu erkennen.[617]

Folgerichtig hatte Lotmar in der *Opferung* die deutschen Namen der Regimespitzen durch englisch klingende ersetzt. Präsident Pack wird zu Präsident Billy Pack, der Minister für Gemeinschaftswesen wird von Ralph Kast in Rod Ralphson umbenannt.[618] Eine ähnliche Entwicklung lässt sich in den Vorfassungen des *Bisst* beobachten.

Auf BISS II findet sich auf Seite 16 verso die Fortsetzung einer Einfügung vom unteren Blattrand Seite 16. Hier lässt Lotmar die beiden Polizeibeamten, die Bisst aus seinem Keller entfernen sollen, darüber diskutieren, «ob der Überwachungsturm, der beim Stadion Hochfeld errichtet werden solle, einer des Typs A 13 oder des Typs A 14 sei». Diese technokratisch-bürokratische Typenbezeichnung, die an die Nummerierung von Autobahnen oder Beamtenlohnklassen erinnert, lässt darauf schliessen, dass der geplante Turm im Hochfeld nicht der erste und einzige ist. Es muss eine ganze Baureihe solcher Überwachungstürme geben, eine Reihe mit mindestens 14 verschiedenen Bauarten.

Bei der Abschrift der obersten Textschicht von BISS II hat Lotmar die Zählung der Turmtypen beibehalten, die Typenbezeichnung aber in einem entscheidenden Detail verändert. In der Textfassung auf BISS III, die identisch ist mit der untersten Schicht auf Zeuge BISS IV, wird über Türme des Typs V 13 und V 14 diskutiert.[619] Nun wird auch klar, dass die Bezeichnungen A 13 und A 14 sich nicht etwa an Autobahnnummerierungen anlehnen. Die Bezeichnungen V 13 und V 14 sind direkte Verweise auf die «Vergeltungswaffe» V 2. Die deutsche Raketenentwicklung setzte aber nicht erst mit der V 2 ein. Die V 2 hatte Vorgänger, die man noch nicht «Vergeltungswaffe» nannte, sondern «Aggregat» und sie entsprechend mit A 1, A 2[620] etc. bezeichnete. Die Zählung V 13 und V 14 unterstellt wie auch die Zählung A 13 und A 14 eine lückenlose Zählung in den 30 Jahren zwischen dem Ende des NS-Regimes und der Jetzt-Zeit des Schiedsrichtertextes. Die Überwachungstürme in Zürich stehen damit in einer Reihe mit den technisch am höchsten entwickelten Instrumenten des Dritten Reiches.

In der handschriftlichen Überarbeitung dieser Textfassung auf Zeuge BISS IV verwirft Lotmar den Konnex mit dem Dritten Reich zugunsten einer stärkeren Allusion auf den ‹amerikanischen Faschismus›. Über einen Umweg war dieser Bezug bereits in den aufgegebenen Bezeichnungen mit V und A schon gege-

---

617 Nachlass Lorenz Lotmar, Na.VII/2.40. Faksimiliert und transkribiert in: Depountis 2001, S. 133f.

618 Vgl. Depountis 2001, S. 135.

619 BISS III, S. 20.

620 Die A 4 war die erste funktionierende Grossrakete. Als V 2 wurde sie als Waffe gegen England eingesetzt. Vgl. dazu *A 4 (Aggregat Nr.4)*. In: *Enzyklopädie Naturwissenschaft und Technik*. München: Moderne Industrie Wolfgang Drummer, 1979, Bd. 1, S. 17.

ben. Technologie wie Personal der deutschen Raketenentwicklung waren ein wesentlicher Grundstein für die US-amerikanische Raumfahrt. Personifiziert wird dieser Zusammenhang in der Person Wernher von Brauns, der sowohl im deutschen Raketen- wie im Raumfahrtprogramm der NASA eine Schlüsselfigur war.[621]

Die Typenbezeichnungen der Überwachungstürme heissen in der obersten Textschicht auf BISS IV mit eindeutigem Bezug zum angelsächsischen Raum «Contact-Friend» und «Contact-Welfare».[622] In den ironischen Euphemismen spiegelt sich Lotmars Kritik, im ‹amerikanischen Faschismus› sei der repressive Charakter nur schwer zu erkennen, die von ihm Unterdrückten würden ihn im Glauben akzeptieren, diese Anerkennung in völliger Freiheit getroffen zu haben.[623] Das Zusammentreffen («Contact») von Unterdrückern und Unterdrückten wird in diesen Bezeichnungen schöngefärbt als das von Freunden («Friend») oder eines, das fürsorglich ist und zu Wohlergehen führt («Welfare»).

Eine weitere geringfügige Verschiebung nimmt Lotmar für die Textfassung auf BISS V vor. Die beiden Turmtypen, die zur Diskussion stehen, heissen hier «Contact-Friend» und «Contact-Home».[624] «Contact-Home», das «Contact-Welfare» ersetzt, wirkt doppelt. Einerseits signalisiert diese Bezeichnung die Überwachung bis ins Private. Andererseits markiert sie das Private als wichtig und schützenswert, was stark an das Bedürfnis des Spiessers (in Sinne Hannah Arendts) erinnert, die Normalität des privaten Lebens mit allen Mitteln beschützen zu lassen.

Während die Überwachungstürme in der von Lotmar entworfenen totalitären Gesellschaft gängige Mittel der Kontrolle sind, ist ein anderer technischer Apparat erst in Planung. In den Vorstufen des Schiedsrichter-Textes hat Lotmar die Idee eines grotesken Apparates entworfen: die Idee des «Natographen». Mit diesem Gerät – das in der Endfassung nicht mehr erwähnt wird – würde sich die bürokratische Kontrolle nicht aufs Beobachten und Sammeln von denunzierenden Meldungen beschränken. Die Kontrolle würde schon unmittelbar vor der Geburt einsetzen. Um zu vermeiden, dass jemand wie Bisst seinen Namen und seine Identität ändert, würde der «Natograph» eingesetzt:

> Dabei handelt es sich – falls Sie noch nie etwas über diese neuartigen Geräte gehört haben – um Apparaturen, von denen eine hautfreundliche Plastickugel in die Scheide der Gebärenden eingeführt und vom Säugling beim Geburtsvorgang ausgestossen wird, was das Gerät veranlasst, in diesem Augenblick auf Postkarten, die

---

621 Vgl. dazu *Braun, Wernher Freiherr von.* In: *Brockhaus Enzyklopädie in 24 Bänden.* Leipzig, Mannheim: Brockhaus, 1996, Bd. 3, S. 668.

622 BISS IV, S. 20.

623 S. Nachlass Lotmar, Na VII/2.40, bzw. Depountis 2001, S. 133f.

624 BISS V, S. 19.

an die betreffenden Ämter adressiert sind, unter der den Säugling bezeichnenden Nummer Datum, Ort, Uhrzeit und Geschlecht des Säuglings zu registrieren.[625]

Der «Natograph» ist noch nicht eingeführt, weil er teilweise allergische Hautreaktionen ausgelöst habe. Das ist bezeichnend für eine Form von totalitärer Herrschaft, in der die Mittel der Herrschaft nicht als Mittel der Unterdrückung auf Widerstand stossen, sondern höchstens weil sie unangenehme Reaktionen der Haut, also eine Irritation des Privatesten, im Fall des «Natographen» quasi Innersten, auslösen.

Sport als gesellschaftliches Teilsystem

Weshalb es Bisst gelingt, sich in die Schiedsrichterwelt zurückzuziehen und die Regeln des Fussballs absolut zu setzen, lässt sich mit den Mitteln der Systemtheorie zeigen, wie sie Niklas Luhmann für soziale Systeme erarbeitet und vor allem Karl-Heinrich Bette für den Bereich des Sports weiterentwickelt hat. Aus der Perspektive der Systemtheorie hat die Welt des Sports eine Eigenschaft, die für die Flucht von Bisst in die abgeschlossene Schiedsrichterwelt entscheidend ist.

> Die gesellschaftliche Umwelt hat [...] zunächst [...] keine Bedeutung für den Sport. Aussenereignisse in Kunst, Militär, Wirtschaft, Politik, Erziehung und Bildung sind an seine Innenereignisse nicht direkt anschliessbar, und er ist sicherlich auch kein Spiegel der ihn umgebenden Gesellschaft, wie immer wieder vermutet wird.[626]

Im Unterschied zu Sportsoziologen wie Gerhard Vinnai sieht Bette im Sport also keine Doppelung von Gesellschaft im Sinne einer direkten Spiegelung. Das bedeutet aber nicht, dass Bette gar keine Verbindung des Sports etwa mit der Wirtschaft, der Politik, der Erziehung ausmachen würde. Die Systemtheorie geht jedoch davon aus, dass Sport andere gesellschaftliche Kommunikations- und Interaktionsformen nicht mimetisch nachbildet, sondern nur selektiv nach eigenen, inneren Prozessen wahrnimmt und verarbeitet. Das hängt direkt mit dem zentralen Paradigma von Luhmanns Systemtheorie zusammen, der System-Umwelt-Differenz.[627] Innerhalb eines Systems wird die Unterscheidung zwischen Innen und Aussen, zwischen System und Umwelt als universell gültig gesetzt.[628] So konstituiert und erhält sich ein System fortlaufend. Dass sich ein soziales System im Gegensatz etwa zu biologischen Systemen nicht

625 BISS II, S.188. Mehr oder minder identische Passagen finden sich auf den Zeugen bis zu BISS VI.
626 Karl-Heinrich Bette: *Neuere soziologische Systemtheorie*. In: ders.: *Systemtheorie und Sport*. Frankfurt am Main: Suhrkamp, 1999, S. 15–74, S. 39.
627 Niklas Luhmann: *Soziale Systeme. Grundriss einer allgemeinen Theorie*. Frankfurt am Main: Suhrkamp, 1987, S. 242ff.
628 Ebd. S. 244f.

ontologisch, sondern kommunikativ von seiner Umwelt unterscheidet, lässt sich an einem Beispiel aus dem Sport illustrieren: Im System des Sports, etwa in der Leichtathletik, wird von den Neuronenverbindungen eines Sportkörpers eine schnelle Reaktion als systemrelevant wahrgenommen. Ob es Neuronenverbindungen im selben Körper gibt, die schnelles Kopfrechnen ermöglichen, ist für einen 100-Meter-Sprint unwesentlich und wird vom System nicht wahrgenommen. Was aber selbstverständlich nicht heisst, dass es keine 100-Meter-Läuferinnen gibt, die auch schnell kopfrechnen können.

Für die Systemtheorie gibt es also nicht «den» Körper, sondern verschiedene Arten, wie Systeme Körperressourcen abrufen und nutzen. Der Körper ist für die sozialen Teilsysteme ein Teil der Umwelt und wird entsprechend der jeweiligen Systemrationalität behandelt. Der Körper tritt in diesen Teilsystemen nur «hochselektiv» in Erscheinung.

[...] er darf nur unter einem jeweiligen Sonderaspekt relevant werden.[629]

Der Körper wird unter Funktionsgesichtspunkten in seiner biologischen Ganzheit extrem verschieden wahrgenommen, rekonstruiert und nachgefragt.[630]

Körper und Gesellschaft stehen multirelational zueinander, es gibt weder eine allgemein verbindliche Perspektive, unter der das Verhältnis von Körper und Gesellschaft betrachtet werden kann, noch gibt es anthropologische Konstanten in diesem Verhältnis.[631] Es gibt allein die verschiedenen Rationalitäten der Teilsysteme, denen der Körper unterworfen ist. Im sozialen Teilsystem Sport wird der Körper des Athleten oder der Athletin nur insoweit «wahrgenommen» und «nachgefragt», als er je nachdem schnell, kräftig oder beweglich ist. Der Körper des Schiedsrichters, der im selben System eine andere Aufgabe hat, ist – wie noch zu sehen sein wird – nur dann für das System Sport existent, wenn er leistungsfähig genug ist, in einem Fussballspiel so nahe am spielbestimmenden Geschehen zu bleiben, dass der Schiedsrichter die Einhaltung der Regeln überwachen kann.

Bestimmend dafür, wie Umwelt (also auch der Körper), in einem System wahrgenommen wird, sind die System-Codes. Soziale Systeme werden über Codes gesteuert, Codes wie etwa wahr/unwahr in der Wissenschaft, Recht/Unrecht im Rechtssystem, haben/nicht haben in der Wirtschaft oder Sieg/Niederlage im Sport. Mit diesen Codes wird gesteuert, was für das System wichtig und deshalb beachtenswert ist, und diese Codes machen das Scheitern von Kom-

---

629 Karl-Heinrich Bette: *Körperspuren. Zur Semantik und Paradoxie moderner Körperlichkeit.* Berlin, New York: de Gruyter, 1989, S. 23.
630 Ebd. S. 49.
631 Bette 1989, S. 50.

munikation unwahrscheinlicher.[632] Codes bleiben meist unhinterfragt, sodass gilt:

> Wer sein Handeln an codegestützten Regeln ausrichtet, ist von weiteren Erklärungen entlastet. Auf einem Sportplatz muss der einzelne nicht erklären, warum er in einem Wettkampf um die Bahn läuft.[633]

Aufgrund dieser systemkonstitutiven Codes werden nicht nur die System-Umwelt-Relationen gesteuert, es bilden sich zur Absicherung und Erleichterung der Kommunikation auch eigentliche Sondersprachen aus, Sondersemantiken, wie Bette feststellt, die sich zuweilen zu «wortgewaltigen Ideologien» verdichten.[634] Solche Sondersprachen, Sondersemantiken sind umso eher möglich, je weniger der Sinn eines Systems direkt von anderen abhängig ist. Der Sport hat diesbezüglich unter den sozialen Teilsystemen eine ganz spezielle Stellung. Luhmann stellt Folgendes fest:

> Am Sport fällt zunächst die extreme Reduktion weiterreichender Sinnbezüge auf, die dann als Grundlage dient für ein komplexes Arrangement von Leistungsbewertungen, Leistungsmessungen, Notierungen, Vergleichen, Fortschritten und Rückschritten. […] Damit ist nicht nur (einmal mehr) belegt, dass Reduktionen den Aufbau von Komplexität ermöglichen, die dann durch die Reduktionen nicht mehr kontrolliert werden kann. Vielmehr scheint sich der Körper geradezu als Fluchtpunkt der Sinnlosigkeit zu eignen, wenn er nicht in der puren Faktizität beharrt, sondern unter dem Gesichtspunkt von Sport zum Ausgangspunkt einer eigenen Sinnsphäre dient. Der Sport braucht und verträgt keine Ideologie (was aber keineswegs ausschliesst, ihn politisch zu missbrauchen). Er repräsentiert den nirgendwo sonst mehr so recht in Anspruch genommenen Körper. Er legitimiert das Verhalten zum eigenen Körper durch den Sinn des Körpers selbst […]. Und er tut dies, ohne sich an Sinndomänen anderer Provenienz anhängen zu müssen.[635]

Der Umstand, dass der Fussball, wie der Sport überhaupt, seinen Sinn nicht aus anderen Domänen importieren muss und sich gegenüber seiner Umwelt stärker abgrenzt als andere Systeme, macht ihn für Bisst so attraktiv. Bisst macht die System-Umwelt-Differenz, die für im Alltag normal zwischen verschiedenen sozialen Systemen fluktuierende Menschen[636] nur innerhalb eines speziellen Systems gültig ist, zur einzigen Differenz überhaupt. Körper werden

---

632 Im System Fussball hat der Schiedsrichter selbst die Funktion, das Scheitern von Kommunikation unwahrscheinlicher zu machen. Bevor 1891 erste Fussballschiedsrichter eingesetzt wurden, hatten jeweils die Mannschaftscaptains über strittige Situationen mehr oder minder lange verhandelt. Vgl. www.fifa.com/de/history/index/0,1284,100686,00. html?articleid=100686 (7.8.2005); Bausenwein 2006.

633 Bette 1999, S. 37.

634 Ebd. S. 36.

635 Luhmann 1987, S. 336f.

636 Bette 1999, S. 33.

von ihm zum Beispiel nur insofern als Systemumwelt wahrgenommen, als sie einen Einsatz als Schiedsrichter, Zuschauerin, Linienrichter etc. erlauben. Entsprechend absolut setzt er auch die Sondersprache des Fussballs als einzige Kommunikationsform.

Sozialsysteme generell

> stellen einen Rahmen zur Verfügung, der vor einer Überlastung durch Komplexität schützt, und schaffen hierdurch ein basales Vertrauen. Sie transformieren unbestimmte, individuell nicht handhabbare Komplexität in eine bestimmbare Ordnungsform. Die Herstellung von Kalkulierbarkeit und Sicherheit erfolgt auf der Basis einer Eingrenzung von Möglichkeitshorizonten.[637]

Diese – im alltäglichen Fluktuieren zwischen den Systemen relative – «Eingrenzung von Möglichkeitshorizonten» und «bestimmbare Ordnungsform» sucht und verabsolutiert der traumatisierte Bisst im Fussball, den er nicht nur zum einzigen Kriterium für eine allein gültige System-Umwelt-Differenz macht. Bisst gibt sich darüberhinaus auch selbst in diesem verabsolutierten System die zentrale Steuerungsfunktion, das Handeln aller anderen als regelkonform oder nicht regelkonform taxieren zu können.

Sprache des Fussballs

Einen Versuch von Psychiater Keller, ihn aus seiner Kabine zu locken, blockt Bisst im Fussballjargon ab:

> Aufhören mit Spielen, wenn der Unparteiische gepfiffen hat! herrschte der Schiedsrichter ihn an, ich verlasse die Kabine nicht, bis die Kommission es verfügt! Schlusspfiff! Vom Feld![638]

Dem Untersuchungsrichter Wehrli, der ihn beschuldigt, für den Tod der Pflegerin Gerstner verantwortlich zu sein, entgegnet Bisst:

> Abseits! Ich hab mich nicht schuldig gemacht, sondern dem Reglement Geltung verschafft! Ich versteh nicht, was Sie von mir wollen![639]

Hier, wie auch etwa wenn Bisst gegenüber dem Altersheimleiter Heer ein «allergröbstes Foul im Strafraum»[640] konstatiert oder ihn mit «Foulspieler, penetranter» betitelt,[641] benutzt Bisst nicht nur die Fussballsprache, sondern seiner Funktion gemäss die Schiedsrichtersprache. Diese Sprache verwendet er jedoch nicht durchgehend. Er bleibt zwar im Fussballerjargon, fällt aber gele-

---

637 Ebd. S. 32.
638 *Bisst* S. 46.
639 Ebd. S. 139.
640 Ebd. S. 92.
641 Ebd. S. 93.

gentlich aus seiner Rolle als Schiedsrichter. Den Polizisten, die ihn aus seiner Kabine holen wollen, ruft er zu:

Allez! [...] beweist eure Schussqualität! Aus der Defensive heraus! Die ganze Mannschaft vor das gegnerische Tor![642]

Hier benutzt er die Fussballsprache aus der Perspektive eines Trainers, nicht des Schiedsrichters. Ein Schiedsrichter wird nie eine Mannschaft auffordern, aus der Defensive zu kommen und anzugreifen. An anderen Stellen nimmt Schiedsrichter Bisst die Perspektive eines Spielers ein:

Ja, der Ball war für mich abgeschlagen![643]
Bisst bleibt am Ball![644]

Entscheidend für Bisst ist es aber, wie oben gezeigt, dass er nicht nur innerhalb der Fussballwelt bleibt, sondern darin auch die Funktion des Schiedsrichters einnehmen kann. Denn nur als Schiedsrichter ist er mit der Vollmacht ausgestattet, über regelkonform und nicht regelkonform allein und abschliessend zu entscheiden – und so jeder Schuld durch ein allfälliges Missverständnis enthoben zu sein.[645] Die Inkonsequenz in seinem Sprachgebrauch gefährdet Bissts Selbstinszenierung als Schiedsrichter jedoch nicht, und zwar deshalb, weil ihm diese Inkonsequenz nur in der verbalen, vokalen Kommunikation unterläuft. Konsistenter agiert die Figur des Bisst in der nonverbalen und nonvokalen Kommunikation.[646] In seiner Gestik, mit dem Blick, den Hilfsmitteln für akustische und visuelle Zeichen (Pfeife und Karten) und mit seiner Kleidung ist er ganz Schiedsrichter. Sein Zeichenrepertoire ist so eindeutig – weil es von den Fluktuationen normalen Alltagsverhaltens und das heisst von möglichen Missverständnissen befreit ist – und allgemein verständlich, dass Bisst dadurch in der Kommunikation anderen gegenüber im Vorteil ist. Die Auseinandersetzung mit dem Altersheimleiter Heer zeigt, dass Bisst auf der verbalen, vokalen Ebene leicht im Vorteil ist, weil er entschlossener auftritt; die Auseinandersetzung entscheidet er aber schliesslich für sich, weil er mit dem Gestenrepertoir (seinem warnenden Finger oder der Geste für den Platzverweis), der Trillerpfeife, der gelben und roten Karte über wirksamere, klar codierte Zeichen verfügt.

642 Ebd. S. 29.
643 Ebd. S. 16.
644 Ebd. S. 29.
645 Ebd. S. 82.
646 Vgl. Winifried Nöth: Nonverbale Kommunikation. In: Handbuch der Semiotik. Stuttgart, Weimar: Metzler, 2000, S. 293–322.

Körperinszenierung

Obwohl die Behörden vermuten, Bissts Auftreten als Schiedsrichter könnte blosse Täuschung sein, weist etwas darauf hin, dass Bissts Schiedsrichterinszenierung nicht blosse Camouflage ist: sein Umgang mit dem Körper. Bisst, Jahrgang 1910,[647] hat sich in den 18 Jahren[648] nach seiner letzten Partie 1958[649] immer «einsatzfähig» gehalten. Ein Rentner hat ihn «während einer ganzen Anzahl von Jahren regelmässig beim Training im Hochfeld beobachtet».[650] Immer zur gleichen Zeit, im Winter um acht, sonst um sieben Uhr, soll Bisst aus dem Tribünengebäude getreten und losgelaufen sein.

> [A]ber wie! rief der Rentner und stiess mit seinem Invalidenstock auf den Boden, und eine Stunde lang immer gelaufen und gelaufen, um das Spielfeld herum, ohne Unterbrechung, und manchmal hat er sogar einen Spurt eingelegt [...].[651]

> [U]nd bevor er in seine Höhle zurückgekehrt ist, hat er jedesmal zwanzig Liegestütze gedrückt![652]

Dank seiner Fitness kann sich Bisst den Behörden auf zweifache Art entziehen. Er begeistert den ihn beobachtenden Rentner mit dem für einen 66Jährigen erstaunlichen Laufvermögen derart, dass der Rentner keinen Anlass sieht, den ungewöhnlichen Bisst den «Überwachungsbehörden» zu melden.

> Hab mich gefreut an ihm! Wie er gelaufen ist! Wollte dass er immer so weiter läuft! Hab deshalb keinem von ihm erzählt![653]

Den Zugriff der Behörden kann er zwar trotz seiner Fitness vorerst nicht verhindern. Nachdem Bisst die Pflegerin Gerstner verletzt hat, versuchen Polizei und Altersheimpersonal zuerst erfolglos, ihn einzufangen. Daraus entwickelt sich

> [...] ein Treiben, bei dem die Wendigkeit und das enorme Laufvermögen Bissts allgemein bestaunt wurden und das vorerst im Sand verlief, weil der Schiedsrichter, stets die Würde wahrend, seinen Verfolgern davonrannte, ohne dass es einem von ihnen auch nur gelungen wäre, ihn zu berühren [...].[654]

Erst einer «Staffel der Sondereinheit für Friedfertigen Abgang» gelingt es schliesslich, Bisst mit grossen Netzen einzufangen.[655] Trotzdem kann sich Bisst

---

647 *Bisst* S. 79.
648 Ebd. S. 17.
649 Ebd. S. 83.
650 Ebd. S. 84.
651 Ebd.
652 Ebd. S. 85.
653 Ebd.
654 Ebd. S. 112.
655 Ebd. S. 113f.

schliesslich dank seiner Laufstärke den Behörden ein zweites Mal und endgültig entziehen. Beim Lauftraining im Hof des Untersuchungsgefängnisses – Untersuchungsrichter Wehrli hatte zum Missfallen anderer Beamter das tägliche Training ausdrücklich erlaubt – entwischt Bisst durch ein unverschlossenes Tor und läuft los. So schnell, dass der Gefängniswärter ihm nicht folgen kann.

> Obwohl der unablässig in seine Alarmpfeife stossende Wärter gleich erkannte, dass die Distanz zwischen ihm und dem in etlicher Entfernung erhobenen Hauptes dahintrabenden Schiedsrichter sich rasch vergrösserte, liess er nicht von der Verfolgung ab [...].[656]

Bissts sportlicher Körper ist jedoch nicht nur wichtig, um den Behörden zu entkommen. Ohne entsprechende Fitness wäre es Bisst gar nicht möglich, sich als Schiedsrichter zu inszenieren bzw. sich als Schiedsrichter zu fühlen. Für Identitätsbildungen von Bedeutung ist der Körper zum einen über die individuell empfundenen und reflektierten Körperbildgrenzen.[657] Zum andern spielt der Körper eine wichtige identitätsbildende Rolle im sozialen Kontakt. Wenn Identität ein Prozess zwischen den entgegengesetzten Polen Einzigartigkeit sowie Zugehörigkeit zu einer Gruppe, zu einem Geschlecht, zu einer Generation ist,[658] dann bildet sie sich sowohl über Selbstwahrnehmung als auch über Gruppenzugehörigkeit, soziale Rollen und über Distinktion zu anderen Gruppen und Rollen. Tilman Habermas weist in dieser Identitätsbildung dem Körper eine zentrale Funktion zu: «[...] der Körper selbst erfüllt die Funktion, soziale Identität zu symbolisieren.»[659]

Wie Bisst mit seinem Körper soziale Identität zu symbolisieren sucht, zeigt sich beim Treffen mit seinem Schiedsrichterkollegen Kurt Beutler. Beutler, der Bisst 1941 zum Schiedsrichter ausgebildet hat, soll Bisst identifizieren, d.h. bei einem Treffen feststellen, ob der Mann im Schiedsrichterdress tatsächlich Karl Bisst sei. Das ist denn auch schnell gemacht:

> ... die Möglichkeit? – Karl? hörte er den beim Fenster sitzenden Beutler rufen, ja Karl! Und wir dachten ... thihi, wir dachten, du seist nicht mehr da ... unter uns! Mit offenem Mund schüttelte er den runden Kopf: ist ja sagenhaft! – Und hast dich nicht verändert! Hast dich nicht verändert! – Karli![660]

Beutlers Ausruf, Bisst habe sich nicht verändert, ist entscheidend, denn Bisst identifiziert sich selbst im Treffen mit Beutler ganz anders als er von Beutler identifiziert wird. Er habe sich nicht verändert, stützt das Selbstbild Bissts,

656 Ebd. S. 153.
657 Tilmann Habermas: *Geliebte Objekte. Symbole und Instrumente der Identitätsbildung*. Frankfurt am Main: Suhrkamp, 1999, S. 65ff.
658 Ebd. S. 23.
659 Ebd. S. 243.
660 *Bisst* S. 74.

nicht nur Karl Bisst, sondern der *Schiedsrichter* Karl Bisst zu sein. In seiner Reaktion auf Beutlers Begrüssung zeigt sich, wie wichtig Bisst offensichtlich der gute körperliche Zustand für seine Selbstinszenierung ist.

> Aber wie denn, Beutler! erwiderte der Schiedsrichter, ging auf ihn zu, reichte ihm die Hand, setzte sich ihm gegenüber an den Tisch, musterte ihn und konstatierte, aber feist und einsatzunfähig![661]

Beutler ist «einsatzunfähig», nicht nur weil er «feist» geworden ist, sondern auch weil er wegen einer Hüftgelenkarthrose an Krücken geht. Bisst identifiziert ihn deshalb als «Zuschauer».[662] Sich selbst kann er wegen seiner körperlichen Fitness im Gegensatz zu Beutler als «in jeder Hinsicht voll einsatzfähig»[663] bezeichnen. Den Einwand Beutlers, er habe die Altersgrenze doch längst überschritten, lässt er, wieder mit Verweis auf seine Fitness – die körperliche sowie die auf den Fussball bezogene geistige –, nicht gelten.

> Die Altersgrenze! Unpräzis abgespielt, Beutler! Lies das Reglement aufmerksam! Bisst beugte sich über den Tisch: Die Altersgrenze ist ein theoretischer Notbehelf! Damit laufmüde Schiedsrichter rechtzeitig auf die Zuschauerbank verwiesen werden können! Schiedsrichter, die körperlich oder geistig im Tempo nachgelassen haben! So ist das![664]

Bissts Argumentation beruht offensichtlich auf einem Fehlschluss. Von der Regel, ein Schiedsrichter habe «einsatzfähig» zu sein, kommt er im Umkehrschluss zur Folgerung, wer einsatzfähig sei, sei auch Schiedsrichter.[665] Die Altersregelung sei deshalb «ein theoretischer Notbehelf». Bissts Folgerung basiert auf einem Fehlschluss und ist, wie noch zu zeigen sein wird, Resultat einer eigentümlichen Pseudologik. Diese Form der logischen Argumentation ist in den Fassungen der entsprechenden Stelle auf BISS I noch nicht auszumachen. Bisst zitiert dort zwar das Reglement, allerdings nur den Passus, der festhält, ein Schiedsrichter habe sich einsatzbereit zu halten. Eine Regel zur Altersgrenze negiert er aber kurzerhand.

> Der Sch. antwortete, welche Altersgrenze? es gibt keine Altersgrenze! es gibt nur eins. Ballbeherrschung![666]

---

661 Ebd.
662 Ebd. S. 75.
663 Ebd. S. 77.
664 Ebd. S. 75.
665 Wie Hohl (vgl. Kapitel Ludwig Hohl: *Bergfahrt*, Abschnitt «Wilderer und Rebell») verweist Lotmar damit auf das biblische Gleichnis der törichten Jungfrauen, allerdings in einer Art Zerrbild. Denn bei Lotmar zeigt sich gerade jener als «töricht», und damit verrückt – wie positiv das auch gewertet sein mag –, der sich immer bereit hält.
666 BISS I, S. 54.

An dieser Stelle lässt sich wiederum eine Inkonsequenz in der Verwendung der Fussballsprache feststellen: Ein Schiedsrichter muss nicht den Ball beherrschen, sondern die Regeln auslegen können. Entsprechend überarbeitet Lotmar diese Stelle auf BISS II. Den Satz, es gebe nur die Ballbeherrschung, hat Lotmar für seine «zweite Niederschrift» nicht übernommen. Und hier anerkennt Bisst auch, dass es überhaupt eine Altersgrenze für Schiedsrichter gibt, sie sei aber «rein theoretisch zu verstehen». Diese Stelle streicht Lotmar und fügt stattdessen am Rand des Manuskripts eine Antwort Bissts ein, die der Form nach nicht blosse Behauptung, sondern Argumentation ist.

> [O]ch, die Altersgrenze – was ist das? <u>wenn</u> du das Reglement aufmerksam liest, <u>wirst</u> du <u>drauf kommen</u>, <u>dass</u> die darin festgehaltene Altersgrenze rein theoretisch gemeint ist.[667]

Diese Form der logischen Argumentation spielt für die Überarbeitungen der Dialoge in den Bisst-Texten eine wichtige Rolle. Wie weiter unten zu zeigen sein wird, sind logische und pseudologische Argumentationen für Lotmar in der Darstellung von Machtverhältnissen und Unterdrückung zentral – nicht nur im *Bisst*, sondern vor allem auch in der *Opferung*.

Körpernahe Objekte

Für Bissts Selbstinszenierung als Schiedsrichter ist nicht nur ein entsprechender Körper notwendig, ein Körper, der ihn als prinzipiell «einsatzfähig» ausweist, nicht nur seine Gestik und seine Sprache, sondern – wie der Gebrauch von Trillerpfeife und Karten schon andeutet – auch bestimmte Objekte haben in seiner Selbstinszenierung eine wichtige Funktion. Objekte sind als «Identitätssymbole wichtig, weil sie zur Stabilisierung und als Instrumente der sozialen und persönlichen Identität dienen».[668] Tilmann Habermas spricht in diesem Zusammenhang von geliebten oder persönlichen Objekten. Persönliche, geliebte Objekte können als Requisiten einer Inszenierung[669] auf verschiedene Weise identitätsbildend sein. Zum einen in der privaten Verwendung von Objekten, in der das Objekt der Selbstkommunikation dient. Dabei macht jemand mit Objekten ein Bild von sich selbst, stellt sich in der Selbstwahrnehmung in der eigenen Distinktheit/Einzigartigkeit oder in der Zugehörigkeit zu einer Gruppe dar. Objekte können für Erinnerungen, Entwürfe oder Trost stehen.[670]

---

667 BISS II, S. 82. Hervorhebungen E.P.
668 Monika Thiele: *Sportkleidung als symbolische Inszenierung*. In: *Berliner Debatte INITIAL. Zeitschrift für sozialwissenschaftlichen Diskurs*. 6/1999, S. 41–49, S. 44.
669 Habermas 1999, S. 14.
670 Ebd. S. 256ff, S. 259.

Objekte dienen aber auch der öffentlichen Selbstdarstellung, vermitteln Rollen-, Gruppen- und soziale Identität.[671]
Zur Selbstdarstellung unerlässlich sind für Bisst zuallererst sein Schiedsrichterdress und seine Trillerpfeife. Beide identitätsstiftenden Objekte sind sehr körpernah. Der Dress umhüllt den Körper unmittelbar, die Trillerpfeife ist in dem Sinn, wie ihn Freud in *Das Unbehagen in der Kultur* geprägt hat, eine Prothese, die als Hilfsorgan der Stimmbänder gelten kann und Bisst zum herrischen «Prothesengott» macht. Die Trillerpfeife wird nicht nur in den Mund genommen, sondern mit der eigenen Atemluft aus dem Körperinnersten betätigt. Dass diese beiden Objekte, die am engsten mit Bissts Körper in Verbindung stehen, auch den grössten Anteil an der identitätsstiftenden Selbstwahrnehmung von Bisst haben, zeigt sich in einer Szene im Untersuchungsgefängnis. Bisst lässt sich bei der Leibesvisitation wortlos sein Notizbuch, seinen Kugelschreiber und sogar die Verwarnungskarten abnehmen. Der Aufforderung, seinen Schiedsrichterdress auszuziehen, kommt er jedoch nicht nach.

> Als die Polizisten schliesslich daran gingen, ihm den Dress auszuziehn, leistete er derart zähen Widerstand, dass er sich bei der Balgerei mit den Beamten eine Kopfwunde einhandelte […].[672]

Und «ungeachtet der blutenden Kopfwunde»[673] wehrt sich Bisst auch dagegen, dass man ihm die Trillerpfeife abnimmt. Seinen Dress darf Bisst schliesslich anbehalten, die Trillerpfeife wird ihm aber trotz heftigem Widerstand abgenommen. Allerdings: Noch während seiner Flucht besorgt sich Bisst in einem Spielzeugladen nicht nur eine neue Pfeife, sondern gleich drei.[674]
Neben diesen beiden wichtigsten persönlichen Objekten hat Bisst ein ganzes Arsenal weiterer Objekte, die seiner Inszenierung dienen: die Markierungsstangen, die Verwarnungskarten, seine Fussballschuhe, die Sägemehlsäcke, seine Diplome und Medaillen. Seine Identität im polizeilichen, erkennungsdienstlichen Sinn lässt sich durch diese Objekte nicht festmachen,[675] aber seine Identität als Selbst- und Rollenbild. Diese Objekte sind Objekte der Erinnerung, der Erinnerung an seine aktive Schiedsrichterzeit. Aber gerade deswegen sind sie zugleich auch Objekte für die Flucht vor der Erinnerung – vor dem Missverständnis auf der Kreuzung und dem Tod des Jungen. Die Objekte sind also Inszenierungsgegenstände, die eine traumatische Erinnerung ausblenden helfen und so die neue, krankhafte Selbstwahrnehmung stützen.
Distinktheit und Zugehörigkeit vermitteln die Objekte ebenfalls. Einerseits weisen sie Bisst als der Fussballwelt zugehörig aus, andererseits unterscheiden

---

671 Ebd. S. 241ff.
672 *Bisst* S. 118.
673 Ebd. S. 119.
674 Ebd. S. 155.
675 Ebd. S. 50 und S. 67.

sie ihn von allen anderen Akteuren. Er ist der Schiedsrichter, der das Sagen hat, alle andern sind Spieler, Zuschauer, Platzwart oder Linienrichter. Diese Distinktion spielt auch gegenüber dem Schiedsrichterkollegen Beutler, der nicht in ein Schiedsrichterdress gekleidet ist, sondern als «grau gekleideter Mann» auftritt,[676] der keine Trillerpfeife mit sich trägt, sondern an Krücken geht.[677] So qualifiziert Bisst Beutler ebenfalls als «Zuschauer»[678] und zieht daraus einen ganz entscheidenden Distinktionsprofit. Der junge Beutler ist Bissts Vorbild für die Selbstinszenierung als Schiedsrichter. Nicht nur hat Bisst bei Beutler den Schiedsrichterkurs absolviert, Bisst hatte für seine Schiedsrichterkarriere auch einen Namen gewählt, dessen Initialen mit denen von Kurt Beutler übereinstimmen. Das ist mit Blick auf Bissts Grund für den Rückzug ins Schiedsrichterleben – der Verkehrsunfall – vor allem deshalb interessant, weil Kurt Beutler das Autofahren «nie gelernt habe».[679] Indem Karl Bisst Kurt Beutler als Zuschauer identifiziert, ist Beutler für Bisst nicht mehr nur Vorbild. Bisst kann quasi dessen Rolle als Schiedsrichter, der Zeichen nicht wie der Musiker oder der Verkehrsteilnehmer zu deuten hat, sondern Tatsachen schafft, und der nie Auto fahren gelernt hat, definitiv übernehmen. Mit der Distinktion zu seinem Vorbild macht Bisst auf symbolischer Ebene sein Missverständnis, seine Tat als Autofahrer ungeschehen.

Logik: Grundform der Argumentation

Mit entscheidend für die Wirkung und den ‹Erfolg› Bissts ist die Art seiner Argumentation, die scheinbar ‹logisch› ist. Die kausalen Verknüpfungen, die Bisst in seinen Argumentationen benutzt, sind meist abgekürzte Syllogismen, deren zweite Prämisse, «Bisst ist Schiedsrichter», unausgesprochen bleibt.

> Wenn das Tribünengebäude abgebrochen würde, hätte mir die Schiedsrichterkommission das mitgeteilt! Und solange die nichts anderes bestimmt, hab ich mich hier einsatzbereit zu halten![680]

Sowohl der erste wie der zweite Satz setzten die unausgesprochene zweite Prämisse «Bisst ist Schiedsrichter» voraus.

Kausale Argumentationen nach dem wenn-dann-Muster finden sich nicht nur bei Bisst und bei jenen, die sich wie Psychiater Keller oder Untersuchungsrichter Wehrli auf Dispute mit dem Schiedsrichter einlassen. Solche Argumentationen scheinen nicht selten mehr Gewicht zu haben als empirische Erfahrung. Statt zum Beispiel einfach nachzusehen, ob der Lichtschimmer im Stadionkel-

676 Ebd. S. 73.
677 Ebd. S. 72 und 74.
678 Ebd. S. 75.
679 Ebd. S. 73.
680 Ebd. S. 25.

ler tatsächlich durch eine Türritze fällt und sich dahinter tatsächlich ein Mensch aufhält, verwickeln sich Baumeister Landolt und Vorarbeiter Schlumpf in einen umständlichen Disput:

> Meiner Meinung nach, flüsterte Schlumpf, befindet sich dort hinten eine Tür oder so, und der Lichtstreifen fällt aus ner Ritze, das heisst, es brennt Licht hinter der Tür! Wenn aber hinter der Tür Licht brennt, muss dort einer stecken!
>
> Und weshalb antwortet keiner? wandte Landolt ein. Wenn sich hinter der Tür jemand befände, falls es sich überhaupt um eine Tür handelt, würde er sich doch bemerkbar machen![681]

Nur indem wichtige Prämissen unausgewiesen bleiben, können die Argumentationen durch die Verkürzung auf kausale Ketten den Anschein logischer Stringenz erwecken. Und genau solche monokausale Argumentationen zeigen mit dem ihnen zugrunde liegenden mechanischen Weltbild auch die vermeintliche Unfehlbarkeit an, die das Selbstbild der Administration prägt. Auf die von Landolt geäusserte Vermutung, der Wagen der Nervenheilanstalt sei deshalb noch nicht eingetroffen, weil er vielleicht zum falschen Stadion gefahren sei, antwortet die «Verwaltungsbeamtin»:

> Hören Sie, […] wenn wir ins Stadion Hochfeld gerufen werden, dann fahren wir dorthin und nicht woandershin![682]

Die einfache Logik kausaler Verknüpfungen zeigt sich in *Bisst* als wirksames Machtmittel. Recht hat, wer die besseren Kausalketten bildet, unabhängig von der Qualität unausgewiesener Prämissen. Das entspricht dem gesellschaftskritischen Ansatz Lotmars, der sich nachweislich an der Vernunftkritik von Horkheimer/Adorno und von Herbert Marcuse orientierte.[683] In der Argumentationsweise der verkürzten Logik und der Scheinschlüsse in *Bisst* zeigt sich «das totalitäre Ganze technologischer Rationalität», in der Marcuse «die letzte Umbildung der Idee der Vernunft» ausgemacht hat.[684] Logik, so Marcuse, wurde damit zur «Logik der Herrschaft».[685] Die «falsche Klarheit» sei nur ein anderer Ausdruck für Mythos, zu dem die Aufklärung geworden sei, haben Horkheimer und Adorno festgestellt.[686]

Wie Depountis sehr schön zeigt, versuchte Lotmar in seinem Hauptwerk *Die Opferung* ein Programm der Logik umzusetzen. Es sei Lotmar, so Depountis, darum gegangen, «den zwingenden, ausschliesslichen, imperativen Logos

681 Ebd. S. 12.
682 Ebd. S. 43.
683 Depountis 2001, S. 91f.
684 Herbert Marcuse: *Der eindimensionale Mensch*. Neuwied, Berlin: Luchterhand, 1967, S. 139.
685 Ebd.
686 Max Horkheimer, Theodor W. Adorno: *Dialektik der Aufklärung*. Frankfurt am Main: Fischer, 1971, S. 4.

des Totalitären nachzuvollziehen».[687] Die Radikalität, mit der Lotmar dieses Programm umzusetzen begann, führte – so die gut belegte Arbeitsthese von Depountis – schliesslich zum Scheitern des Projekts.

Bei *Bisst*, dessen Entstehungszeit in die späte Überarbeitungsphase der *Opferung* fällt, ist die Logik zwar in Dialogen präsent und mit der totalitären Bürokratie eng verknüpft, zugunsten der Handlung brechen die Kausalketten jedoch gelegentlich ab; mit der Flucht Bissts etwa, der sich damit dem Zugriff der Behörden entzieht – und auch dem Zwang zur besseren Argumentation. Darauf hat er sich zwar eingelassen, ist im Disput mit Untersuchungsrichter Wehrli jedoch unterlegen. Bisst will Wehrli *beweisen*, dass die Fussballwelt die wahre sei. Die Behauptung, die Welt ausserhalb des Fussballs sei die wahre, weil die Mehrheit der Menschen nach den Regeln jener Welt lebt, will Bisst mit einem Beispiel aus dem Fussball widerlegen.

> Der Unparteiische pfeift Foul – schon rebelliert der grösste Teil des Publikums, buht den Schiedsrichter sogar aus, weil es annimmt, er habe falsch entschieden, denn von den Zuschauerplätzen aus hatten die Besucher den Regelverstoss nicht erkennen können! Also braucht das, was die Mehrheit als wahr bezeichnet, noch lange nicht wahr zu sein![688]

Damit hat sich Bisst jedoch in einem fundamentalen Widerspruch verheddert, wie ihm Wehrli umgehend vorhält.

> Aber Herr Bisst, Sie behaupten ja auch, die Fussballwelt sei die wahre Welt, weil sich die Mehrheit der Menschen am Fussballspiel beteilige! [...] Das stimmt dann auch nicht! Nach dem, was Sie eben gesagt haben, stimmt das dann auch nicht, Herr Bisst![689]

Damit muss Bisst vor der Argumentation Wehrlis kapitulieren. Es bleibt ihm nur, ein Foul zu vermuten und zu behaupten: «[S]o wahr der Ball rund ist: die wahre Welt ist die Fussballwelt!»[690] Im neuen Abschnitt unmittelbar nach Bissts Kapitulation im Disput mit Wehrli heisst es:

> Einen Tag nach diesem Verhör gelang dem Schiedsrichter die Flucht aus dem Untersuchungsgefängnis.[691]

Den besseren Argumenten hat sich Bisst nur per Flucht entziehen können. Seine Bemerkung, da müsse ein «Foul im Spiel»[692] sein, zeigt aber an, dass er davon ausgeht, eigentlich die besseren Argumente zu haben und nur deshalb

---

687 Depountis 2001, S. 107.
688 *Bisst* S. 150.
689 Ebd.
690 Ebd. S. 151.
691 Ebd.
692 Ebd.

unterlegen zu sein, weil sich sein Gegenüber nicht an die Regeln (der kausalen Verknüpfung) gehalten habe. So gesehen passt Bisst sehr wohl – und entgegen dem zweiten Motto, wahr sei nur, was nicht in diese Welt passe – in die logisch-bürokratische Welt. Als eigentliche Gegenfigur kann er nicht gelten. Denn was ihn von jener Welt unterscheidet, ist nicht der Gegenentwurf zur Totalität des Rationalen, sondern lediglich die Unterlegenheit seiner vermeintlich logischen Argumentation.

Textkritische Zeichen

[...]	Auslassung in der Transkription
~~Graphenfolge~~	durchgestrichene Graphenfolge
[¿ Graphenfolge]	Unsichere Lesung
[¿]	Nicht entzifferte Graphenfolge

Bibliographie

Primärquellen

Hohl, Ludwig: Nachlass im Schweizerischen Literaturarchiv SLA, Schweizerische Nationalbibliothek, Hallwylstrasse 15, CH-3003 Bern. Inventar unter http://ead.nb.admin.ch/html/hohl.html

Kauer, Walther: Nachlass im Schweizerischen Literaturarchiv, SLA.

Lotmar, Lorenz: Nachlass im Schweizerischen Literaturarchiv, SLA.

Schwarzenbach, Annemarie: Nachlass im Schweizerischen Literaturarchiv, SLA. Manuskript von *Flucht nach oben* im Nachlass Oprecht in der Zentralbibliothek Zürich, Zähringerplatz 6, 8001 Zürich.

Zitierte Schriften

Adorno, Theodor W.: *Ästhetische Theorie*. Frankfurt am Main: Suhrkamp, 1970.

Almásy, Ladislaus E.: *Schwimmer in der Wüste. Auf der Suche nach der Oase Zarzura*. Innsbruck: Haymon, 1997.

Amrein, Ursula: *«Los von Berlin!» Die Literatur- und Theaterpolitik der Schweiz und das «Dritte Reich»*. Zürich: Chronos, 2004.

Arburg, Hans-Georg von; Gamper, Michael und Müller, Dominik (Hg.): *Popularität. Zum Problem von Esoterik und Exoterik in Literatur und Philosophie*. Ulrich Stadler zum 60. Geburtstag. Würzburg: Königshausen & Neumann, 1999.

Arendt, Hannah: *Elemente und Ursprünge totaler Herrschaft*. München: Piper, 1986.

Arnold, Heinz Ludwig und Detering, Heinrich (Hg.): *Grundzüge der Literaturwissenschaft*. München: Dtv, 1996.

Aufmuth, Ulrich: *Risikosport und Identitätsbegehren. Überlegungen am Beispiel des Extrem-Alpinismus*. In: Hortleder und Gebauer (Hg.): *Sport – Eros – Tod*. Frankfurt am Main: Suhrkamp, 1986, S. 188–215.

ders: *Zur Psychologie des Bergsteigens*. Frankfurt am Main: Fischer 1988. (Erstmals unter dem Titel: *Die Lust am Aufstieg. Was den Bergsteiger in die Höhe treibt*. Weingarten: Drumlin, 1984.)

Bausenwein, Christoph: *Auf einsamem Posten – Umstritten in seiner Leistung*. In: *Herr der Regeln. Der Fussball-Referee*. Hg. vom Stadtgeschichtlichen Museum Leipzig. Leipzig: Mitteldeutscher Verlag, 2006, S. 64–76.

Benshoff, Harry M.: *Monsters in the Closet. Homosexuality and the Horror Film*. Manchester, New York: Manchester University Press, 1997.

Bering, Dietz: *Der Name als Stigma. Antisemitismus im deutschen Alltag 1812–1932*. Stuttgart: Klett-Cotta, 1987.

Bette, Karl-Heinrich: *Körperspuren. Zur Semantik und Paradoxie moderner Körperlichkeit*. Berlin, New York: de Gruyter, 1989.

ders.: *Neuere soziologische Systemtheorie*. In: ders.: *Systemtheorie und Sport*. Frankfurt am Main: Suhrkamp, 1999.

ders.: *X-treme. Zur Soziologie des Abenteuer- und Risikosports*. Bielefeld: Transcript, 2004.

Die Bibel. Einheitsübersetzung. Hg. im Auftrag der Bischöfe Deutschlands, Österreichs, der Schweiz etc. Stuttgart: Katholisches Bibelwerk, 1991.

Bieritz, Karl-Heinrich: *Das Kirchenjahr. Feste, Gedenk- und Feiertage in Geschichte und Gegenwart*. München: Beck, 1987/1991.

Binder, Markus: *Kaffee als Energydrink im 19. Jahrhundert*. In: Roman Rossfeld (Hg.): *Genuss und Nüchternheit. Geschichte des Kaffees in der Schweiz vom 18. Jahrhundert bis zur Gegenwart*. Baden: hier+jetzt, 2002, S. 207–225.

Bircher, Christoph: *Der Erzähler Walther Kauer. Eine Gratwanderung in einer gastlosen Welt*. Zürich: Studentendruckerei, 1989.

Bohnenkamp, Anne: *Textkritik und Textedition*. In: Arnold und Detering (Hg.): *Grundzüge der Literaturwissenschaft*. München: Dtv, 1996, S. 180–203.

Bourdieu, Pierre: *Le sens pratique*. Paris: Les éditions de Minuit, 1980.

ders.: *Ökonomisches Kapital, kulturelles Kapital, soziales Kapital*. In: Reinhard Kreckel (Hg.): *Soziale Welt, Sonderband 2: Soziale Ungleichheiten*. Göttingen: Otto Schwarz, 1983, S. 183–198.

ders.: *Die feinen Unterschiede. Kritik der gesellschaftlichen Urteilskraft*. Frankfurt am Main: Suhrkamp, 1987a.

ders.: *Sozialer Sinn. Kritik der theoretischen Vernunft*. Frankfurt am Main: Suhrkamp, 1987b.

ders.: *Historische und soziale Voraussetzungen modernen Sports*. In: Caysa 1997, S. 101–127.

Brandl-Bredenbeck, Hans Peter: *Sport und jugendliches Körperkapital. Eine kulturvergleichende Untersuchung am Beispiel Deutschlands und der USA*. Aachen: Meyer & Meyer, 1999.

Brändle, Fabian und Koller, Christian: *Goal! Kultur- und Sozialgeschichte des modernen Fussballs*. Zürich: Orell Füssli, 2002.

Brändli, Sabine: *«Sie rauchen wie ein Mann, Madame». Zur Ikonographie der rauchenden Frau im 19. und 20. Jahrhundert*. In: Hengartner und Merki (Hg.): *Tabakfragen. Rauchen aus kulturwissenschaftlicher Sicht*. Zürich: Chronos, 1996, S. 83–109.

Brecht, Bertolt: *Die Todfeinde des Sportes*. In: ders.: *Werke*. Grosse kommentierte Berliner und Frankfurter Ausgabe. Hg. von Werner Hecht, Jan Knopf, Werner Mittenzwei, Klaus-Detlev Müller. Band 21. Schriften I, 1914–1933. Frankfurt am Main: Suhrkamp, 1992, S. 224–225.

Brockhaus Enzyklopädie in 24 Bänden. Band 3. Leipzig, Mannheim: Brockhaus, 1996.

Büchner, Georg: *Leonce und Lena*. In: ders.: *Werke und Briefe*. München: Dtv, 1988, S. 159–189.

Buomberger, Thomas: *Kampf gegen unerwünschte Fremde. Von James Schwarzenbach bis Christoph Blocher*. Zürich: Orell Füssli, 2004.

Burger, Hermann: *Triviale Imitation trivialer Wirklichkeit*. In: Aargauer Tagblatt vom 5. November. 1977.

Burkard, Philipp: *Dürrenmatts «Stoffe». Zur literarischen Transformation der Erkenntnistheorien Kants und Vaihingers im Spätwerk*. Tübingen: A.Francke, 2004.

Butler, Judith: *Körper von Gewicht. Die diskursiven Grenzen des Geschlechts.* Frankfurt am Main: Suhrkamp, 1997.

Caduff, Corina und Sorg, Reto (Hg.): *Nationale Literaturen heute – ein Fantom? Die Imagination und Tradition des Schweizerischen als Problem.* Zürich: Neue Zürcher Zeitung, 2004.

Caillois, Roger: *Die Spiele und die Menschen. Maske und Rausch.* Stuttgart: Curt E. Schwab, 1960.

Cantieni, Benita: *Schweizer Schriftsteller persönlich. Interviews.* Zürich: Ex Libris, 1985.

Caysa, Volker (Hg.): *Sportphilosophie.* Leipzig: Reclam, 1997.

Cendrars, Blaise: *Sternbild Eiffelturm.* Zürich: Arche, 1982.

Cowan, Michael und Sicks, Kai Marcel (Hg.): *Leibhaftige Moderne. Körper in Kunst und Massenmedien 1918–1933.* Bielefeld: Transcript, 2005.

Debus, Friedhelm: *Namen in literarischen Werken. (Er-)Findung – Form – Funktion.* Stuttgart: Steiner, 2002.

Depountis, Dimitris: *Der Weg durch die «Opferung» – Lorenz Lotmars Hauptwerk. Rekonstruktion eines Schreibprozesses.* Frankfurt am Main, Basel: Stroemfeld, 2001.

Drews, Isabel: *«Schweizer erwache!». Der Rechtspopulist James Schwarzenbach (1967–1978).* Studien zur Zeitgeschichte Band 7, Frauenfeld: Huber, 2005.

Elias, Norbert und Dunning, Eric: *Sport und Spannung im Prozess der Zivilisation.* Frankfurt am Main: Suhrkamp, 2003.

Elliott, Cecil D.: *Technics and Architecture. The Development of Materials and Systems for Buildings.* Cambridge, Massachusetts: MIT Press, 1992.

Enzyklopädie Naturwissenschaft und Technik. Band 1, München: Moderne Industrie Wolfgang Drummer, 1979.

Erismann, Peter; Probst, Rudolf und Sarbach, Hugo (Hg.): *Ludwig Hohl. «Alles ist Werk».* Frankfurt am Main: Suhrkamp, 2004.

Fähnders, Walter und Rohlf, Sabine (Hg.): *Annemarie Schwarzenbach. Analysen und Erstdrucke.* Bielefeld: Aisthesis, 2005.

Feitknecht, Thomas: *«Mein schwieriges, mein einziges Handwerk». Laudatio für Laure Wyss bei der Verleihung des Grossen Literaturpreises des Kantons Bern am 1. Dezember 1998.* In: *Quarto.* Zeitschrift des Schweizerischen Literaturarchivs, 12/1999: *Laure Wyss.* S. 37–39.

Fischer, Nanda (Hg.): *Sport und Literatur.* Dvs-Protokolle Nr. 23. Symposium des Lehrstuhls für Sportpädagogik der Technischen Universität München und der Deutschen Vereinigung für Sportwissenschaft vom 29.11.–1.12. 1985 in Feldafing bei München. Clausthal-Zellerfeld: dvs, 1986.

dies.: *Sport als Literatur. Traumhelden, Sportgirls und Geschlechterspiele. Zur Theorie und Praxis einer Inszenierung im 20. Jahrhundert.* Eching: F&B, 1999.

Fleig, Anne: *Zwischen Text und Theater. Zur Präsenz der Körper in «Ein Sportstück» von Jelinek und Schleef.* In: Erika Fischer-Lichte und Anne Fleig (Hg.): *Körper-Inszenierungen. Präsenz und kultureller Wandel.* Tübingen: Attempo, 2000.

dies.: *Leibfromm. Der Sportkörper als Erlöser in Marieluise Fleissers «Eine Zierde für den Verein».* In: Fischer-Lichte (Hg.): *Theatralität und die Krisen der Repräsentation.* Germanistische Symposien. Berichtsbände, XXII. Stuttgart und Weimar: Metzler, 2001, S. 447–462.

dies.: «*Siegesplätze über die Natur*». *Musils Kritik am modernen Wettkampfsport.* In: Cowan und Sicks (Hg.): *Leibhaftige Moderne. Körper in Kunst und Massenmedien 1918–1933.* Bielefeld: Transcript, 2005, S. 81–96.

Fleischmann, Uta (Hg.): «*Wir werden es schon zuwege bringen, das Leben.*» *Annemarie Schwarzenbach an Erika und Klaus Mann. Briefe 1930–1942.* Pfaffenweiler: Centaurus, 1993.

Foucault, Michel: *Überwachen und Strafen. Die Geburt des Gefängnisses.* Frankfurt am Main: Suhrkamp, 1977.

Gamper, Michael: *Kampf um die Gunst der Masse. Über das Verhältnis von Sport und Literatur in der Weimarer Republik.* In: von Arburg, Gamper und Müller (Hg.): *Popularität. Zum Problem von Esoterik und Exoterik in Literatur und Philosophie.* Ulrich Stadler zum 60. Geburtstag. Würzburg: Königshausen & Neumann, 1999, S. 135–163.

ders.: *Ist der neue Mensch ein «Sportsmann»? Literarische Kritik am Sportdiskurs der Weimarer Republik.* In: *Jahrbuch zur Kultur und Literatur der Weimarer Republik.* 6/2001, S. 35–71.

ders.: *Literatur, Sport, Medium. Diskurstheoretische Überlegungen zu einem vertrackten Verhältnis.* In: *SportZeiten, 1/ 2003: Sport und Literatur*, S. 41–52.

Gebauer, Gunter: *Ästhetische Erfahrung der Praxis: das Mimetische im Sport.* In: König und Lutz (Hg.): *Bewegungskulturen. Ansätze zu einer kritischen Anthropologie des Körpers.* Sankt Augustin: Academia, 1995, S. 189–198.

ders.: *Von der Körpertechnologisierung zur Körpershow.* In: Caysa (Hg.): *Sportphilosophie.* Leipzig: Reclam, 1997, S. 275–289.

Genette, Gérard: *Paratexte. Das Buch vom Beiwerk des Buches.* Frankfurt am Main: Suhrkamp, 2001.

Georgiadou, Areti: «*Das Leben zerfetzt sich mir in tausend Stücke*». *Annemarie Schwarzenbach. Eine Biographie.* Frankfurt am Main, New York: Campus, 1995.

Gerosa, Ricarda (Hg.): *Wo ich am ganz Grossen Lust empfinde. Texte von Maria Waser.* Bern, Wettingen: Efef, 2004.

Gilman, Sander L.: *Der ‹jüdische Körper›. Gedanken zum physischen Anderssein der Juden.* In: Schoeps und Schlör 1995, S. 167–179.

Gilomen, Hans-Jörg; Schumacher, Beatrice und Tissot, Laurent (Hg.): *Freizeit und Vergnügen vom 14. bis zum 20. Jahrhundert.* Zürich: Chronos, 2005.

Girtler, Roland: *Bergsteigen als Initiationsritual und die Suche nach dem Ausseralltäglichen.* In: König und Lutz, 1995, S. 141–150.

ders.: *Wilderer. Rebellen in den Bergen.* 2. erg. und überarb. Aufl. Wien, Köln, Weimar: Böhlau, 1998.

Giurato, Davide; Stingelin, Martin und Zanetti, Sandro (Hg.): «*Schreibkugel ist ein Ding gleich mir: von Eisen*». *Schreibszenen im Zeitalter der Typoskripte.* München: Wilhelm Fink, 2005.

Glarner, Hans Ulrich; Hächler, Beat und Lichtensteiger, Sibylle (Hg.): *Autolust. Ein Buch über die Emotionen des Autofahrens.* Baden: hier+jetzt, 2002.

Goethe, Johann Wolfgang von: *Wilhelm Meisters Lehrjahre.* Goethes Werke Band VI (Hamburger Ausgabe), München: C.H.Beck, 1981.

Gössel, Peter und Leuthäuser, Gabriele: *Architektur des 20. Jahrhunderts.* Köln: Benedikt Taschen Verlag, 1990.

Greenblatt, Stephen: *Die Zirkulation sozialer Energie*. In: ders.: *Verhandlungen mit Shakespeare. Innenansichten der englischen Renaissance*. Berlin: Wagenbach, 1990, S. 7–24.

Grésillon, Almuth: *Literarische Handschriften. Einführung in die «critique génétique»*. Bern: Peter Lang, 1999.

Gugutzer, Robert: *Leib, Körper und Identität. Eine phänomenologisch-soziologische Untersuchung zur personalen Identität*. Wiesbaden: Westdeutscher Verlag, 2002.

ders.: *Trendsport im Schnittfeld von Körper, Selbst und Gesellschaft*. In: *Sport und Gesellschaft. Zeitschrift für Sportsoziologie, Sportphilosophie, Sportökonomie, Sportgeschichte*, 3/2004, S. 219–243.

Gumbrecht, Hans Ulrich: *American Football – Im Stadion und im Fernsehen*. In: Vattimo und Welsch (Hg.): *Medien-Welten Wirklichkeiten*. München: Wilhelm Fink, 1998, S. 201–228.

ders.: *Lob des Sports*. Frankfurt am Main: Suhrkamp, 2004.

Günther, Dagmar: *Alpine Quergänge. Kulturgeschichte des bürgerlichen Alpinismus (1870–1930)*. Frankfurt am Main, New York: Campus, 1998.

Guttman, Allen: *Vom Ritual zum Rekord. Das Wesen des modernen Sports*. Schondorf: Karl Hofmann, 1979.

Habermas, Tilmann: *Geliebte Objekte. Symbole und Instrumente der Identitätsbildung*. Frankfurt am Main: Suhrkamp, 1999.

Hausmanninger, Thomas: *Superman. Eine Comic-Serie und ihr Ethos*. Frankfurt am Main: Suhrkamp, 1989.

Haver, Gianni: *Der Sport im Schweizer Armeefilm (1939–1945)*. In: *Cinema*. Unabhängige Schweizer Filmzeitschrift, 48/2003.

Heer, Jakob Christoph: *Der König der Bernina*. Wetzikon: Druckerei Wetzikon, 1975.

Hengartner, Thomas und Merki, Christoph Maria (Hg.): *Tabakfragen. Rauchen aus kulturwissenschaftlicher Sicht*. Zürich: Chronos, 1996.

Hirter, Hans: *Die Arbeitskämpfe in der Schweiz von 1880 bis 1914. Eine quantitative Studie*. ohne Ort, 1983.

Historisches Wörterbuch der Philosophie. Hg. von Joachim Ritter und Karlfried Gründer. Band 5, Basel, Stuttgart: Schwabe, 1980.

Hoberman, John M.: *Sterbliche Maschinen. Doping und die Unmenschlichkeit des Hochleistungssports*. Aachen: Meyer & Meyer, 1994.

ders.: *The Sportive-Dynamic Body as a Symbol of Productivity*. In: Tobin Siebers (Hg.): *Heterutopia. Postmodern Utopia and the Body Politic*. Ann Arbor: University of Michigan Press, 1994, S. 199–228.

Hohl, Ludwig: *Bergfahrt*. Frankfurt am Main: Suhrkamp, 1978.

ders.: *Die Notizen oder Von der unvoreiligen Versöhnung*. Frankfurt am Main: Suhrkamp, 1984.

ders.: *Jugendtagebuch*. Hg. von Hugo Sarbach. Frankfurt am Main: Suhrkamp, 1998.

ders.: *Aus der Tiefsee. Paris 1926*. Hg. von Ulrich Stadler. Frankfurt am Main: Suhrkamp, 2004.

Horkheimer, Max und Adorno, Theodor W.: *Dialektik der Aufklärung*. Frankfurt am Main: Fischer, 1971.

Hortleder, Gert und Gebauer, Gunter (Hg.): *Sport – Eros – Tod*. Frankfurt am Main: Suhrkamp, 1986.

Huonker, Gustav: *Literaturszene Zürich. Menschen, Geschichten und Bilder 1914 bis 1945*. Zürich: Unionsverlag, 1985.

Jarry, Alfred: *Le Surmâle/Der Supermann*. Berlin: Gerhardt, 1969.

Kafka, Franz: *Ein Bericht für eine Akademie*. In: ders.: *Erzählungen*. Hg. von Michael Müller. Stuttgart: Philipp Reclam jun., 1995, S. 200–210.

Kapuscinski, Ryszard: *Der Fussballkrieg*. In: ders.: *Der Fussballkrieg. Berichte aus der Dritten Welt*. Frankfurt am Main: Eichborn, 2000, S. 251–288.

Kauer, Walther: *Schachteltraum*. Berlin: Volk und Welt, 1974.

ders.: *Abseitsfalle*. Zürich und Köln: Benziger, 1977.

ders: *Es kostet viel Kraft, den Schein zu wahren*. In: Berner Zeitung vom 29. April 1987.

Kessemeier, Gesa: *Sportlich, sachlich, männlich. Das Bild der ‹Neuen Frau› in den Zwanziger Jahren. Zur Konstruktion geschlechtsspezifischer Körperbilder in der Mode der Jahre 1920 bis 1929*. Dortmund: Edition Ebersbach, 2000.

Klinge, Antje: *Körper und Gewalt*. Butzbach-Griedel: Afra, 1998.

Kohler, Christoph: *Ein Tor für die Revolution*. Dvd 400asa, 2004.

Koller, Christian: *«Der Sport als Selbstzweck ist eines der traurigsten Kapitel der bürgerlichen Sportgeschichte». Wandel und Konstanten im Selbstverständnis des schweizerischen Arbeitersports (1922–1940)*. In: Gilomen, Schumacher, Tissot (Hg.): *Freizeit und Vergnügen vom 14. bis zum 20. Jahrhundert*. Zürich: Chronos, 2005, S. 287–301.

König, Eugen und Lutz, Roland (Hg.): *Bewegungskulturen. Ansätze zu einer kritischen Anthropologie des Körpers*. Sankt Augustin: Academia, 1995.

König, Eugen: *Sport und Tod. Philosophische Reflexionen zum anthropofugalen Sport*. In: Barbara Ränsch-Trill (Hg.): *Natürlichkeit und Künstlichkeit. Philosophische Diskussionsgrundlagen zum Problem der Körper-Inszenierung*. Hamburg: Czwalina, 2000, S. 89–97.

Korr, Charles P.: *Der Fussballclub West Ham United und die Anfänge des Profifussballs im Londoner East End 1895–1914*. In: Ritter (Hg.): *Arbeiterkultur*. Königstein: Anton Hain Meisenheim, 1979, S. 74–92.

Kreckel, Reinhard (Hg.): *Soziale Welt, Sonderband 2. Soziale Ungleichheiten*. Göttingen: Otto Schwarz, 1983.

Kritisches Lexikon zur deutschen Gegenwartsliteratur. Hg. von Heinz Ludwig Arnold. München: edition text+kritik, 1978ff.

Lafond, Barbara: *Ludwig Hohls Wahrnehmung von Welt*. In: Heinz Ludwig Arnold (Hg.) *Text + Kritik. Zeitschrift für Literatur*. 1/2004: *Ludwig Hohl*. S. 7–22.

Lamprecht, Markus und Stamm, Hanspeter: *Sport zwischen Kultur, Kult und Kommerz*. Zürich: Seismo, 2002.

Laqueur, Thomas W.: *Solitary Sex. A Cultural History of Masturbation*. New York: Zone Books, 2003.

Leis, Mario: *Sport in der Literatur. Einblicke in das 20. Jahrhundert*. Frankfurt am Main: Peter Lang, 2000.

Lerch, Fredi: *Muellers Weg ins Paradies: Nonkonformismus im Bern der sechziger Jahre*. Zürich: Rotpunkt, 2001.

Das grosse Lexikon der sprichwörtlichen Redensarten. Hg. von Lutz Röhrich. Band 1 und 2. Freiburg i.Br.: Herder, 1991 und 1992.

Linsmayer, Charles: *Leben und Werk Annemarie Schwarzenbachs. Ein tragisches Kapitel Schweizer Literaturgeschichte*. In: Annemarie Schwarzenbach: *Das glückliche Tal*. Frauenfeld: Huber, 1987.

Loret, Alain: *Génération glisse. Dans l'eau, l'air, la neige … la révolution du sport des «années fun»*. Paris: Edition Autrement, 1996.

Lotmar, Lorenz: *Bisst*. München: Steinhausen, 1979. Reprint: *Die Wahrheit des K. Bisst*. Zürich: Orte, 1982.

Luhmann, Niklas: *Soziale Systeme. Grundriss einer allgemeinen Theorie*. Frankfurt am Main: Suhrkamp, 1987.

Maierhof, Gudrun und Schröder, Katinka: *Sie radeln wie ein Mann, Madame*. Zürich: Unionsverlag, 1998. Erstmals: Dortmund: Edition Ebersbach, 1992.

Maillart, Ella: *Flüchtige Idylle. Zwei Frauen unterwegs nach Afghanistan*. Zürich: Efef, 1988. Neudruck: *Der bittere Weg. Mit Annemarie Schwarzenbach unterwegs nach Afghanistan*. Basel: Lenos, 2001.

Mann, Klaus: *Treffpunkt im Unendlichen*. Hg. und mit einem Nachwort von Fredric Kroll. München: Edition Spangenberg, 1992.

ders.: *Zwei kleine Bücher*. In: ders.: *Zahnärzte und Künstler. Aufsätze, Reden, Kritiken 1933–1936*. Hg. von Uwe Naumann und Michael Töteberg. Reinbek: Rowohlt, 1993, S. 31–34.

Mann, Thomas: *Tagebücher 1933–1934*. Frankfurt am Main: S. Fischer, 1977.

Marcuse, Herbert: *Der eindimensionale Mensch*. Neuwied und Berlin: Luchterhand, 1967.

Marx, Karl: *Das Kapital*. Band 1. Karl Marx, Friedrich Engels: *Werke*. Band 23. Berlin: Dietz, 1968.

Mauch, Daniela: *Zur Ausdifferenzierung der Sportmode – eine systemtheoretische Untersuchung*. Hohengehren: Schneider, 2005.

Meier, Marianne: *«Zarte Füsschen am harten Leder» Frauenfussball in der Schweiz 1970–1999*. Frauenfeld: Huber, 2004.

Miermont, Dominique Laure: *Annemarie Schwarzenbach ou le mal d'Europe*. Biographie. Paris: Payot, 2004.

Möhring, Maren: *Das Müllern. Systematisches Fitness-Training zu Beginn des 20. Jahrhunderts*. In: Schwab und Trachsel (Hg.): *Fitness. Schönheit kommt von aussen*. Bern: Palma 3, 2003, S. 73–85.

Moritz, Peer: *Berlin. Die Sinfonie der Grossstadt*. In: *Metzler Film Lexikon*. Stuttgart, Weimar: J.B.Metzler, 1995.

Morlang, Werner: *Die verlässlichste meiner Freuden. Hanny Fries und Ludwig Hohl: Gespräche, Briefe, Zeichnungen und Dokumente*. München, Wien: Nagel & Kimche im Carl Hanser Verlag, 2003.

Müller, Hanns-Marcus: *«Bizepsaristokraten». Sport als Thema der essayistischen Literatur zwischen 1880 und 1930*. Bielefeld: Aisthesis, 2004.

Nöth, Winifried: *Nonverbale Kommunikation*. In: *Handbuch der Semiotik*. Stuttgart, Weimar: Metzler, 2000, S. 293–322.

Osietzki, Maria: *Körpermaschinen und Dampfmaschinen. Vom Wandel der Physiologie und des Körpers unter dem Einfluss von Industrialisierung und Thermodynamik*. In: Sarasin und Tanner (Hg.): *Physiologie und industrielle Gesellschaft. Studien zur Verwissenschaftlichung des Körpers im 19. und 20. Jahrhundert*. Frankfurt am Main: Suhrkamp, 1998, S. 313–346.

Ott, Michael: *«Unsere Hoffnung gründet sich auf das Sportpublikum». Über Sport, Theatralität und Literatur.* In: Erika Fischer-Lichte (Hg.): *Theatralität und die Krisen der Repräsentation.* Germanistische Symposien. Berichtsbände, XXII. Stuttgart und Weimar: Metzler, 2001, S. 463–483.

Packard, Vance: *Die Pyramidenkletterer.* München, Zürich: Droemer Knaur, 1966.

Pellin, Elio: *«Unter den zeitgenössischen Autoren bin ich ein Volvo 123 GT». Literatur und Limousinen.* In: Glarner, Haechler, Lichtensteiger (Hg.): *Autolust. Ein Buch über die Emotionen des Autofahrens.* Baden: hier+jetzt, 2002, S. 18–25.

ders.: *Dicker Bizeps und kerzendünne Ärmchen. Die «culture physique» bei Ludwig Hohl.* In: Erismann, Probst, Sarbach (Hg.): *Ludwig Hohl. «Alles ist Werk».* Frankfurt am Main: Suhrkamp, 2004, S. 116–124.

ders.: *Ein Vermögen zerrinnt – Annemarie Schwarzenbach.* In: *Quarto,* Zeitschrift des Schweizerischen Literaturarchivs 20/2005: *brotlos?* S. 28–33.

Perret, Roger: *«Ernst, Würde und Glück des Daseins».* In: Annemarie Schwarzenbach: *Lyrische Novelle.* 1988, S. 99–146.

ders.: *«Die Sinnlosigkeit, die Unwegsamkeit, die tastende Spur».* In: Annemarie Schwarzenbach: *Flucht nach oben.* 1999, S. 211–233.

Petersen, Jürgen H.: *Erzählsysteme. Eine Poetik epischer Texte.* Stuttgart, Weimar: Metzler, 1993.

Pfeiffer, K. Ludwig: *Tiger und Papiertiger. Zähmungsversuche von Sport und Literatur.* In: Fischer (Hg.): *Sport und Literatur.* Dvs-Protokolle Nr. 23. Symposium des Lehrstuhls für Sportpädagogik der Technischen Universität München und der Deutschen Vereinigung für Sportwissenschaft vom 29.11.–1.12. 1985 in Feldafing bei München. Clausthal-Zellerfeld: dvs, 1986, S. 3–28.

Probst, Rudolf und Weber, Ulrich: *Exemplarische Untersuchung zur Genese von Friedrich Dürrenmatts Spätwerk im Licht der Manuskriptentwicklung. Der Mitmacher – ein Komplex.* Schweizerischer Nationalfonds, Projekt Nr. 1114-042 224.94. www.nb.admin.ch/slb/org/organisation/00783/00669/00676/index.html?lang=de Schlussbericht (25.6.2007).

Probst, Rudolf: *Friedrich Dürrenmatts Versuche, (k)eine Autobiographie zu schreiben. Die Stoffe als Quadratur des Zirkels.* Diss. Bern, 2004. (Publikation in Vorbereitung).

Rabinbach, Anson: *Ermüdung, Energie und der menschliche Motor.* In: Sarasin und Tanner (Hg.): *Physiologie und industrielle Gesellschaft. Studien zur Verwissenschaftlichung des Körpers im 19. und 20. Jahrhundert.* Frankfurt am Main: Suhrkamp, 1998, S. 286–312.

Ränsch-Trill, Barbara (Hg.): *Natürlichkeit und Künstlichkeit. Philosophische Diskussionsgrundlagen zum Problem der Körper-Inszenierung.* Hamburg: Czwalina, 2000, S. 89–97.

Rébuffat, Gaston: *Sterne und Stürme. Die grossen Nordwände der Alpen.* München: Bruckmann, 1986.

Reidler, Renée: *Die Bedeutung Annemarie Schwarzenbachs in der Literatur und Fotografie der 20er und 30er Jahre.* Magisterarbeit Universität Wien, 10. März 2000. Reproduktion Schweizerische Nationalbibliothek Bern, 2003.

Reuss, Roland: *Schicksal der Handschrift, Schicksal der Druckschrift. Notizen zur ‹Textgenese›.* In: *Text,* 5/1999: *Textgenese 1.* S. 1–25.

Ritter, Gerhard A. (Hg.): *Arbeiterkultur.* Königstein: Anton Hain Meisenheim, 1979.

Rohlf, Sabine: *Exil als Praxis – Heimatlosigkeit als Perspektive? Lektüre ausgewählter Exilromane von Frauen.* München: Edition Text + Kritik, 2002.

dies.: *«Flucht nach oben» von Annemarie Schwarzenbach.* In: Fähnders und Rohlf (Hg.): *Annemarie Schwarzenbach. Analysen und Erstdrucke.* Bielefeld: Aisthesis, 2005, S. 79–98.

Rossfeld, Roman (Hg.): *Genuss und Nüchternheit. Geschichte des Kaffees in der Schweiz vom 18. Jahrhundert bis zur Gegenwart.* Baden: hier+jetzt, 2002.

Sarasin, Philipp und Tanner, Jakob (Hg.): *Physiologie und industrielle Gesellschaft. Studien zur Verwissenschaftlichung des Körpers im 19. und 20. Jahrhundert.* Frankfurt am Main: Suhrkamp, 1998.

Sarasin, Philipp: *Reizbare Maschinen. Eine Geschichte des Körpers 1756–1914.* Frankfurt am Main: Suhrkamp, 2001.

50 Jahre Satus-Fussball 1920–1970. Ohne Ort: Satus, 1970.

SATUS 1874–1999: Streifzug durch die Sportgeschichte, Bern: Satus, 1999.

Scharfe, Martin: *«Ungebundene Circulation der Individuen». Aspekte des Automobilfahrens in der Frühzeit.* In: Zeitschrift für Volkskunde 86/1990, S. 216–243.

Scheibe, Siegfried: *Zu einigen Grundprinzipien einer historisch-kritischen Ausgabe.* In: ders.: *Kleine Schriften zur Editionswissenschaft.* Berlin: Weidler, 1997, S. 9–44.

Schivelbusch, Wolfgang: *Das Paradies, der Geschmack und die Vernunft. Eine Geschichte der Genussmittel.* Frankfurt am Main: Fischer, 1990.

ders.: *Geschichte der Eisenbahnreise. Zur Industrialisierung von Raum und Zeit im 19. Jahrhundert.* Frankfurt am Main: Fischer, 2000.

Schmid, Hans Rudolf und Schwarzenbach, Annemarie: *Das Buch von der Schweiz. Ost und Süd.* Piper: München, 1932.

Schoeps, Julius H. und Schlör, Joachim (Hg.): *Antisemitismus. Vorurteile und Mythen.* München, Zürich: Piper, 1995.

Schwaar, Karl: *Isolation und Integration. Arbeiterkulturbewegung und Arbeiterbewegungskultur in der Schweiz 1920–1960.* Basel, Frankfurt am Main: Helbing & Lichtenhahn, 1993.

Schwab, Andreas und Trachsel, Ronny (Hg.): *Fitness. Schönheit kommt von aussen.* Bern: Palma 3, 2003.

Schwab, Andreas: *Natürliche Bewegung versus Schönheitswahn. Fitnesskritik von 1900 bis in die Gegenwart.* In: Schwab und Trachsel (Hg.): *Fitness. Schönheit kommt von aussen.* Bern: Palma 3, 2003, S. 102–119.

Schwarzenbach, Annemarie: *Lyrische Novelle.* Ausgewählte Werke, Band 1. Hg. von Roger Perret. Basel: Lenos, 1988.

dies.: *Flucht nach oben.* Ausgewählte Werke Band 6. Hg. von Roger Perret. Basel: Lenos, 1999.

dies.: *Alle Wege sind offen. Die Reise nach Afghanistan 1939/40.* Hg. von Roger Perret. Basel: Lenos, 2000.

dies.: *Pariser Novelle (1929).* In: *Jahrbuch zur Kultur und Literatur der Weimarer Republik,* 8/2003, S. 11–33.

Schwier, Jürgen: *Sport als populäre Kultur. Sport, Medien und Cultural Studies.* Hamburg: Czwalina, 2000.

Sellner, Albert Christian: *Immerwährender Heiligenkalender.* Frankfurt am Main: Eichborn, 1993.

Sicks, Kai Marcel: *Sollen Dichter boxen? Brechts Ästhetik und der Sport.* In: *Hofmannsthal Jahrbuch zur europäischen Moderne,* 12/2004, S. 365–404.

Singler, Andreas und Treutlein, Gerhard: *Doping – von der Analyse zur Prävention. Vorbeugung gegen abweichendes Verhalten in soziologischem und pädagogischem Zugang (Teil 2)*. Aachen: Meyer & Meyer, 2001.

Smoltczyk, Alexander: *James Bond, Berlin, Hollywood. Die Welten des Ken Adam*. Berlin: Nicolai, 2002.

Stein, Peter: *Jüdische Genealogie*. In: *Familienforschung Schweiz*, 2001, S. 125–147.

Steinemann, Jakob: *Kapitalistischer Geist im Arbeitersport?* In: *Satus Sport*, 43/26.10.1932, zit. in: Schwaar 1993, S. 82.

Steiner, Jörg: *Spinnen am Abend, erhaltend und labend*. In: *Drehpunkt. Die Schweizer Literaturzeitschrift*. 118/2004, S. 62–63.

Stoll, Beatrice: «*... dass vielmehr das Leiden eine Chance ist*». *Zu Ludwig Hohls erzählerischem Werk*. In: Erismann, Probst, Sarbach (Hg.): *Ludwig Hohl. «Alles ist Werk»*. Frankfurt am Main: Suhrkamp, 2004, S. 48–56.

Suter, Liselotte (Lotta) und Küng, Rudolf: *Polterer im Literaturgeschäft*. In: *das konzept*, 12/1976.

Sutter, Alex: *Göttliche Maschinen. Die Automaten für Lebendiges bei Descartes, Leibniz, La Mettrie und Kant*. Frankfurt am Main: Athenäum, 1988.

Thiele, Monika: *Sportkleidung als symbolische Inszenierung*. In: *Berliner Debatte INITIAL. Zeitschrift für sozialwissenschaftlichen Diskurs*. 6/1999, S. 41–49.

Trachsel, Ronny: *Fitness und Körperkult. Entwicklung des Körperbewusstseins im 20. Jahrhundert*. In: Schwab und Trachsel (Hg.): *Fitness. Schönheit kommt von aussen*. Bern: Palma 3, 2003, S. 13–34.

Triet, Max (Hg.): *Wintersport in der Schweiz*. Ausstellung des schweizerischen Sportmuseums. Basel 1983.

Umlauf, Joachim: *Mensch, Maschine und Natur in der frühen Avantgarde: Blaise Cendrars und Robert Delaunay*. Würzburg: Königshausen & Neumann, 1995.

Variantenbuch des Deutschen. Die Standardsprache in Österreich, der Schweiz und Deutschland sowie in Liechtenstein, Luxemburg, Ostbelgien und Südtirol. Hg. von Ammon, Ulrich et al. Berlin, New York: De Gruyter, 2004.

Vattimo, Gianni und Welsch, Wolfgang (Hg.): *Medien-Welten Wirklichkeiten*. München: Wilhelm Fink, 1998.

Vinnai, Gerhard: *Fussballsport als Ideologie*. Frankfurt am Main: Europäische Verlagsanstalt, 1970.

Viollet, Catherine: *Mechanisches Schreiben, Tippträume. Einige Vorbedingungen für eine Semiologie des Typoskripts*. In: Giurato, Stingelin, Zanetti (Hg.): «*Schreibkugel ist ein Ding gleich mir: von Eisen*». *Schreibszenen im Zeitalter der Typoskripte*. München: Wilhelm Fink, 2005, S. 21–47.

Vöchting, Friedrich: *Schreckhorn*. In: *Die Alpen. Monatszeitschrift des Schweizer Alpenclubs*. 1/1925, S. 11–21.

Voragine, Jacobus de: *Legenda aurea*. Heidelberg: Lambert Schneider, 1975.

Voss, Richard: *Alpentragödie. Roman aus dem Engadin*. Berlin, Stuttgart: J.G. Cotta Nachfolger, 1909.

ders.: *Der Todesweg auf den Piz Palü*. Berlin, Wien: Ullstein, 1910.

Weber, Ulrich: *Dürrenmatts Spätwerk: Die Entstehung aus der «Mitmacher»-Krise. Eine textgenetische Untersuchung*. Frankfurt am Main, Basel: Stroemfeld, 2007.

Wheeler, Robert F.: *Organisierter Sport und organisierte Arbeit. Die Arbeitersportbewegung*. In: Ritter (Hg.): *Arbeiterkultur*. Königstein: Anton Hain Meisenheim, 1979, S. 58–73.

Wirz, Tanja: *Gipfelstürmerinnen. Eine Geschlechtergeschichte des Alpinismus in der Schweiz 1840–1940.* Baden: hier + jetzt, 2007.

Wolter, Gundula: *Hosen, weiblich. Kulturgeschichte der Frauenhose.* Marbug: Jonas, 1994.

Wüthrich, Werner: *Bertold Brecht und die Schweiz.* Zürich: Chronos, 2003.

Wyss, Erwin: *SATUS-Fussball.* In: *Schweizerischer Arbeiter-, Turn- und Sport-Verband 1874–1964.* Ohne Ort: Satus, 1964, S. 69–72.

Zahn, Ernst: *Albin Indergand.* Hg. von Charles Linsmayer, mit einem Nachwort von Dieter Fringeli. Zürich: Ex Libris, 1981.

Zermatten, Maurice: F.J.Burrus & Cie Boncourt. 1814–1964. 150 ans au service des fumeurs. Ohne Ort, 1964.

Zopfi, Emil: *Dem Gefängnis entrinnen.* In: *Drehpunkt. Die Schweizer Literaturzeitschrift.* 118/2004, S. 12–16.

Zürcher, Alfred: *Bergfahrten im Bergell.* In: *Die Alpen. Monatszeitschrift des Schweizer Alpenclubs.* 1/1925, S. 3–11.

Internetseiten

www.digibern.ch/weber/weber_n.html#Neufeld (3.5.2005)

www.gta.arch.ethz.ch/d/stalder/download/textmaterial/non-restricted/Drehtuer.pdf (12.6.2007)

www.fifa.com/de/history/index/0,1284,100686,00.html?articleid=100686 (7.8.2005)

www.fifa.com/fifa/handbook/laws/2004/LOTG2004_d.pdf (3.5.2005).

www.fis-ski.com/insidefis/fishistory.html (23.4.2004)

www.rockymarciano.com/story.htm (29.1.2005)

www.nb.admin.ch/slb/org/organisation/00783/00669/00676/index.html?lang=de Schlussbericht (25.6.2007)